川渝方言随笔

胡说百道

胡华强　著

四川人民出版社

目录

CONTENTS

二　史海文河巴蜀韵

三　辨音析义巴蜀音

四　俗语民谚巴蜀风

五　横看纵观巴蜀景

《川渝方言随笔》代序

朱晓剑

一

方言是地方文化的活化石。我初来成都时，当时的老成都味道比现在还要浓郁一些。《华西都市报》上有一个副刊，名为“成渝口头禅”，内容多是短文，幽默、风趣、智慧，读来甚觉有味，我还曾剪存过一些报纸。多年以后，这个栏目的一些文章结集为《川渝口头禅》出版，我也曾买回来继续学习方言。这让我对成渝方言有了更深入的了解。

成渝方言的主体来源于“湖广填四川”，在长期的文化融合中，两地的语言既与山川河流的习性相融合，又有着明显的差异化。这种差异化，是两地性格的呈现，也是一面镜子的AB面。

二

如果我们将成渝人文历史作为一个系统观察，也许会发现，早在古蜀时代，成渝之间就是一种互相交融的关系。也因此，有一个词叫巴蜀，它和齐鲁、燕赵、吴越等词一样，是并列且交融的关系，由此可以观知成渝地缘的文化面貌。熟悉这一点，我们才能更清楚理解成渝的历史文化，方言当然也受此影响。

2007年的夏天，成都创刊了一本介绍成都生活，名为《成都客》的杂志。杂志当中有个方言栏目，通过方言讲解地方文化，当时我买了一批关于不同地方的方言的图书来看，期望能在这一块做出点什么来。后来，杂志改版、停刊，我的计划也就终止了，但关注方言的兴趣一直存在。

三

和胡君华强见面之前，我先读的是他的文学作品。2017年的某一天，我到槐树街的四川出版大厦去，找已调任四川文艺出版社担任社长的吴鸿聊天。这聊天是表象，其实是想看看他书柜里的藏书（对爱书人来说，这才是最大的诱惑）。

临走之时，我在他的书架上挑选了几种书。此外，他单独推荐了一两种，“这本书，值得读一读”。他递给我一册书，我看看书的封面，颇具现代感，书名《故乡故人》，作者胡华强，我并不熟悉。当时我十分关注故乡、小人物类型的写作，这类题材看上去小众，却自有独特的人文价值。就这样，我阅读了这本书，书中作者对故乡的书写，给我留下深刻的印象，并让我记住了作者的名字。

四

当时我已经开始担任文学志愿者，对成都作家的关注也是工作分内之事。有时间我就喜欢往各个区县跑，了解作家的创作、出版的情况。就这样，在郫都区的一次文学活动中见到了郫都区的许多作家，其中就有华强君。我听了他的发言，他给我的感觉是熟悉现代文学，且在长期坚持文学实践的作家。这才跟《故乡故人》的作者对上号——原来这就是那位作者啊。

和华强君再次交流，是在一个夏天的午后，我们在郫筒镇的沱江边一家茶铺里喝茶。我看过他的朋友圈，多是自己的作品展现，既有散文诗，又有方言写作，内容很丰富。这样的教师，一定是一位爱书人了。

此时，《华西都市报》恢复了副刊，有一个版面叫“盖碗茶”，以成渝方言为内容。说实话，有的文章虽涉及方言，但无考辨，只是以故事来呈现方言，就少了些许知识性与趣味性。而华强君的方言写作与此大有不同，既有方言来源的考证，又有可读性。我就请华强君给我一组文章，转给李贵平兄，由他再转给编辑叶红女士。很快，这一组文章陆续见报，且广获好评。在贵平兄溘然辞世之后，文章才被直接转给叶老师推发。这些作品，无疑是“盖碗茶”中最具特色的一部分。

五

华强君的方言随笔，文短意长，波澜壮阔，更像是一部方言掌故。虽然华强君将这些方言写作称为“胡说”，却不难看出其中对方言的探索既有深度，亦有广度。在阅读的同时，我也时常想起李劼人先生研究成都方言，写出了《蜀语考释》，既有对语言文字的省察，也有对生活来源的打捞，这让读者对成都方言有着更深切的体会和认知。这也与诺奖评委马悦然对四川方言的研究，有着相似之处。从这些方言中，发现词语间的细微差异，从而为探索社会变迁提供了一个新视角。

在这里，华强君的方言探索，犹如成渝的一幅生动的生活画卷，既有留住乡愁的因素，也有打捞文化的可能性。

六

不妨略举一例说明。如“污教”，在华强君看来是源于

“巫教”。“运用谐音双关的修辞手法，将一种神秘而庄重的宗教名词赋予世俗化的特征，获得了一种全新的意义。”对这个词语亦有简评：“‘污教’，小则失德，大则作恶，使规则无形，正义隐退。”可谓匡扶正道仁心。点滴生活，在他的笔下就呈现出了当下方言的样态与现象，这种写作，是独特的。

像这样的例子在书中可以说是随处可见，让我好像看到华强君在课堂上讲课的神采。确实，现代教育不只是传道授业解惑，更为重要的是为年轻人树立一种文化与理想的标杆，可让未来生活可期——做最好的自己，也是活出自己想要的样子。

七

关于方言的写作，旁涉地域文化，更需作者独具匠心，具备广博的知识，卓越的识见，通过对不同的文化、词语进行深度观察，才能洞察词语间的奥秘。华强君的写作所提供的是一种范例。哪怕寻常词语，他都能予以贴地气的解读，这让他的文章，与读者距离更近，故生动之时，与读者更容易“共情”。

方言不只是停留在词语的字面意思之上，更需根据不同的现场，灵活运用，才能看出方言的魅力。这确实是一种对方言的正确的审思。

八

诚然，随着交通工具的便捷、信息传播的迅速，方言也在快速地消逝。成渝方言在今天也正在面临这样的尴尬处境。

在都市里生活，许多方言已很难听见，倒是在乡野当中偶然相遇，让人颇为惊艳。在我熟悉的作家当中，却不乏这样的方言挖掘者。比如扬州的韦明铧先生的扬州方言寻踪，天津的由国庆兄的“俏皮俗话”系列，让我看到当地语言的多元、丰富，在上海，也有一群志愿者在研究上海话。像这样的整理、挖掘，在今天显得尤其必要。

方言的丰富性、差异性，正是不同地域文化经过时间的沉淀而孕育的结果。华强君对成渝方言的关照，放在这个时代背景下，更容易看出其价值和意义来。

2021 年 12 月 16 日

用方言留住乡愁（序）

胡华强

一

本质上说，人是活在语言里的生命。

语言是空气，语言是阳光，语言是水，是让生命赖以生存的环境。语言，将人的生存环境里所有物质和精神的元素融合在一起就变成了你的灵魂，从此伴随你所有的时间和空间。

每个人都活在乡音里。乡音变成了你肉体里的血脉和基因，从此你就是你，无人可以替代。乡音，是故乡，是亲情，是回忆的源头，是生命之根本。心中有根，出口便是乡音，就算满口洋话，萦怀的仍是乡情。世界那么大，你想去看看，那就去吧。只要不忘带上乡音，就不怕找不到回家的路。

方言是乡音的灵魂。方言并不是与社会发展背道而驰的累赘，并不是静止在旧时光里的冷信息，而是现实的参照系，未来的指南针。没有源头活水就没有长流清泉，没有家山回望就没有远方梦想。《长干曲》（其一）：“君家在何处？妾住在横塘。停船暂借问，或恐是同乡。”一个身在他乡的船上女子，听到邻船有熟悉的乡音，忍不住打听对方家在何处，却不等对方回答，又迫不及待地说出了自己的“横塘”老家。这是一场小小的人生际遇，却是一场强烈的情感激荡。一个女子，抛开女性天然的羞涩，更不在乎别人对自己流落他乡的原因的猜疑。先问对方，希望用对方的答案印证自己的期待；却等不及对方回答，自己先给出答案让对方印证；分明希望对方来自故乡，一个“恐”字又将前面的一切设想打乱——这其中微妙的心理，全来自邻船那一缕乡音，这是所有游子都具有的一种共情潜能。脚步走远了就会感到虚浮，一缕乡音，就足以唤起游子心中的万般乡愁。

社会越是走向现代走向未来，就越是需要对传统的回望，需要对乡音的铭记。留住乡愁，是人类灵魂共同而真切的呼唤。

二

2018年9月，新生入学第一天，我在办公室听到两个同事摆龙门阵，言语之间提及“渣渣瓦瓦”一词，当时我就想，这几个字到底该怎么写才对呢？于是掏出手机记下了当时的一点感想。后来的一段时期，就逐渐想起了很多很多我所熟悉的方言来，每次想起了，担心很快又会忘记，于是就在手机上记下来。这样的习惯几乎伴随了我在整个年级三年的教学过程。学生毕业了，我一清点这三年的零星记录，竟也有了让人振奋的成绩，完整可阅者177篇。所以，首先感谢2018级赐予我的这份意想不到的礼物。

在郫都区的文学活动中认识了文化学者、作家朱晓剑先生。晓剑先生虽是安徽阜阳人，却对巴蜀文化情有独钟并专有学研，所写所编的书籍大多与此相涉。他热情地将我所写的这些短文推荐给了《华西都市报》的“宽窄巷”副刊“盖碗茶”栏目，文字很快见报并陆续刊出，至今计有80余篇。可以这样说，没有晓剑先生的推荐，我的这些文字未必能够轻易见报。文字不能见报，写作的动力自然衰减。一旦动力衰减，当初一时的兴起，可能就无疾而终。因此，一个写作者最好的运气就是遇到真诚相扶的师友。衷心感谢晓剑先生！

对川渝方言的兴趣，自然源于我一直生活在川渝方言环境里。特别是先后在成渝两地的生活，又给了我对川渝方言同中见异的机会。都说母亲是一个人最初的语言老师，此话近乎真理。我所能记起并深切感知的那些方言，绝大部分都是我母亲（当然也包括母亲那一代的乡人）说过的，我每次下笔写一个方言的时候，似乎就能真切地听到母亲的声音，看到母亲的表情和动作，哪怕回忆的那些情形已经过去了几十年。这恐怕就是所谓的“乡愁”吧。感谢母亲！感谢故乡！

因为这些小文多是“急就章”，短者八九百字，长者亦不过千五百字，仿佛中学生的考场作文，所以完全不敢用洋洋洒洒这个成语来形容。好在东坡居士早就安慰了我，写文章应“行其所当行，止其所当止”，我自然得听文豪的。不过将这些小文堆在一起的时候，倒也有了点洋洋洒洒的感觉，这让我明白了集腋成裘的励志语并非只是拿来作安慰剂的。

三

我要做特别的说明：这本书不是专业的方言研究，只是借方言之名的微随笔。

我虽是学中文出身，但毕竟只是一个基础教育工作者，加之自己也缺乏学术研究的能力和素养，所以不敢掠研究之美。然而一生涵泳于乡音的氛围里，自然会有太多对人生的感知和体悟。对于多数人来说，因为熟悉所以无感，而我能做的就是稍稍停下来，静静站一边，对这种熟悉得近乎陌生的乡音乡言做一点冷静的观察和省视。

首先，我要力所能及地去探究这个方言的语音语义来源或者推测其写法，以及它演变的过程及原理。因为这并非专业的语言研究，所以其中舛误必然在所难免。也因此，我对某些结论的态度就用“我觉得”“我认为”“我想”之类的说法来表达，以免引起学术上的争论。

其次，文本里有个高频词“川渝方言”也需要做一点说明。如果从学术的角度上讲，“川渝方言”是西南官话的组成部分。仅从“川渝方言”来看，也并不能代表四川和重庆的全部方言。我所涉及的方言主要是成渝两地的方言，也包括部分成渝之外地区的方言，因为限于视野，也不敢肯定那些方言存在和使用的范围。确切地讲，“川渝方言”并不精准，“成渝方言”也不精准，但是我实在找不到一个合适的表述，所以姑且借而用之。

其三，书中所涉及的部分方言，严格地说并不是我“川渝”专有，比如“瓜”“抻敨”“杂种”“周吴郑王”“二不挂五”等。如真是这样，我之“川渝方言”自不当其名。所以，当我在谈到这一类方言时，除了说出它普遍的用法，更主要的是找出它在“川渝方言”中独有的用法，探究其共性与个性的相辅相成，感受其幽妙意境，品味其独特意味。

其四，由一个方言元素引申出或多或少的一点感悟，才是我下笔的重心。方言是深植于乡土的文化，是一种最接地气的文化，是一种绝对原生态的文化。一句方言从人们的口中说出，可能于外人如听天书，而于乡人毫无隔膜。一种几乎同步的心领神会，将世俗人生表达得淋漓尽致，将酸甜苦辣展示得精细入微。一个字的替换，一个声调的变化，一个节奏的调整，一个眼神的配合，都可以将一句方言的目标指向引向无穷的可能。一句方言，或来自身边的油盐柴米世道人情，或来自历史的文献传说人文传统，方言其实就是一种生活方式。管窥蠡测，亦可见另一个洞天。

四

我私下又把这本书命名为“胡说百道”，理由如次：

敝人“免贵姓胡”，“胡说”即“姓胡者说”——大实话。又因为很多内容都为探究和商榷，也有不少“麻起胆子”得出的结论，尤其在引申之处，或许真有“打胡乱说”的可能，故而谓之“胡说”，先自脸红，别太当真。两点合一，谐音双关加语义双关，即为“胡说”。

本书涉及的方言元素有一百多个，说“八道”自然不妥。《诗经》明明是305首，古人没有瓜兮兮地命名为《诗三百零五》，而是取其整数，名为《诗三百》，请原谅我“偷”一点古人的智慧，给这本书命名为“胡说百道”。

方言虽是“一方之言”，其实也浩如烟海，不需打捞钩沉，身边俯拾即是。即便精挑细选，所得仍是既杂且繁，这给整本书的编排制造了难度。几经调整，决定将其分为以下五个版块：（一）“只言片语巴蜀情”，包括川渝地区最常见的源自现实生活的方言词语；（二）“史海文河巴蜀韵”，包括具有一定的历史文化和文献渊源背景的方言词；（三）“辨音析义巴蜀音”，包括在读音用字上有争议需辨析的方言词；（四）“俗语民谚巴蜀风”，包括川渝地区常见的一些俗语、谚语、歇后语等方言；（五）“横看纵观巴蜀景”，包括一些相互有一定关联，可以对照感知的方言。以上版块，只是一个大体归类，其中定有不妥之处；加之虽经多番努力，版块间字数不均衡的问题也无法克服。最后，只好自己原谅自己了。

真诚感谢朱晓剑先生不仅推荐了这些拉拉杂杂的文字，还欣然为拙作的结集写序。真诚感谢四川人民出版社编辑李淑云女士一直以来给予我的督促和鼓励。感谢所有为我提供了方言资源的人们，尤其感谢我的语言老师——母亲。

但愿方言能够留住乡愁！

一

只言片语
巴蜀情

ZHIYAN PIANYU BASHU QING

瓜

如果要问成都方言最具代表性的词语是什么，估计谁都会回答——瓜！

成都人爱说“瓜”，外来人只要在成都待上一段时间，一定会学会说这个瓜。

“瓜”这个词，总体来说属于贬义词，但是很多时候却更倾向于略显贬义的中性词。因为瓜既可以用来骂人，也常用于自嘲。

“瓜”是“傻瓜”的省略说法，基本意思就是傻，但在成都方言里，瓜的含义远不止于此。

你好瓜啊，这么简单的题都答不出来！——表示傻的意思。

当着大家的面你揭他的短，弄得他好瓜啊！——表示尴尬。

大家都很随便，你何必那么瓜兮兮的嘛？——表示不入流不合群。

看，那个狗的样子好瓜哦！——表示形象怪异。

……

在成都话里，瓜是一个语意非常丰富的词语，适用范围非常广，但是仔细考察其含义，都与傻有关联，只是语意轻重有差异而已。

瓜可以单独使用，但更多的时候是以它为中心，形成一大堆更加生动的多音节词活在日常语言中。比如：瓜宝、瓜宝器、瓜娃子、瓜婆娘、半瓜精、瓜兮兮、瓜不兮兮、瓜眉瓜眼、倒瓜不精。其中尤以“瓜兮兮”“瓜娃子”和“瓜眉瓜眼”最具代表性。

至于瓜如何成为成都方言的原因，众说纷纭。黄尚军在他的《四川方言与民俗》里如是说：

《西游记》十一回记载了唐太宗因魏徵梦斩泾河老龙王，被其索命，魂游地府，后被放回，欲觅人到地府送瓜答谢。而刘全本为均州人，家有万贯财产。一日，其妻李氏在家门口拔金钗送给化缘的和尚，刘全回家得知后，骂妻子不遵妇道。李氏忍气不过，自缢而死。刘全因思念妻子，情愿以死进瓜。“刘全进瓜”故事，在四川地区广为流传，故四川人称“傻”为“刘”，把“傻瓜”称为“刘全进”。

此说固然有其一定合理之处，但是我觉得《西游记》“刘全进瓜”的故事在四川地区广为流传并不能成为瓜落四川的确凿依据，因为《西游记》在全中国甚至全世界都广为流传，这瓜是全中国的瓜甚至是全人类的瓜，为何独独四川（成都）对瓜情有独钟？

我不敢说《西游记》对瓜落四川绝对没有影响，因为一部名著对一个民族的语言的影响是显而易见的。但是我觉得还得考虑到四川（成都）人的语言具有极强的形象性的因素。无论什么瓜，大的小的，长的短的，粗的细的，它都有个共性——圆的。圆，固然可以联想到圆滑、聪明，也可以联想到混沌不开。思维混沌，脑子不开窍，岂不是瓜？

瓜作为一个方言词，其实在全国别的地方也有，比如陕西话里有“瓜怂”（方言，傻瓜），但陕西瓜和成都瓜有很大差异。照成都人的说法，“种瓜得瓜”当有别解了。呵呵！

迁翻儿

这是一个几十年前广泛使用，而今仅残存于乡村的川渝方言。

“迁翻儿”的意思比较简单，就是顽劣，就是费头子的德性。上房揭瓦，水井撒尿，牛屎糊门，偷桃摸瓜，就是迁翻儿。

有一年，过年之前外婆家请张裁缝来家里做新衣。张裁缝将烧烫的熨斗放在倒扣的碗底上，埋着头在桌子上整理布料。走过来院子上一个十七八岁的看热闹的年轻人，他提起熨斗往趴在桌边看稀奇的我大表哥的手背上嗞地烙了一下，大表哥的手背立即冒起一个汤圆大的果子泡。气急败坏的外婆抓起裁缝的竹尺子就去追打那个年轻人，边追边骂：“你个蛋蛋（读作上声）啷个恁个迁翻儿嘛？你是不想过年了吗?”想想那个脑袋少一根筋的二杆子，他那干傻事不假思索的德性，完全是个讨打的角色，可见一个人的迁翻儿有多么可恨。

农村人虽说粗俗，其实又很讲礼数，一般不会轻易指责别人家的孩子。如果开口说某家孩子迁翻儿的话，那一定是非常愤怒，忍无可忍了。我有一个初中同学，就曾在上学路上往人家的水井里屙屎，爬桃树上偷桃，掉下来把人家的瓦房顶砸了一个大洞，学小兵张嘎堵别人家的烟囱……这就是一个迁翻儿透顶的家伙，人见人厌。

迁者，横移也；翻者，纵移也。一个人在横向纵向腾挪驱驰，其破坏力、干扰力之大，可想而知。说某家孩子迁翻儿，其厌恶感就非常明显。

迁翻儿有时又基本等于调皮，这个用法的贬义比较微弱，如："不要迁翻儿了，小心凿子伤到手。"木匠师傅这样提醒。

迁翻儿一语一般用于孩童，基本不用于成年人。

孩子活泼好动是健康的表现，无可非议。不过哪些事干得哪些事干不得，就算是个孩子也多少可以明白，这就叫作懂事。懂事的孩子，才人见人爱；傻（哈）烦的娃儿要挨傻打。也许你觉得打人者太缺乏宽容之心，但这要落在你身上你也未必忍得住。两年前在某地一辆公交车上发生过一个小孩子被一个青年愤怒背摔的事件，虽有很多人在谴责那个青年的暴力，却也有很多人在"冷酷"地批评那个孩子的迁翻儿。在爱你的人眼中，迁翻儿只是活泼，不认真管教，还总是冲口而出一句"他还小"，可能把迁翻儿之恶隐藏了起来。在讨厌你的人眼中，就算你是真的活泼，可能也是迁翻儿，成为被排斥、被收拾的理由。这就是那句"现在你不管，将来社会帮你管"的意思。

所以，孩子迁翻儿，大人之过也！

飞飞儿

“飞飞儿”一般指小纸片儿。在有些地方，“飞飞儿”念作“灰灰儿”。

因为纸张具有轻薄的属性，在微风中也可以飘飞，于是川渝方言就借这种动态属性来代本体，是一种借代修辞手法。

飞本是动词，飞字双用，有动词转化为名词的作用，还比如舀舀、戳戳、铲铲、挖挖等。飞有持续轻盈飘动的意味，儿化音的发音，更强化了细小轻盈之感。儿化音可以改变概念的属性是一种语言常识——可以改变词性，如盖与盖儿，前者可为动词，后者必定是名词；可以区别词语的感情色彩，如花与花儿，前者是中性，后者则带褒义；可以区别形象的大小，如洞与洞儿，前者大，而后者小。儿化音既然可以把事物变小，那么飞变飞飞，再变飞飞儿，自然那纸片就显得更加细小轻盈了。

学生在课堂上背着上课的老师递纸条，因为目标不敢太大，所以都是递纸飞飞儿。

学生向老师请假，在作业本上撕了小片儿纸来写，老师说：

“你拿个纸飞飞儿写假条，也太不严肃了吧?”

社会上称各种票据也叫作“飞飞儿”，如“出纳，请给我划个飞飞儿”。这里指的是收据之类的纸条儿。

飞飞儿还可以扩展开去，指别的轻而薄的东西，如布飞飞儿（布片儿），塑料飞飞儿（塑料片儿）。以前民间有讥讽主人家吝啬的笑话——

甲说：“快点快点，把门关上!”

乙说：“爪子嘛?”

甲说：“碗里的肉都切成了飞飞儿，我担心遭风吹跑了。”

甚至还可以用来形容人。母亲在电视里看到一个成功减肥的女子，不禁说道：“那个女娃子，瘦成了个飞飞儿，一点都不好看。”还记得上大学时，一个同寝室的哥们儿读了柯云路的小说《夜与昼》，说：“那个瘦得像个飞飞儿的范丹妮，想起都要做噩梦，嫁给我我都不要!”哈哈，那时我们寝室还是完完整整的八条光棍儿呢，居然还有人如此厌弃飞飞儿!

天地万物，大小相对。对书本而言，纸张是飞飞儿。对大人而言，小人是飞飞儿。对社会而言，个体是飞飞儿。对世界而言，人类是飞飞儿。对浩瀚无垠的宇宙而言，地球连个飞飞儿都不如吧。

悬吊吊

川渝方言里有一个歇后语："癞疙宝（蟾蜍）吃豇豆——悬吊吊的。"因为豇豆长在藤上，悬在空中，外形细长，癞疙宝跳起来咬住悬空的豇豆，就会悬在空中，此之谓"悬吊吊的"。当然，癞疙宝到底吃不吃豇豆，我作为一个出生在农村的人都不甚了解，这只是打个比方而已，不必当真。

从悬吊吊一词的构成语素来看，"悬"有悬空之意，"吊"则表示支点在上方，有下挂之意。两者合在一起，更加强化了悬空之感。凡悬吊吊之物，都具备置于一定的高度和缺乏有效支撑两个条件，这两个条件都意味着不稳当、易晃动、有危险，会让人紧张，让人不放心。

悬吊吊首先使用在具体对象上。张二娃爬上高高的柏树掏鸟窝，被他爹看见了，他爹就在树下大吼："张二娃你个瓜娃子，悬吊吊地爬那么高，你是要上天吗?"我父亲挖了土回家，把锄头倒挂在两米高的墙缝里，母亲见了，就教训父亲说："把锄头挂得悬吊吊的，小心掉下来让你脑壳挖瓢!"

在川渝方言里，悬吊吊一词更多用在抽象的对象上，主要描述一种没把握、不放心、不安稳、不踏实的心态。

“你做事欠考虑，总是把事情弄得悬吊吊的！”这里就是缺乏把握性的意思。

“等了几天都还没有得到对方的回音，我心头真的是悬吊吊的！”“这次职称申报，我需要的条件都具备了，该交的资料都交了，可心里还是悬吊吊的！”这里是心里不踏实的意思。

考试后等录取通知书的心态，新手投资炒股的心态，向自己心仪的人寄出求爱信的心态……都是悬吊吊的。期盼越大，心悬得越高；心悬得越高，情绪晃动就越厉害——悬吊吊，真是一种很刺激的心态。

俗话说：“嘴上无毛，办事不牢。”年轻浮躁，缺少阅历，自然做事情就让人感觉悬吊吊的。而有一些人，就算有再丰富的阅历，再强的能力，如若心中只有自己，眼里只有利益，不能为群体着想，他管理起一个部门一个团队来，还是让所有人心里都悬吊吊的。这就像坐“黄司机”的车一样的感觉。

悬吊吊其实是悬且吊而未掉之状，事实上最坏的结局还没发生。发生了也许还更坦然，不发生更折磨人——想想那一只大半夜都不掉到地板上的鞋子吧！

绞丝鬼

凡带鬼字的方言，基本上都是贬义词（“小鬼”一词因某种特定机缘被赋予了褒义翻了身，其实它的本意仍是贬义），比如“鬼迷鬼眼”“鬼头刀把”“鬼耸鬼耸”“鬼火冒”“鬼扯”，又比如“疯头鬼”“饿痨鬼”“色鬼”“赌鬼”“酒鬼”。大概因为鬼有其名无其形，神秘而恐怖，总不是什么好东西，所以沾上鬼字，那样的人大概就不会是什么好人。

川渝方言中的绞丝鬼是个什么鬼呢？

细长而众多的丝线缠绕在一起，谓之“绞”，剪不断理还乱，让人束手无策，让人心生烦恼。以此来比喻生活中的一种人——长期厮混在一起的人。这种人往往相互间前脚跟后脚，有事无事都裹在一起，他们所干的事情又往往不是生活的正事，比如喝酒、打牌、逛窑子，以及一切见不得人的勾当。绞丝鬼们之所以绞在一起，是因为他们都沉溺于某种勾当而无法自拔，相互吸引，相互邀约，狼狈为奸，拆不开、骂不散，这样的人际交往方式就叫作“打丝绞”。这种人，可能为人之子，为人之夫，为人之妻，为人之父，沉溺于“外交”而疏远于

“内顾”，这对于其家人来说，自然是非常痛恨的，便骂之为“绞丝鬼”。

张二哥经常在外和朋友三四的喝酒，每天都是很晚才醉醺醺的回家。张二嫂就骂：“你再跟那一群绞丝鬼一起混，你就不要再回家了！”当然，张二嫂经常打牌晚归，张二哥也会这样骂回去的。

鬼有大小之分，绞丝鬼也分大小；鬼有类型之分，绞丝鬼也分类型。小的绞丝鬼最多闹点家庭矛盾，而大的绞丝鬼则可能祸国殃民。有的绞丝鬼是因为钱而绞在一起，有的绞丝鬼是因为色而绞在一起，有的绞丝鬼是因为吃而绞在一起，有的绞丝鬼是因为赌而绞在一起……看看那些“老虎们”“苍蝇们”，有几个是单干的？逮住一个往往就端出一窝，这不是绞丝鬼又是啥子鬼？

“物以类聚，人以群分”，绞丝鬼之绞，正是体现了这样的规律。但理智的人应懂得何物可聚何群可分。当然也有一些绞丝鬼绞在一起的原因并不一定可恨，比如钓鱼，比如结队走大街，只是过度沉迷而让人恨。本质上说，人是群居动物，不可能不类聚、群分，关键是要掌握一个度。谁都拥有三朋四友，谁都需要事业伙伴，谁都渴望共情知己。结交可以，丝绞则过。丝绞过度，即为绞丝鬼。

小的绞丝鬼家人恨，大的绞丝鬼国人恨！

豁皮

川话俗语有云："输钱都为赢钱起，吃鸦片都为吃豁皮。"意思就是，凡是赌博的人都是因为开始时赢钱，对赌博上瘾，才导致后来输得倾家荡产，那些抽大烟上瘾的人，最早都是因为在别人抽的时候，去巴结着抽两口（有点像小时候捡大人们丢了的烟屁股抽着玩儿的感觉吧）而最后无法戒掉的。

所谓"豁皮"，本来是指木材的表皮和边角料，这些东西没有大用，只能当柴烧。基本特征就是"依附主体""作用不大""数量有限"，借此来比喻零星小便宜。

早前乡镇上的牲畜市场就有偏二（重庆方向的叫法，四川这边叫穿穿儿或串串儿）存在，但是偏二再专业再能干有时也揽不到生意。这时就常常有一种人，主动出面帮偏二拉生意，偏二的生意成功了，这人就分一点偏二钱，这就叫吃豁皮。兄弟伙做事情赚了钱，靠着兄弟伙的关系分点散碎银子，就叫吃豁皮。所谓"吃豁皮"，就是搭着别人占点小便宜的意思。

喜欢吃豁皮的人，往往本事不大，出力少甚至不出力，但脸皮厚，还有贪婪之心，而所得好处却往往有限。这就好像面对一棵大木头，却只能分点边角料一样。看看那厚着脸皮要吸两口别人大烟的家伙，像不像这个样子？

也因为豁皮有以上那些属性，二十世纪七八十年代也被成渝两地的城市人拿来称呼农民。工人阶级是老大哥，农民只是农二哥。农民就像木头的边角料一样，被那些自以为是的城里人称为“农豁皮”，简称“农豁”。少年时在老家，我经常听到那些重庆知青这样称呼乡下人。这个称呼明显带着贬义，在那个城乡差距巨大的年代，高傲的城里人自然可以这样不尊重农村人，而农村人听到这样的称呼倒也没有多少屈辱感，因为本来就如此——穷得叮当响，哪还在乎什么尊严呢？只是世道变迁，几十年时光竟沧海桑田，而今再看，还真说不清楚谁才是真正的豁皮了。

人要靠自己的本事吃饭，豁皮尽量少吃或者不吃。吃豁皮丢脸，吃上瘾还会丢命。至于豁皮的地位，世易时移，应一句俗话“茅厕片都有翻身之时”。垃圾是放错了位置的财富，豁皮也许是暂时未得到利用的宝贝，因此不要用高傲的一成不变的眼光看事物。

巴倒烫

从字面就很容易看出“巴倒烫”的意思。川话里，巴有贴的意思，如：

“你牙齿上巴得有一块海椒皮。”

“他的脸上巴了一块狗皮膏药。”

“把他幺儿爱得巴心巴肝儿的。”

“把新买的春联巴到门上去。”

“他们两个关系不同一般，巴得紧得很。”

“巴倒烫”就是指贴在肉皮上的烫，烫得扯不脱甩不掉，烫得钻心痛得伤心的那种烫，一种只能忍受着而无法躲避的烫，一种被烫了还不愿说不能说的烫——从这个意义上讲，它与吃哑巴亏的意思很接近了，但是吃哑巴亏却没有扯不脱甩不掉的意思。而且，遭别人的巴倒烫的人，多数都先怀有烫别人、占便宜的心思。

巴倒烫主要做名词，也常用其本意。

张二娃吃个火锅，饿捞饿虾的，烫黄喉儿不蘸油碟，结果自己的黄喉儿遭了个巴倒烫。张二嫂炸酥肉，被溅起的热油整了个巴倒烫，手臂上起了几个果子泡。

更多的时候，巴倒烫使用其比喻义。

张二娃的同学约他合伙做木材生意，结果被他同学套了毛子，钱没赚到，还遭了个巴倒烫，被派出所抓进去关了两天才出来。

巴倒烫有时也做某一类人的代称。这种人多怀算计人之心，欺骗和纠缠的功夫绝对了得，一旦瞄上目标，就像蚂蟥一样吸附上去，让别人扯不脱甩不掉，让别人吃了亏还说不出。如“别跟翘沟子那种人裹，那是个巴倒烫，整死人无厌”。

聪明人，一生不占别人便宜，也一定不会遭别人的巴倒烫。但也不乏这样的情形——你想赚我的利，我还想吃你的本；肉包子打狗，岂止有去无回，还被狗咬了一口。读《三国演义》，发现里面就有不少巴倒烫的故事——你看群英会上自作聪明的蒋干，不是首先想算计周瑜吗？结果自己反被周瑜算计了。你看孙权不是想赚别人的江山吗？到头来赔了夫人又折兵，捡来一个舅子命。

这世界，总有人在随时算计着，想整别人巴倒烫——算计别人腰包里的钱，算计别人枕边的老婆，甚至算计别人座下的江山。而那些算计别人最终却自食其果的人，岂不都是“哑巴吃黄连——有苦说不出”啊？

只要记住一句忠言，“害人之心不可有，防人之心不可无”，那么巴倒烫的遭遇庶几可免。

铲铲

某家餐饮连锁有一种盛菜的容器，就是一把铁质的洋铲。我不知道店家是不知道“吃铲铲”之说，还是故意要利用这个噱头，来赢得反向的效果。这家有明显怀旧风格的餐厅，桌凳粗大，碗碟粗糙，墙上描着拙劣的国画，看来的确走的是乡野之风，用一种普通的农具来作餐具也很正常。我除了看见铲铲之外，也看见了篼篼、撮箕这些本是用来装泥土垃圾的篾器，竟都堂而皇之地盛着美食。

不过，这样的创意，除了每次让食客们发出一句“吃个铲铲”的玩笑之外，额外再要产生多少怀旧的情思，我倒是很怀疑。一把黑色的铁铲翘着一根粗粗的柄高傲地坐在餐桌上，怎么看都觉得怪异，只有心态异常的人才会觉得可以增加食欲。

“铲铲”普通话读作“chǎn chǎn”，而四川话却读作“cuàn cuàn”。川渝方言中，“铲铲”一词常用于表达一种否定，有一定的轻蔑意味。比如：

“像你这样搞，要得个铲铲！”

“这么晚了才想起去买痢特灵，药店都关门了，还买得到个铲铲！”

有时为了加强语气，会增加一个粗俗的修饰成分。比如：

“你啥子都去问他，他都球经不懂，晓得个卵铲铲！”

以上这些“铲铲”都不是一种工具，都不是用来铲什么东西的。它表达的意思虽然非常广泛，但是它的意思也非常明确——就是指代一切被怀疑被否定的对象。

大多数情况下，“铲铲”一词只略带一点讽刺意味，有失望、慨叹或者调笑等意味。多用于善意语境。铲铲偶尔也会用于矛盾冲突比较剧烈的语境，如“招呼你好几次了，你还在这里东说西说，说个铲铲！”

天下事物万万千千，就算要表达否定和蔑视，为什么不用锄头呢？为什么不用踩锹呢？为什么不用砍刀呢？为什么不用菜板呢？

川渝人喜欢把“铲铲”挂在嘴上，却是有来源的——

以前的人家大多生活贫困，大人在灶上做饭，小孩子往往会把着齐下巴高的灶台，眼巴巴地望着锅里，嚷嚷着希望能够提前得到一点食物的犒赏。忙于做饭的母亲，厌烦饿鬼一样的孩子的吵闹，也嫌其挤在身边挡脚挡手，就会扬起炒菜的工具——锅铲，装着恶狠狠的样子恐吓道：

“吃吃吃，你吃你妈个铲铲！”

何谓“吃铲铲”？食物是暂时吃不到了，铲铲可以吃——小心老娘一锅铲给你戳过来！

小孩子晓得没得搞头了，就只好知趣地坐一边去耐心等待。

打滚儿

“打滚儿”一词曾广泛地流行于重庆地区。“滚”的意思当然很简单，就是撒泼打滚儿的滚儿，就是几年前国内某大城市的一个电台主持人羞辱外地人“以一种团成一个团的姿势，然后慢慢地以比较圆润的方式离开”那个意思。而实际上方言中的“打滚儿”意思比这要丰富得多。

首先是指“操江湖”“混社会”的意思。一个“滚”字，说尽了江湖的险恶和江湖人生的艰难，想想“滚雷阵”“滚钉板”的感觉吧。但打滚儿多指不务正业，在社会上鬼混的意思，比如撩皮打滚儿。“打滚”要带着儿化音，念作“打滚儿”，才能淋漓尽致地表达方言的特定意味。有了儿化音，那滚的动作就会显得更加连贯流畅，游刃有余，才能显示出打滚儿者技巧的娴熟和情感的痴迷，将生硬的话语变得更加口语化，也体现出川渝人面对庸常生活的一种戏谑与幽默的天性。

“滚”作为一个动词，这里主要用其“翻滚”之意。稍有一点物理力学知识的人都会知道滑动摩擦与滚动摩擦的区别，都知道滚动摩擦一般来说摩擦系数更小，让物体的移动更快更流畅。想想世间的各种人吧，有的总是到处碰壁，而有的却常常如鱼得水——前者用的滑动摩擦，后者用的就是滚动摩擦。要想在社会上混得舒服活得滋润，就得操社会，操社会就叫“打滚儿”，操社会的人就叫操哥，操哥就叫“滚龙”，滚得过分的滚龙叫“烂滚龙”，球钱莫得专吃豁皮的滚龙叫“干滚龙”。一个“滚”字，远超一个“混”字或者“操”字的表现力，分明透着“凶险”“血光”和“以命相搏”的信息。上海滩的许文强们，把自己的血肉之躯丢进江湖去拼斗，就是让自己的身体在枪林弹雨中打滚儿，这属于“高级操哥”。那些盘踞在乡村场镇上的混混儿，虽也叫“烂滚龙”，其实另一个名字“地头蛇”更合适，他们无论多么心狠手辣，无恶不作，打滚儿的力度毕竟有限，难当操哥之名。

“打滚儿”的第二个意思，较之前者，范围明显缩小，专指嫖娼，或与异性鬼混。这种人被叫作“打滚儿将”，（也许是“打滚儿匠”），听起来好像是一种有特殊本领，或者有专业技术的人，呵呵。

看看那些打滚儿将，没有与异性勾兑的丰富的经验，如何能成为将才？他们练就了翻转腾挪，避实就虚，假话真说，假事真做的本领，自然可以让一些蠢女人无法逃脱；要是男女两个打滚儿将对练，那阵仗想必更是精彩纷呈，妙不可言了。

“打滚儿”一词的滥觞，应是在歌舞厅遍地开花的年代。我有好多个熟识的人都先后卷进了打滚儿的行列，有的后来落得婚姻崩溃、家庭破裂的结局。那时，人们口中说出打滚儿一词的时候，除了想到鬼混之外，脑子里或许还同时有躺在烂泥坑中的蠢猪的形象出现。

随着这种社会潮流的弱化，打滚儿这个词在现实中已日渐式微。

方脑壳

方做人，圆处事，用个成语表示，就是“外圆内方”。做事“胆欲大而心欲小，智欲圆而行欲方”，谓之“智圆行方”。虽“圆”与“方”对立，做人做事，我们的古人却并不只取其一端。

“方脑壳”一词，早期它只是一个流行于成都及其周边的方言词，而且并不常说。因为二十世纪八十年代我在成都上学四年也没有听此说法，我在老家也从未听到这个说法。我在重庆初次听到这个词大概是在二十一世纪初，那时正是说书名嘴李伯清散打段子盛行天下的时候，方脑壳一词在李伯清的段子里出现频率很高，于是才大行于世。方脑壳其实也被称为“开山儿脑壳”，“开山儿”就是斧头，方脑壳就是“用斧头砍成了方形，转不动的脑壳”。

方脑壳一词的意思就是傻瓜、笨蛋、脑子不灵活的人，这谁都懂。骂人的话就有“方脑壳，哈（傻）戳戳”。“方”与“圆”相对，虽没有“圆脑壳”之说，但机灵、聪慧、反应快的人，自然属于圆脑壳之列。川渝人常称头为脑壳，比如“剪脑壳”并非是把脑袋剪掉，而是理发，“洗脑壳”就是洗头，“脑壳痛”就是头痛。“脑壳”一词，不仅点出“脑”这个具体部位，而且说出了这个部位的“结构特征”—— 一个壳装着脑髓，这是个思维的机器。这个壳具有很高的硬度和密闭性，所以不会轻易被门夹坏，也不会轻易进水。没被门夹坏的和没进水的脑壳，只要看起来大致是个圆球，哪怕就像个冬瓜或者像个葫芦，也许都算基本正常。要是哪个脑壳看起来是方的，可能就有问题了。

把头称为“脑壳”，这体现出川渝方言的形象幽默特征，就像称腿为“脚杆”，称小腿为“连二杆”，称腹部为“肚囊皮”一样，其中的韵味，我们只需意会不必言传。“圆”有“圆融”“圆通”的褒义，也有“圆滑”“圆媚”的贬义。而“方”虽有“端方正直”之意，在“方脑壳”这个词语里面却是贬义。圆的可以滚动自如，方的移动起来就困难得多。方，就是棱角过于分明，就是不够聪明不善变通，就是认死理，其实就是一根筋，甚至在某些人眼中就是二百五，也是成都人口中的瓜娃子。膀子客看见别人打错了牌，有时会控制不住观牌不语的规矩，骂一声方脑壳；有人在会上举手质问了领导某个问题，就被不少的人认为是方脑壳；那些在人际关系中混得如鱼得水的人，也常常背着甚至当着我的面批我一句“方脑壳”。

《论语》有云：“仁者可谓方也矣。”这是对“方”（方脑壳）的最高礼赞。“处治世宜方，处乱世当圆，处叔季之世当方圆并用。”（洪应明《菜根谭》）“立者，发奋自强，站得住也；达者，办事圆润，行得通也。”（《曾国藩家书》）这样的话古书上俯拾即是。勾践、诸葛亮、纪晓岚……从古至今，精通“方圆之道”的人亦举不胜举。

以前有个熟人，贵姓“方”，当“方脑壳”这个词语流行开来的时候，他几乎同时就得到了“方脑壳”这个外号。然而，他并不以此为恼，当别人这样叫他的时候，他答得“哦啊哦”的，甚至有时还以此自称。此人官虽不盛，权不大，然而在我们那个并不算小的县城里竟混得风生水起，少有人可比。其“方”乎？其“圆”乎？外圆内方也！

其实，“方脑壳”不一定真的方，动不动叫别人“方脑壳”的人也不一定就不方。

胎神

胎神是何方神圣？查遍相关资料，只有一项“保胎之神”的说法稍稍靠谱，此外别无他义。看来，川渝方言中的胎神不是神，至少不是什么正神。

那么，胎神到底是个什么东西呢？其实，它不过是一个带着戏谑意味的骂人的词语而已。

虽说这是一个广泛流行于川渝地区的方言，然而流行的时间估计并不长。在我的记忆中，我们童年时期的生活里，并没有“胎神”这个词儿存在，直到二十世纪七十年代末八十年代初，许多上山下乡的重庆知青来到我们乡下之后，这个词儿才流行开来。那时候，那些重庆知青，对乡下人动不动就以“胎神”呼之，久而久之，乡下人也学会了说这个词儿。我有一个调皮顽劣的发小，就被几个重庆知青授予了“李胎神”的称号，并且这个称号一直陪伴他到现在。

我无从知道在这之前重庆、成都的城市人是如何发明了“胎神”这个词的，但是当这个词语流行开来之后，我们很快就知道了它的特定意味。一般来说，“胎神”是对精神不正常、智力不够、行为怪异等一类人的通称。实际上在具体使用过程中，其词义的意味并没有这样严重，通常是说话者对别人的主观判断和评价。只要你厌恶一个人，这个人就成了你口中的胎神，哪怕这个人是一个绝对正常的人。

有时候叫别人"胎神"，表示一种深深的厌恶和诅咒，如：

"我们单位上有几个胎神，不落教得很！"

"昨天晚上，全区交警出动，抓到一大群半夜炸街的胎神。"

更多的时候，"胎神"只是一个厌恶情感轻微的戏谑性词语。如：

"昨天我们几个喝酒，张三娃那个胎神才二两酒就遭搞翻了。"

"今天下午你几个胎神又去打牌了吗？"

这些被称为"胎神"的人，就是当面听到了，也会笑嘻嘻的，毫不介意。

细细揣摩"胎神"这个词，大致可以体会到这样的意味："胎神"不是神仙，而是神经病——某人某种不搭调的品性不是后天得来，是从其娘胎里就带来的，也就是天生的神经病。这种刻意夸张的思维方式正是川渝人的特性，真有点"语不惊人死不休"的样子。

人处世间，要相互多看别人的好。所谓"各美其美，美美与共"。就算世间真有胎神在，其实谁又不是胎神呢？我看别人是胎神，料胎神看我应如是。这其实都是一种平和善良心态的缺失所致。

阴尸倒阳

“阴尸倒阳”是个贬义词，但在具体使用中，语义程度又有轻重之别。

语义较轻者，是用于形容一个人精神不振、没精打采、情绪低落等，虽有贬义，但更接近描绘实情。比如：

“他病了几个月，才稍稍恢复，成天阴尸倒阳的，还不敢出门。”

语气里没有明显的厌恶感，只是对一种状态一种性格接近于客观的表达，不过这样的状态和性格肯定说不上好。

语义重者，则是对人的一种带有恶毒意味的诅咒——对垂头丧气者的诅咒，对不思进取者的厌恶。比如：

“每次一叫你学习，你就一脸阴尸倒阳，你这一辈子到底什么才是你感兴趣的东西?”这是暴怒的父母骂惰于学习的孩子——并非精神状态不好，只是对学习没兴趣。

“那个馆子我再也不去了，服务员个个阴尸倒阳的，严重影响食欲。”这是顾客对服务态度不好的服务员的批评——服务员并非没精打采，只是态度生硬，不够热情。

“少他妈说这些阴尸倒阳的话，老子不虚!”这里其实是“阴阳怪气”的意思。

“阴”和“阳”是对立的两极，与尸联系在一起，于是与死亡产生了关联。活人应该充满阳气，死人才是阴气重重。死人的阴气如果又掺入了阳气，就是半死不活的意思，也就是阴尸倒阳。这里的“倒”有“既不……又不……”的意味，如“倒明不白”“倒奸不傻”“倒清不楚”“倒长不短”“倒大不小”等。“阴尸倒阳”就有“既不像死人的阴，又不像活人的阳”的意思，也就是处于生与死之间，半死不活的样子。

方言中对阳气不足的人有“阴尸鬼”（一说“阴司鬼”）之称，这样的人也被人称为“蔫笋子”——就是长出了地面然后又死去变干的竹笋。曾有一个被乡人称为“蔫笋子”的人，富农成分，人倒长得牛高马大，说话却总是有气无力，走路前脚拖后脚。人们就说他：“那个人是个慢性子，一辈子都是阴尸倒阳的，走个路蚂蚁都要被踩死完的样子，看到着急得很。”蔫笋子被大队派去公社修马路，由于动作太慢，被管理人员给了几皮带，脸上也抽了一个血口子，还被骂作“阴尸倒阳的”。回来后有人关心地问起，他竟然说“没——得——啥子——”，这四个字他起码拖了十多秒。关心他的人也气得骂道：“你真的是他妈个阴尸倒阳的鬼!”蔫笋子笑：“嘀——嘀——”然而到土地包产到户之后，蔫笋子一反常态，变成了一个少有人比得上的风风火火的勤快人。有人说，蔫笋子以前的“阴尸倒阳”是装的，我倒不这样认为。

“阴尸倒阳”一词带有明显厌恶感。是的，谁不喜欢充满了阳光的人生，谁不喜欢阳气满满的性格？阴尸倒阳——人不人鬼不鬼的样子，的确令人厌恶！

日白扯谎

虽然每个人一生中难免不撒谎，但撒谎的德行人人恶之。

川渝人说“撒谎”“说谎话”叫作“日白扯谎”。在方言中，但凡沾了个“日”字的，也大多不是什么好话，如“日天冒鼓”（说大话）“鬼迷日眼”“日不拢耸”，自然，“日白扯谎”也如此。

“你说那些我一句都不相信，哪个不晓得你是个日白扯谎的仙儿?”

“每次迟到你都说得出一大堆理由，你日白扯谎还成精了啊?”

一个川渝人，这时候要是把“日白扯谎”四个字换成“撒谎”或者“说谎话”，固然也可以表达相同的意思，然而心中那种厌恶、愤怒的情绪显然得不到充分的释放，话语的份量不够，震慑对方的作用自然也就减弱。在川渝人看来，说“撒谎”两字如隔靴搔痒，说“日白扯谎”四字才有痛快淋漓之感。

“日白”就是“扯谎”，“扯谎”就是“日白”。“白”有

"话语"之意，如"旁白""独白""宾白"，带上个具有贬义色彩的"日"字（我推测最早大概是"曰"字，被川渝人幽了一默而已），说谎话者的丑态毕现。把"撒谎"说成"扯谎"，细细体会这个"扯"字，也体现出了川渝方言独特的创意。"撒谎"重在强调谎言之"多"——"撒"，就是到处乱抛的意思，正符合"一个谎言要用十个谎言来掩饰"的道理；而"扯谎"重在强调掩饰行为之"窘"，"扯"，即拉扯、牵扯、乱抓等意思，不断地"扯"来一些所谓的理由掩饰自己虚弱的"谎言"，可以想见"扯谎者"手忙脚乱的失态之状。

心中无鬼，不怕走夜路。心中有鬼，就算你哼着小调儿，或者大声吼叫为自己壮胆，其实心中早已是魂飞魄散。说明"日白扯谎"者，其实自己都是不相信的。狐假虎威者，定然知道自己不是老虎；披着羊皮的狼，也很清楚自己绝不是温顺的羊。想作弊的人，一定会随时用眼睛的余光斜视着监督者；"日白扯谎"的人，一定随时都在紧张地防范别人的揭穿。正因为如此，我丝毫不怀疑测谎仪的科学性。

不是所有的"日白扯谎"者，都会长出匹诺曹的长鼻子，也并非每一个"日白扯谎"者，他的羊都会被狼吃。"日白成精""扯谎成性"，达到炉火纯青的地步，也可能什么都骗得到手，什么都窃得到手。"日白扯谎"者，有想瞒天过海的窃国者，也有只想占点小便宜的窃钩者，有口吐莲花天花乱坠的窃情者，也有偷天换日移花接木的窃梦者。放着真话不说，只喜欢“日白扯谎”，原因全在一个“窃”字。

看那街边卖假货的小贩的吆喝吧——盯到走，看到来。日白不日白（川话 be 阳平），用了才晓得！你要是掏腰包买他的货，你的钱就已被“窃”，这时你就晓得他是不是在“日白”了。

试看熙攘之天下，我们被“日白扯谎”者“窃”得还少吗？

闷墩儿

川渝俗语云："闷是闷，有资金。"说明闷墩儿之"闷"多是假象，其实心头有数得很。说某人"乌龟有肉在肚子头"，这人大体就属于闷墩儿之列。

"闷"的读音有二：mēn 和 mèn。方言"闷墩儿"之闷是前者，意为不吭声、少言语、不声张。"墩"者，土堆也，如五里墩儿、尖墩儿、宝墩儿。"墩"在川渝方言中读作 dēn，这墩无论高矮无论大小，都是泥土筑就，敦实而厚重，沉默而内敛，活像那种不做声不做气性格内向的人。

闷墩儿——沉默的土堆——言少心活的人。这比喻实在是妥妥的。

闷墩儿不爱说话，更不喜欢与人争辩，凡事多采取隐忍和退让的态度。也因为闷墩儿不爱说话，不善交流，所以常常看起来很孤独，很孤僻。其实不然。闷墩儿的孤独是一种假象，至少他自己不觉得，也许他很多时候是自己一个人在狂欢而外人不知。

而闷墩儿的忍让一定是有限度的，一旦超越这个限度，闷墩儿就会变成一座爆发的火山。因为闷，有些人就认为闷墩儿是个粑壳蛋儿软弱可欺，结果闷墩儿不鸣则已，一鸣惊人，欺人者哪占得到半点便宜，只好落荒而逃。“大闷墩儿小闷墩儿，牵着媳妇儿提着灯儿”，如此温柔体贴又解风情的闷墩儿你还觉得傻吗？

以前队上有个老实人，开春泡发稻种的时候，队长安排他和另一个社员守夜。那个社员对老实人说：“跟你商个量，上半夜我睡你守，下半夜你守我睡，要得不？”老实人点点头说：“要得嘛。”结果老实人守了个通宵。这个老实人其实就是个傻子，傻子不是闷墩儿。

真正的闷墩儿绝不傻，只是憨而已。有资料记载，清代大学者沈德潜有一个叫毕沅的弟子，通过了会试，正在等候殿试。殿试的前一天晚上，毕沅和同僚诸重光、童凤三人在军机处值夜班。诸重光和童凤欺负毕沅老实，就对他说：“当今圣上很看重书法，我俩的书法都很好，中状元的把握很大，而你的书法不怎么样，估计也考不出什么好成绩。不如我俩回去温习功课，你一个人在这里值班吧。”毕沅虽然心有不悦，却也不便说出来，因为一旦说出了心中的不悦，不但可能得罪这两个同僚，还有可能破坏自己的情绪，影响第二天的考试，于是就答应了。当夜，陕甘总督黄廷桂送来奏请朝廷在新疆屯田事宜的折子，毕沅仔细阅读折子后，命人呈给了乾隆皇帝。谁知，第二天殿试，考题竟然就是如何在新疆屯田的问题。毕沅胸有成竹，答卷一气呵成。虽然毕沅的书法不出色，却因对策见解深刻思想独到，被乾隆钦点为状元。那两个耍小聪明的家伙，估计肠子都悔青了。看看，闷墩儿自有闷墩儿福吧。

川渝方言的闷墩儿除了以上的含义之外，还有一种意思仅仅指面部长相——脸肥唇厚肉多眼小的人。其实就是这个意思，也仍然暗含着前面“外憨而内敏”的意思。我就常常觉得如来佛就是个典型的闷墩儿，哈哈！

球

一次讲《论语·季氏将伐颛臾》篇，文章有“孔子曰：‘求！无乃尔是过与？……’”和“孔子曰：‘求！君子疾夫舍曰欲之而必为之辞……’”这样的句子。我先让一个男生起来翻译，那男生竟红着脸问我：“老师，难道孔夫子也要骂粗话吗？”我吃了一惊，问他“从何说起”。他说：“你看那个‘求’嘛！”全班学生哗然。

“求”字后边该加逗号而不是叹号，这的确是教材编者的错，但是该生的想法竟然歪到那边麦子坡上去了，实在让人哑然。不过也不能全怪这学生，因为要是孔夫子愿意的话，这里冒一句粗话也符合语境，只不过这个“求”字该写成“球”字才对（幸好学生没有用通假字的理由来找我辩论），而且，至少说明这位学生还比较熟悉本地方言。

“球”指什么不必解释，而“球”暗喻所指也不必解释——你懂的！在川渝方言中，“球”是个不折不扣的贬义词，大体有羞辱对方，或者说对方愚蠢等意思。

跟“球”关联的词语很多：“球人”“混球”“球不愣腾”

"球戳戳""当球疼（当球不疼）"……

"当球疼（当球不疼）"表示"我无所谓""不关我事"等轻蔑意味。民间有经典玩笑话：

甲："哎哟，我今天脑壳好痛啊！"

乙："你脑壳痛当球疼！"

一句语义双关的话，会让脑壳痛的人更加痛不欲生。

"球"字的这个实词意义，慢慢弱化，逐渐演变出了一种词缀的功能，这个功能在川渝方言中简直发挥到了极致。

网上曾流传这样一个段子：

"感冒了鼻子足（堵）球得很，但篮（难）球得去医院，因为挂号要排球半天队，体温表又冰球得很，医生也水（不负责任）球得不得了。就不信医不了病，与其网（往）球医院跑一趟，还不如手（守）球在家好些，药开得多，抽屉头垒（堆积）球不倒。如果住院，就没得自由了，乱跑还要被桌（捉）球回切，万一开刀，就更麻烦了，人长得胖，别个台（抬）球不动！"

一段话，几乎包括了所有的"球"类，你不得不感叹——川渝人太喜欢"球"类运动了！

"球"这个词缀，可以加在动词和形容词之后。"把那袋垃圾丢球了。""你这个人硬是笨球得很。"虽无实词意义，却暗藏幸灾乐祸、厌恶、激愤的意味，有强化主观情感的作用。试比较一下"我把书烧了"和"我把书烧球了"两种说法，就分明感觉得出，前者比较客观中性，后者就明显多了一种痛快或者厌恶的情绪。看见街上发生车祸，叫一声“遭了”的人，必然带着同情与恐惧感，而冲口而出“遭球了”的人，多少都带着点看客的幸灾乐祸情绪。

半生不熟就吃球了；不声不响就走球了；不明不白就栽球了；不知不觉就老球了。免得有人说我怪球得很，今天说到这里就算球了！

默倒

“默倒”也常说成“默倒起”。“默”方言读作 mé（/ê/），“默倒”就是“以为”或者“心中想到”的意思。

“你背着我干了多少坏事，你默倒我不晓得吗？”

“我默倒你不来了，所以我就先走了。”

“大家默倒今年中秋节会有好大个搞头，结果有人得到一把铲铲，有人得到一卷毛线，还有人得到一支牙刷……”

和“以为”一样，“默倒”所预想的情形，其结果一定是没有实现的，至少是大打了折扣的。语气中有时带有失望的情绪，有时也带有讥讽甚至愤怒的意味。

“我默倒大家都喜欢我的表演，没想到观众都跑完了！”“母亲默倒我们春节都要回去，结果一个也没有回去，不知道老人家有多难过！”这些话里有明显的失望情绪。

“你默倒你幺不到台，没有红萝卜就出不了席？三张纸画个人脑壳，你是不是把自己看得太大啊？”这是不知天高地厚的人被人讥讽训斥的话。

天天迟到的李大宝站在老师办公室里，涨红着脸嗫嚅着说："我默倒今天下雨要晚点上课……"老师训斥道："你默倒你默倒，你天天都默倒，你干脆就叫李默倒算了！"厌恶情绪、讽刺意味简直溢于言表。

"默倒"有时又仅仅表示对别人持有的看法或者态度不以为然的意味，感情色彩接近中性。比如：

"你默倒那个人不凶险嗦？那是个整人的兜兜！"

"你默倒现在的老年人不潇洒嗦？好多老年人出国旅游比年轻人走的地方都多得多！"

这样的话语，其"默倒"一词往往并没有明确的主语指向，只是说话者提出某种反向观点时，假想主体的意识活动。以上的说法，其实很多时候并不是在否定别人的观点，只是把自己的看法说出来而已。

"默倒"还可以表达记住、想到、想象、记忆、盼望等意思。表达这个意思的时候，"默"往往要读作上声。如：

"还有这等好事？你就默倒起嘛，可别把你肠子想烂了不好装红苕哈。"

"你可以默倒她的样范儿把她画下来噻。"

孩子说："妈妈，你说过要给我一百块拜年钱得嘛？"孩子母亲把眼一瞪："默倒起嘛！拜年钱没得，老娘只有手头的火钳！"

"默"即沉默、缄默。人在沉默之时，往往思维运转得最快，想的东西最多最深沉。"默倒"是一种心理活动，是一种逻辑判断。心中盘算，不以言表。无声无息之间，已有结论。说别人默倒，多带恶意；说自己默倒，必含失望。

人的一生，会有多少默倒是错的，又有多少默倒最终成为现实？“你站在桥上看风景，看风景的人在楼上看你。”明月、窗户和你的梦互相装饰，就是心中都在默倒对方——这只是诗人的理想。我们心中肯定会默倒一些人，但我们自己是否又常常被别人默倒呢？

空了吹

“空了吹”就是“等有空闲时间的时候再摆龙门阵”的意思。“空了”只是借口，是一种假设，委婉表达自己现在很忙之意。隐藏得更深的一层意思，是不愿意跟对方啰嗦下去，稍微有点歉意，主要有急于摆脱的意味。

老张在路上遇到话包子老李，老李拉拉杂杂说个不停，老张只好说：“不好意思哈老李，我还有点事，空了吹！”老李也稍尴尬地说：“嗯，好，好，空了吹空了吹！”

因为吹牛就是一种不着边际的胡吹瞎侃，所谓“吹到哪里黑就在哪里歇”，大多没有什么中心话题。何况，有空才吹的话题，也绝不是什么迫在眉睫不得不吹的事。故所吹之内容，基本上就是可有可无的，都是些供娱乐、过嘴瘾、打发时间的闲话。真假不论，话题无穷，可短可长，可荤可素。从一个话题出发，不知不觉，就扯到别的话题上去，以至于根本想不起最初是从何说起，这简直就是现代派的“意识流”。

想想这样一种吹法，所吹之内容能有几分真实？正因为如此，“空了吹”便含有了另两种含义：一是“（说）假话”的意思，二是对别人的行为、立场或观点的否定。

“都晓得做生意是打伙求财，风险共担。你倒好，时时处处都只顾打自己的小算盘。简直空了吹！”这是对别人做法的否定和蔑视，意思是这样的做法是不合理的，这样的道理是不能成立的，这一切都只配做空闲时吹牛的素材。

“单位领导每次都说，马上就要补齐全体职工未缴的保险，结果大半年过去，连一点影子都没得，全是空了吹！”认定别人的话全是假话。

这世间仍然还是有太多的闲人。闲人的特点，恰是人闲嘴不闲，“空了吹”让闲人们能感到活着的意义。这世间也有太多的忙人，身累了心累了，听听别人的空了吹，可以让疲惫的时光增添一点温柔。如此看来，空了吹也自有它的价值在。

凡茶馆文化繁荣的地方，就是空了吹最发达的地方。有人评价某市是“最悠闲的城市”，悠闲不悠闲姑且不说，如回到二十多年前，这样的情形应是常态：一般市民，早上起来去报摊买一份报纸，茶馆楠竹椅子上一靠，或者自己泡一壶茶端在手上，坐在门口的躺椅（俗称“牛肉架子”）上，从头到尾看完，连广告都不放过。半天时间度过，浓茶喝淡之时，便已天上知一半，地下全知。逢人不愁无话，开口便无煞尾；远聊美国总统，近说隔壁娃儿。言语之间，“晓得不”的口头禅，出现的频率高得惊人，让我等听其空了吹的外地人陡升自卑之感——难道我真的什么都晓不得？

“空了吹”，也的确只适合空了才吹。不该说的空了吹最好不要说，须知“假作真时真亦假，无为有时有还无”，两片翻飞之肉，亦可引发血光之灾。如被别人评价一句空了吹，倘不是为了“坚持真理”，就应该有立刻闭嘴的自知之明。

逗猫惹狗

“逗猫惹狗”是一句训斥人的话。

小二娃回家来哭兮兮的向妈妈告状：“妈妈，隔壁大二娃打我!”做母亲的把眼睛一睖，骂道：“他打你？他为啥要打你？他为啥不来打我呢？你一天就知道逗猫惹狗的，你默倒你是个好人嗦?”一边说着一边就伸手去抽灶前柴堆上的篾块。小二娃一看情况不妙，吓得飞叉叉地跑了。

猫也好，狗也好，就算你把它唤作“喵星人”“汪星人”，它也终归不是人，它还是动物。它们虽然已被人类驯化了上万年，身上仍然还残存着野性。逗也好，惹也好，逗惹得恰到好处，自然可以赢得猫狗友好的回报，在你腿上蹭一蹭，在你手上舔一舔，自然温柔可爱。一旦逗惹得不当，就免不了被猫抓狗咬，这就是逗猫惹狗的后果。何况还有一种犯贱的人，喜欢无缘无故去招惹流浪猫、流浪狗，结果被猫抓被狗咬，患上破伤风、狂犬病，岂不活该？

逗猫惹狗与惹是生非的意思有点接近，但不全等。惹是生非者固然可恨，而被惹之人却未必可恶。逗猫惹狗者，必定是被人厌恶之人，而那被逗之猫、被惹之狗，在说话者口中吐出来，也必带着内心隐隐的恶意。别看现在那些畜生被很多人宠溺胜于敬爱自己的父母，须知在之前漫长的历史中，它们都是贱类。说你当牛做马都觉得是一种对你的侮辱，称你为猪称你为鸡，你可能就会跳起来打人。称你为猫，虽然看起来还不算坏，但终归是畜生。要是称你为狗，那肯定算不得一个好名字，即使是贵宾犬，和一只土狗又有什么区别？“狗东西”“狗崽子”“狗腿子”“狼心狗肺”“狗改不了吃屎”“狗眼看人低”……如果你愿意的话，随便选一个吧！

有个别乡下女人骂自己的孩子是这样骂的：“别人家的短命龟儿再调皮都没得你那么调皮！”看起来是对着自己的孩子吼骂，仔细一听，这简直是赤裸裸地在骂别人，这样的技巧其实没得技巧。骂自己人逗猫惹狗，其实才是一种高超的骂别人的技巧，系三十六计的指桑骂槐之计，乡间很多女人都擅长此道。自己的孩子出去惹了事，且不管其对错，先摆出训斥自己人的架势，抢占不护短的道德高地，让对方心软无话；再从口中吐出逗猫惹狗几个字来，已把对方贬为猫狗，让对方听了刺耳，却又只能忍气吞声。这在那些心狭牙尖的人口中，真正是一种好武器——这指东打西的手段好生了得！

几爷子

川渝人很喜欢说“几爷子”这话，在云南、贵州，也偶有所闻，可见这是个在西南地区使用较广的方言词。

“几爷子”的本意是对一个父亲及其若干儿子（也可以包括女儿）所组成的群体的统称，如：

“隔壁家那几爷子，个个牛高马大，没人敢惹！”

“那家几爷子个个像吞口儿，每年生产队分那点粮食哪够他们吃?”

在这个意义上，几爷子是个中性词，并无褒贬。但是在方言里，这个词却更多地被人们赋予了贬义。如：

“就你几爷子那点本事，搞成功了我给你几爷子提草鞋!”

“隔壁桌子上那几爷子，划拳打码搞得呜喧喧的!”

你别以为那是“一个父亲和几个儿子”的意思，那几爷子也许相互之间毫无血缘关系，也许他们之间年龄也差不多，反正他们之间就不是父与子的关系。他们也许是酒肉朋友，也许是生意朋友，也许根本就不是朋友，仅仅是临时形成的一伙。在这个语境里，“几爷子”这个词，具有戏谑、嘲讽甚至羞辱的意味。

“老张，你几爷子玩了一天血战到底，哪个赢了嘛?”

“哪个赢了嘛？遭那几爷子把老子抢得四个荷包一样重。”

这里的几爷子虽无明显贬义，但说话者的语气里分明含着随意、轻视、调侃的意味，反正就是可以不必尊重的意味。

以前我有一个教数学的同事，平时说话比较粗俗。有一次看见几个学生上课时勾着头在后排玩扑克，就走过去大喝一声：“你几爷子在爪子？给老子站起来!”吓得全班学生都魂飞魄散。

一个集体，可以被某几爷子搞乱；一个组织，可以被某几爷子搞散；一个社会，也可以被某几爷子搞烂。几爷子具有破坏性，所以“几爷子”这个词没资格获得褒义。

这本来是一个表示血缘人伦关系的词语，故意把它用于某种特定的对象身上，其实就是在他们之间故意强加一种“父与子”的伦理关系，既表示他们紧密勾结（如同父子关系一样的团结），也让他们辈份混乱（乱伦），从而达到一种厌恶甚至讽刺的效果。

垮杆儿

小时候看电影《平原游击队》，除了开始李向阳在暮色中骑着快马奔驰的威武英姿让我们热血沸腾之外，鬼子进村那个情节记忆也特别深刻，尤其是配那音乐，压抑急促，紧张恐怖，每次看到这里的时候，银幕下的孩子们就会跟着吼唱起来——松井的队伍，垮杆儿，垮杆儿……那歌词是孩子们自己编的，出于对敌人的仇恨，即使再凶恶的敌人，我们也希望他垮杆儿。

“垮杆儿”有松松垮垮、不成气候、江河日下、不景气、衰败等形容词意义。而这些意义又都是从“垮杆儿”的动词意义失败引申而来。“垮”有垮塌、倒塌、崩毁的意思，“杆”指旗杆——“偃旗息鼓，弃甲曳兵而走”，当然就是失败。

“你帮我给张老歪打个招呼，我想去他红砖厂打工，要得不?”“去做啥子哟，他那个垮杆儿场合，看样子也撑不了几天了。”这里是不景气的意思。

“你以前上班那个厂效益如何?”“啥子效益哟？两年前就垮杆儿了。”这里是倒闭、垮台的意思。

纪律涣散的团队叫“垮杆儿队伍”，赔钱赚吆喝的生意叫“垮杆儿生意”，江河日下的局面叫“垮杆儿场合”。

或者是大势所趋，或者是能力有限，或者是运气欠佳，都可能导致一副好牌打得稀烂的结局。当败势到来之际，人都会有维持现状的本能。但这样的现状，大体都会呈每况愈下之势，这就是垮杆儿场合。对于盛唐而言，晚唐其实就是一个垮杆儿场合；对于北宋而言，南宋其实就是一个垮杆儿场合；对于明朝而言，南明小朝廷，恐怕连垮杆儿场合都称不上了。垮杆儿场合最后的结局，就是垮杆儿而已。

因为暴政，秦始皇建了没多久的政权被农民起义搞垮杆儿了；因为专制，蒋家王朝被人民搞垮杆儿了。据说抗战胜利时的重庆街头出现了这样一副对联：“日来日去日垮杆，中来中去中出头。”这一副川味十足的对联，运用了谐音双关的手法，表达了对侵略者的仇恨，和对国家获得民族解放的喜悦，真可谓大俗大雅的典范。

“垮杆儿”早期可以泛指一切事物垮塌、倒下，比如四川老作家沙汀《记贺龙》：“子弹这么大，一起放起来满厉害，烟筒一碰上就垮杆了。”现多指人或团体的失败，带有贬义，有讥讽、憎恶、幸灾乐祸或者遗憾的意味，比如沙汀小说《淘金记》：“不是庄稼做垮杆了，哪个来吃这碗造罪饭啊！”

“垮杆”一定要读成儿化音“垮杆儿”，而且“杆”要读作上声“gǎn”，才能完整表达前面所说的那些意味。

戳锅漏

人们做事，只要不是过于私密怕人知道，总希望有人帮个忙，搭把手，说句话，打个总成——得到别人的帮助心里总是温暖而感激的。有一种人，天生热心肠，见不得别人困于危难，喜欢主动予以帮助，有力出力，有钱出钱，有智慧出智慧，有关系出关系，不求回报，但求悦己安心。你如要问他为何如此，他恐怕就要套用一句公式回答你——那是我应该做的。

生活中有一种人，只因助人的结果不如预想，倾心付出却并不获人感激，被人斥责为“成事不足败事有余”，这种人就叫作“戳锅漏”。

想想三国那个刚愎自用的马谡吧。马谡不是奸细，不是懦夫，不是安于平庸的小卒。从他所任之职看，那也是他多年征战功勋卓著的凭证；从诸葛亮虽有顾忌最终还是授命于他来看，也说明在诸葛亮眼里马谡是个将才；从他自告奋勇临危受命来看，他也是一个勇挑重担不计得失的好汉。只不过老天并不总能遂其愿，街亭一失，百好尽失，人头落地，成为一个教科书上的反面材料，两千多年来竟还得不到一点同情，不亦悲乎！

马谡的可悲下场，根本原因就在于他的自告奋勇，勇到敢立军令状的地步。要是他一开始像别人一样默不作声，直到诸葛军师点将点到他时，他才慨然领命，那么即使后来失了街亭，想必也不会受尽羞辱之后还要掉脑袋。因为受命与自请二者的性质实如霄壤，受命而败，最多落个庸才的名声；自请而败，造成了整个蜀国的战略威胁，就是个典型的戳锅漏了。

有人自请上灶给大家做一餐美食，谁不喜欢？兴冲冲地洗锅架火，刀俎相谐，荤素下锅，挥铲如风。眼看美食即成，谁知用力过猛，将锅底戳出一个大洞，美食全漏灶膛里，待食之人始见之，惊呼“还吃个铲铲”，接着怨气、恨气、霸气、恶气席卷而来。戳锅漏的下场可想而知。

这世间，所为之事实同，而后果往往殊异，自然与你参与的态度和方式紧密相关。不自告奋勇，有人说你不但缺乏责任感，还缺乏能力缺乏勇气；自觉担当，勇站人前，事成则理所当然，失败则落得戳锅漏之名。

戳锅漏最突出的特点就是过于热心自信，却看不懂别人的眼色！其实，怕失败而拒绝参与才是真正的懦夫。有一种人，遇事梭边边，分利打圈圈，因为从不担责，所以从不出错。好好先生本质是自私怯懦之徒，为人不齿。自告奋勇，敢于担责，这难道不是一个人应该有的态度？戳锅漏虽有些瓜，总胜过从不犯错的好好先生。

守嘴狗儿

民以食为天。人的千万般行为，归根结底都是为了那张嘴巴。即使那句俗语说“人为财死，鸟为食亡”，想想那财，不也是为了换成那可以入嘴的食而存在的吗？一个无论多么弱小的生命，只要一来到这个世界，无需任何训练，就具有觅食的本能，这是上天赋予每个生命的特质和特权。

求食是求生的本能。在一个生命还不具备足够道德意识的时候，没有任何理由可以去指责他的这种欲望和行为，比如婴儿，比如动物。然而，社会是有道德规范的，婴儿也会一天天长大。到了一定的时候，求食的本能就会受到道德的约束，形象一点说，是那张嘴巴就会受到道德的约束——什么可以吃，什么不能吃；什么时候什么地方可以吃，什么时候什么地方不能吃；谁的东西可以吃，谁的东西不能吃。这些道理，每个人的心中都是清清楚楚的。

扯了这么长一通大道理，其实我只想讲一个小话题——守嘴狗儿。

守嘴，就是指在别人的家门口、别人的饭桌边甚至别人的饭碗旁痴痴守候，希冀获得别人或多或少的一点赏赐。守嘴者，名之以狗，是因为守食者活像那饭桌下痴痴守候残羹剩骨的动物，这就明显含有鄙视和厌恶的意味。这个词儿在我的老家常被用于不太懂事的小孩子身上，带上儿化音，既与年龄对应，也有弱化其恶意的作用。

多年前民间普遍穷困的年代，别说吃好，连吃饱都难。很多人都饿得睩眉睩眼，走路脚杆都打闪闪，叫花子络绎不绝，就算起了盗心都不知道什么可偷，如只剩下活命一念时，就无事不可为。电影《1942》的那个情节，凡是看过的，谁不为之黯然心惊？也正是出于生存的本能，小孩子就容易成为守嘴狗儿。

别人家围桌吃饭，守嘴狗儿就坐门槛。主人家实在看不下去的时候，就会赏一点给他。不贪的守嘴狗儿吃了便走，贪婪的守嘴狗儿吃了也不走。有的守嘴狗儿是“闻香止步”，有的守嘴狗儿却是倚门傍户伴主人吃饭之始终。

美食不宜顿顿吃，顿顿美食味如泥。而那样的年代，因为食物短缺，美味珍稀，把人的嗅觉味觉充分地调动和激发。一个大院子，某户人家煎油炒菜，那香味也会弥漫整个院子，让人馋意难抑。那时的牲畜绝对不是用饲料喂大的，香气本来就很浓烈，一家吃肉，全院子难受。这样的情形，如何阻挡得了守嘴狗儿的脚步！

孩子小，做守嘴狗儿倒是无可指责也不忍指责。不过，即便如此，也不是家家的孩子都会做守嘴狗儿，这一般都与父母的态度紧密相关。有的父母纵容，有的父母甚至暗中唆使。这样便衍生出民间无数鸡毛蒜皮的矛盾，影响着一些家庭在乡间群体之间的地位和尊严。当然，绝大部分人家都还是能够坚守“饿死不食嗟来之食”一般的家教原则，清汤寡水也照样养出一大群儿女来。

守嘴狗儿与叫花子有区别。叫花子直接，守嘴狗儿含蓄；叫花子是因为穷，守嘴狗儿是因为馋（也可能是穷引发的馋）；叫花子不分年龄大小，守嘴狗儿一般都是小孩子；叫花子多来自别处，守嘴狗儿就住在隔壁。

这是个无聊甚至有点残忍的话题，似乎不宜多说。就此打住！

复嘴

做人不怕说大话说狠话，就怕说了之后被别人复嘴。

市井常可听得这样的狂妄之语：“那要是我的话，老子早就吐泡口水把自己淹死了，还有什么脸皮活着?”

也曾听某些人说这样的话：“要是我自己的娃儿，老子早就把他一把掐死了。”

而后来，当风水轮流转的时候，那些说大话说狠话的人所虚拟的情形，有时竟神奇地成了现实。大话狠话既出，按照言而有信的人生规则，本当兑现，而谁又何曾见得在自己的口水里淹死了自己的？谁又何曾见过一把掐死了自己的孩子的人？

所谓复嘴，就是听话一方经过了一定的时间情况反转之后，借对方的观点反问对方，就是“以子之矛陷子之盾”，更直白一点就是现在的网红语言“打脸”。

听话一方在遭遇对方的语言强势攻击之时，往往暂时处于被动的劣势，无力反击，甚至也无思反击，从而让强势一方得势不饶人，高举得胜的大旗一路掩杀，左斫右砍，手起刀落，痛快淋漓。殊不知人间还有一句“山不转水转”的谚语，还有一句话丑理端的乡下俗语“茅厕片儿也有翻身之时”，这些都无不彰显着一个基本道理——天下哪有永恒不变之物永恒不败之理？

“朝为田舍郎，暮登天子堂”，虽是古代读书人的梦想，这样的梦想也确曾有人把它变为现实的。汉初会稽人朱买臣，喜欢读书，然因家贫，平常也只靠砍柴为生。其妻嫌其穷酸，不但常常言语辱之，而且使尽一哭二闹三上吊的手段逼其离婚。朱买臣无奈，只好答应了。后来朱买臣中举，做了太守，富贵还乡，家乡人夹道欢迎。他命人将前妻和她现在的丈夫接来，住在后园，说是为了感谢前妻曾经对他的帮助。不久之后，朱买臣的前妻就因朱买臣一个“覆水难收”的动作，羞愤得自缢而死。这就是遭遇了当初的穷书生“打脸”的结局，也就是遭遇了一个人得势之后的复嘴。

李白一句“仰天大笑出门去，我辈岂是蓬蒿人”，我们今天读来只感意气豪迈，颇有诗仙之风，殊不知这正是诗仙在用最世俗的方式对与他同居的刘氏复嘴——“会稽愚妇轻买臣，余亦辞家西入秦”。李白《南陵别儿童入京》诗里用了朱买臣的典故。以前不是总恨老子满世界晃荡，不顾家人，不求仕进吗？看看我今天，马上就要上长安城做大官去了，哼！

苏子在《赤壁赋》里说道：“盖将自其变者而观之，则天地曾不能以一瞬。”转瞬即逝、瞬息万变、白云苍狗、白驹过隙、稍纵即逝……你可以随口丢出一大堆表示世事变幻的成语，连西方人也说“人不可能两次踏进同一条河流”，盖天下之人，其识一也！正因为如此，那种逞一时之能，以为天下自此便已定形，把损人的快意当作世间终极享受的人，大概从未意识到还有“三十年河东，三十年河西”的道理。一旦落到遭人复嘴的境地，如果不是不要脸的人，岂是一个“无地自容”的词语可以形容得了的！

复嘴也是一种复仇。惹人复嘴，固然活该；以复嘴而得快意并得理不饶人，也非人品之正。凡事，差不多就行了！

打夹夹

川渝地区有这样一个俗语：“夹夹都是自己带的。”

由两边的物体限制中间的物体谓之夹，如夹生、夹逼、夹砂、夹墙等。夹夹，名词，指一切限制中间物体的两边之结构，如铁夹夹（火钳）、粪夹夹（拾粪的竹制工具）。

打夹夹，字面意思就是用夹子一类的工具去控制某个对象，方言的意思就是故意欺负别人，挤兑别人，为难别人，非但不与人方便，反而为别人制造障碍，让别人难过、难受、难堪。川渝人喜欢打麻将，因此打夹夹又叫作“打卡张”——把别人要得紧的中间牌打掉，让别人干着急、干瞪眼。

一个人在生活中，有时可能并未意识到自己遮了人家的阳光，挡了人家的财路，挤了人家的官途。直到感觉总有暗箭从隐蔽处射来，方才知晓遭人打夹夹了。这样的夹夹，本质上说就是竞争的手段，克敌的技巧，虽不光明正大，倒也可以理解。如果不能明争，就来暗夺，就好比两人争夺同一个山头——你想驾车，我断你的油；你想走路，我给你挖坑；你想翻墙，我拆你的梯。我若让你累死在路上，山头就是我的；即便累不死你，最少也要延缓你前进的速度，增加我得胜的概率。这样的人，打别人的夹夹，总会设计好冠冕堂皇的理由为自己的意图打掩护，无论结果是输了还是赢了，他都留有为自己辩护的借口。

还有一种人，打别人的夹夹，只为了让别人不好受，看起来未必对自己有什么实际好处，也就是典型的损人不利己。一个单位的职工，总会有先来后到。一个新职员打算领几支签字笔，被保管员反复盘问："你是不是新来的?""你领这笔是办公室用吗?""谁可以证明你是在办公室用?""你先领一支不可以吗?"其实，就算那新职员一支笔都不领，那省下来的笔也不会变成保管员的私有财产；保管员的这一通刁钻刻薄的盘问，也并不是真心为了给单位节省开支。这一通盘问，分明是老职员故意打新职员的夹夹。老职员只是以这样的方式，来获得一种心理上的优势，得到一种心理上的满足而已。那位新职员又气又急，转身便走，他宁愿自己掏钱到外面商店去买，也不愿意在这里受这种腌臜气。这种夹夹，有时被打得莫名其妙，但同样使人难受，使人疼痛。

只要是打夹夹，不管属于以上哪一种情形，其实都是在一种阴暗心理支配下的小人行径，与暗中使坏，下人烂药这些手段并没有本质的区别，都是人性恶的证据。

"马善被人骑，人善被人欺。"老实人，最容易被别人打夹夹。奸猾之人，总喜欢打别人的夹夹。还有一种人，既喜欢打别人的夹夹，也常常被别人打夹夹，大概是信奉“与人斗其乐无穷”的人生信条，不能让别人生不如死，也要让自己痛不欲生。

二不挂五

“二不挂五”，网上一查，竟然是不整齐的意思，而且还引用了一个叫克非的作家的作品相关内容为依据。克非小说《春潮急》：“上身两件单衫，既旧且脏，又穿得二不挂五。”说明“二不挂五”一词是形容人的穿着不整齐。其实，只要是川渝人，就知道“二不挂五”在川话中远不止这点含义。

有学问家说“二不挂五”一词来源于《易经》，那道理太深奥。我愿意接受这个说法：二不挂五，是说二和五之间隔着三和四，暗含“不三不四”的意思。这个词，更多地指人的一切品行的不靠谱。说一个人“二不挂五”，极具蔑视意味。说话不知轻重，做事不知深浅，盯不到遭头，看不到火色，处处好表现自己却又能力有限，时时想标新立异而又智力不足。用成都人的话来说，就是瓜眉瓜眼，用重庆人的话来说就是宝塞塞的（还宝得有盐有味），用文言一点的词儿来说，就是整个一尴尬人。

若干年前，某乡村学校晋升一校长，贵姓苟。苟校长上任伊始，召集全校教职员工开会，他端坐台上，双手捧着白瓷茶缸开始讲话，讲到中途，他突然想引用一个成语，却接连“事实……雄……雄……雄”了一长串，憋得面红耳赤，最后终于斩钉截铁地说出来了：“反正，事实就是雄的！”下面听他讲话的人其实都知道他想说“事实胜于雄辩”，但是大家都忍住不说也不笑。一个曾经靠推荐读了中师，连自己的名字笔画都写不全的人，坐上了校长的位置。穿西服，配胶鞋；冬天把毛线衣扎在裤腰里，脖子下露出一段红得刺眼的领带；夏天无论走到哪里，手上都摇着一把纸折扇，活像一个算命先生。这种二不挂五的角色，你用小脚指头都能想到他能否把一所学校管理好——两年不到就下台，连课也上不了，只好在后勤打杂。他唯一剩下的“成果”，就是男人们互相开玩笑时说：“我是事实。”

人的能力有大有小，修养有深有浅，凡事尽力而为，自然表现就行。装模作样，装腔作势，吊儿郎当，二不挂五，德不配位，必有灾殃。

吃抹货

什么是抹（mǒ）货？抹货就是“盘脚子”，就是别人吃完之后盘盘碗碗里的残汤剩水，以及掉落在桌面上的剩菜残渣。这些东西，本来会被抹桌帕抹到桌下当垃圾，或者收进潲水缸当猪食的，如有人不嫌弃，也权可充饥，比如那守在门口的叫花子。我们小时候就喜欢吼唱“叫花子，吃盘脚子，吃了屙一裤子”的儿歌。

“吃抹货”就是白吃的意思，就是不出钱又享了口福的意思，引申为一切占小便宜的行为。

吃抹货与吃豁皮意思相近，只是吃豁皮者或多或少都出了一点力，而吃抹货纯属占净便宜。

虽然人人都有自私之心，但并不等于人人都有占别人便宜的行为。吃抹货，捡炬和，就是一种在自私心支配之下的庸俗低贱行为，这是由抹货的特点决定的。抹货既然不值几个钱甚至不值钱，给你占去也无甚损失；吃抹货者，并不在乎抹货有多少价值，只要自己不出钱就有大快乐。

世上有种人叫干滚龙，身无分文，光图闹热。听不得哪里有便宜可占，一有机会，立即黏上，混吃混喝，连偷带摸，把脸皮放在裤裆里，一切行为如行云流水般自然。这种赤膊上阵毫不掩饰的吃抹货类似乞讨，虽然令人厌恶，倒也干脆坦荡；干滚龙当中还有一类是既要脸面又要吃抹货的，随时油头粉面西装革履，装得像个二员外，其本质还是混吃混喝，连偷带摸，我们古人给了这种行为一个打秋风（打抽丰）的雅名。

明代江盈科《雪涛谐史》记载：一个喜欢占别人便宜的书生，他有一个做巡按的朋友。巡按朋友知道这书生又要来打秋风了，便吩咐手下先把两百两白银锻打成一副手铐，一副锁链，用药水浸泡后看起来像铁器一样。待书生到来，巡按假装生气，用手铐和锁链把书生锁了起来押回原籍。开始这书生很生气，快到家时，押送他的人才说出真相，书生便转怒为喜，然后又说道："巡按对我还是刻薄啊，他要真的对我好，就应该再用白银打造一个枷戴在我脖子上吧。"看看，这就是打秋风、吃抹货的典型嘴脸，居然还贪得无厌了。《红楼梦》里写刘姥姥再进大观园，一群奶妈子就说："上回打秋风的刘姥姥又来了。"刘姥姥就是一乡下穷老婆子，至于她是否心善另当别论，她进大观园还不就是想去富贵人家揩点油占点便宜，也就是吃抹货。

吃抹货不出本钱不出力，当然就不吃白不吃，就算是生活无虞的人也难免暴露其骨子里的这种本性。某公司为了推广他们培育的紫薯产品，请了一帮城里退休的老头子老婆子去品尝。据说，这一群人一进展厅，只用了三分钟，就将几张大餐桌上的几十盘各色紫薯食品劫掠一空，有的甚至连盘子一起装进了口袋，然后作鸟兽散，让主办方望着一屋残局愕然惊诧。

虽说马无夜草不肥，但只靠夜草的马也肯定是肥不了的。一个人，但凡有点志气，就会靠自己的双手创造生活，吃淡点穿薄点，都有自豪感幸福感。一辈子总想着吃抹货的人，其实是一辈子自轻自贱的人。

七拱八翘

中间凸起叫作“拱”，两端凸起叫作“翘”。要把一片地面铺平，就需要每一块材料都平整，要是某些材料不是中间凸起就是两端翘起，这片地面就会凹凸不平绊脚摔人。七拱八翘，常用于描述人群、团体内部不协调不团结的关系。

人心齐，泰山移。兄弟齐心，其利断金。三个臭皮匠，顶个诸葛亮。众人拾柴火焰高。轻霜冻死单根草，狂风难毁万亩林。只要人手多，石磨挪过河……表示人多力量大的名言警句、俗语谚语一抓一大把。谁都知道团结就是力量，但在实际生活中，却未必随时都能做到万众一心，一呼百应。七爷子，八条心，个个都是聪明人，每个人都有自己的小算盘，谁也不愿接受别人的指令，这样的团体，人多非但不是优势，反而还是灾难。别说个个都唱反调，就是有限的几个人喜欢唱对台戏，事情也往往举步维艰——此之谓七拱八翘。

人们喜欢把顺利解决问题叫“摆平”“搁平”。能把事情搁平是本事，要是一帮子人里有人七拱八翘的，事情往往就搁不平。

轰轰烈烈的太平天国运动，起于岭南，并迅速席卷天下。正气势如日中天之时，一场天京事变导致内部互相残杀，最后走向彻底失败，根本原因就是内部不团结，七拱八翘。你也是王，我也是王，王王在上，谁都不信谁，谁都不服谁，谁都怀着不可告人的野心，这样的“天国”如何能够太平？

某作家有一种很刻薄的说法，谓某个民族“一个人就是一头狼，十个人就是十只羊”，吾深以为至论。一头狼带领一群羊，其战斗力很可能远远大于一群狼的战斗力，因为羊的队伍里很难出现七拱八翘的角色，而狼可能个个都觉得自己是个角色。管理一个团体是一种艺术，适应一个团体同样也是一种艺术。个体需要独立，这毋庸置疑，但这绝不是时时处处唱对台戏的理由。

为什么很多家族企业发得快也败得快？为什么最铁的哥们并不适合打伙求财？就是因为那个七拱八翘。这边拱来那边翘，此起彼伏，必将使人手忙脚乱，顾此失彼，最后垮杆儿幺台。喜欢在一个团队里面七拱八翘的人，大多非蠢即坏。

不想当元帅的士兵不是好士兵，但是一个士兵想当元帅的目的也不是通过拱或翘的方式来达到的，因为一支团结的队伍就是所向无敌的队伍，一支所向无敌的队伍，更容易让每一个士兵得到进步。

冬不老

稻田里有一种很特别的秧苗，它虽与别的秧苗一起种下，但别的秧苗都能够随着季节的推进，正常地呈现其返青、分蘖、抽穗、扬花、灌浆和成熟的生命过程，而这种秧苗从分蘖环节开始就明显与众不同——越长越高，越长越壮，在稻田里简直鹤立鸡群。它也抽穗，它也扬花，却并不像正常的稻子那样灌浆、成熟并泛黄，它就一直高高立在一片金黄里，翠翠的绿着，要是允许它继续活下去，它会一直绿到深冬直到枯萎。这种奇怪的水稻植株，被农民称之为“冬不老”。

为什么稻子里会有这样的变异植株，连农民都众说不一。有比较统一的说法就是脱了壳的稻种就会长成这种怪胎。不过这样的说法也没有确切的依据。

“冬不老”这名字实在是太形象，看到那寒冬已至还绿油油站在水田里的身影，你就会有一种季节错乱之感。于是人们由此赋予了“冬不老”第一个带有贬义的比喻义：穿着与季节不符的人。

冬春厚袄夏秋衣，二四八月乱穿衣，这很正常。成语有

“秋行夏令”一词，意为时令已到深秋，却还在做夏季的事。比如鲁迅《阿Q正传》第八章“但现在是暮秋，所以这‘秋行夏令’的情形，在盘辫家不能不说是万分的英断，而在未庄也不能说无关于改革了”。到了西风瑟瑟的深秋，有人还在穿着夏季的短装，就是“秋行夏令”。这样的人，就会被人们笑称为“冬不老”。有人“秋行夏令”，就会有人“夏行春令”甚至“夏行冬令”。要是有人在暑热难当的时候还穿着厚实的春装甚至冬装，明明热得头顶冒烟儿还舍不得脱下，这样的宝器就会被人们骂作“冬不老”。我曾有一个同事，的确不怕冷，在我们都在穿羊毛衫的时候，他还只穿一件T恤，人们都叫他“冬不老”。这样的冬不老是身体好的代名词，是让人佩服的。这是在这个贬义语境里难得的不带贬义的特例。

人们赋予“冬不老”的第二个比喻义，是指该老而未老的人，这是一个褒义词。俗话说：“人生一世，草木一秋。”草木的生命历程和人的生命历程其实并没有什么不同。假如把人的一生分为春、夏、秋、冬四季，每一季就该有每一季的生命特征，并依序走向衰老。有少数人也许是源于遗传的基因，也许是自我保养到位，也许是由于别的什么原因，人到中年却还像是青年，人到老年却仍像中年——这样的人也被人们满含艳羡之意地称为“冬不老”。

当然，人生的冬不老，一定是自然而然的才让人羡慕，那是一种从内心到外在都洋溢着生命活力的状态。那种靠拉皮，靠打玻尿酸，靠粉底填壑，靠粉黛藏斑的“冬不老”不是真正的冬不老，只是“到了冬天还不想老”而已。余秋雨先生不是说“没有皱纹的祖母是可怕的”吗？

绕包

“绕包”就是“展洋”，就是“显摆”，就是“在人前招摇、卖弄”的意思。绕包，既有故意让人嫉妒的意图，也可能是无意而为之。“绕”本指环绕、包围之意，想象把一个什么东西一圈一圈地绕，不就是反复呈现的意思吗？反复呈现不就是显摆吗？由反复呈现之意，还引申出挑逗、撩拨的意思，比如“绕女儿”，即挑逗女子，就是现在说的“撩妹”。“包”是一种容器，容器可以装任何有价值无价值之物，把一个盛物之“包”在你面前反复呈现，难道不就是为了引起你的注意，让你产生羡慕嫉妒恨吗？

“绕包”是一个贬义词。说某人绕包，就是对某人炫耀行为的一种鄙视和厌恶，哪怕心中其实是羡慕。

二十世纪七十年代，有大量的重庆知青下放到我们乡下。大城市来的年轻人，对穷困封闭的农村来说，其穿着打扮行为气质，实在是时髦极了。时间久了，就不能不对乡下的青年产生一定影响。有个叫张晓武的人，从县城高中毕业，不仅身材高挑，还一表人才，可惜家境贫寒，那一身皱皱巴巴的旧衣服实在与他的气质不般配。他看着时髦的男女知青，煞是羡慕，于是从家里偷了麦子去卖，给自己做了一条喇叭裤。

穿着喇叭裤的张晓武，就故意往人多的地方站，总想引起别人的注意。就是下田插秧，只要一爬上田坎，他也会马上洗干净白净的双腿，穿上那条喇叭裤。乡下人善良，大多不会当着他的面说什么，但是背后还是会刻薄一句“绕包”。重庆知青就不会照顾他的情绪了，见面就叫他“绕棒”或者“包哥”。张晓武也不恼，大概心里想道：你重庆知青绕得，我就绕不得？难道有钱人就不叫绕包，穷人就该叫绕包？

有一天生产队开社员大会，保管室晒坝上聚集了全队的老老少少。张晓武正站在一堆石头上看热闹，突然一个老头子拿着一把剪刀蹑手蹑脚跑了过来，抓住张晓武的一条裤脚，嘶的一声，将张晓武的喇叭裤从裤脚铰到了大腿。张晓武一惊，跳了起来，发现是他爹，弄得哭笑不得。他爹骂道：“你个转窝子知青（假知青），家里糊糨子，外头耍牌子。老子看你绕包嘛！”

现在年届六旬，早已成为老板的张晓武，说起那段往事，都还感慨不已。的确，人们评价一个人是不是绕包，跟一个人的财力和地位有关系。有的人再怎么招摇，人们都会觉得那很正常，比如谁会说那些明星绕包呢？对于同一个人来说，道理也是一样，卑微时就被视为绕包，发达时就不是。可见，绕包一词具有明显的主观感情色彩，是以说话者的心情而定。

当然，显摆式的绕包是不可取的，而一个人要是一辈子都卑微无趣，从无绕包的资本，想必也是人生的一大遗憾。

狗见羊

川话俗语有“你是你，我是我，羊子不跟狗打伙”之说。其实未必尽然，羊和狗孤独的时候，也会找对方做伴，甚至成为形影不离的朋友。只不过，羊和狗即使形影不离，毕竟是两种不同的物种，因此也常常会闹矛盾，我顶你一角，你咬我一口，吵得羊声咩咩，犬吠汪汪。这种离又离不开，挨在一起又扯拐的关系，方言就谓之“狗见羊”。

物以类聚，人以群分。狗和羊看起来并不同类，却可以合成一群。臭味相投者大多志同道合，若即若离者也许心心相通。狗啃骨头羊吃草，各自吃饱了之后，聚在一起摆摆龙门阵，喝喝水也是可以的，因为只要有心相交，总能够找到共同点。

有共同点是狗见羊们能够在一起的前提，但有共同点并不等于永远琴瑟和谐。狗见羊们的关系其实是统一之下的对立，狗见羊们聚在一起主要不是享受统一的力量而是享受对立的乐趣。

小二娃哭兮兮的回家给母亲告状：“妈妈。大二娃打我！”

小二娃母亲顺手从灶前柴堆上抽了一根篾块出来，在空中一晃，小二娃立即止了哭声，一溜烟儿跑到院坝边去站住。只听他母亲在骂道：“你两个狗见羊，半天不见满坡找，挨在一起就扯拐。老娘手里的篾块好久没吃肉了！”小二娃一看情况不妙，只好悻悻而去。一会儿，又跟大二娃一起在水田边玩泥巴了。

曾有两个同事，只要有空闲就喜欢裹在一起，喝茶吹牛斗地主，半天不见对方就会觉得失落。但是两个都是咬卵犟，只要坐在一起，只要一个说话，另一个就会立即站在对立面予以反驳。这样，只需要三两句话，就会出现口沫飞溅，互不相让，争得面红耳赤的局面。就像两只公鸡打架，高矮都不让。你以为他们会因此记仇，甚至从此不相往来吗？错！第二天，茶楼斗地主的牌桌上，两个伙计又在联手对敌了。有人说：“他两个就是狗见羊！”这话同事们都同意。

传统认为，夫妻之间关系的最高境界是“举案齐眉，相敬如宾”。我常常想，要是每对夫妻都是这样，那该多么无趣多么无聊。如果梁鸿与孟光之间真是这样的生活情形，我敢断定这样的夫妻关系是不平等的，因为我们从没有见到过梁鸿为孟光举案齐眉过，也无法想象两口子站在门口“你先请，你先请”的情形该有多么滑稽。天下更多的夫妻，大概就是属于狗见羊类型，分开了又想对方，在一起又扯筋。你可能觉得要是真的如此，那夫妻关系还有什么意思？呵呵，狗见羊，这难道没意思？想想这世上人与人的关系，也真是奇妙。

大概世上没有纯粹的友情甚至爱情，也没有纯粹的仇恨。即使有，那两个极端所占的比例也应该极小，绝大多数人的交往都是喜欢与厌恶混杂在一起的关系。自尊的人会选择尽量回避违心的交往，有涵养的人在交往过程中会尽量克制自己的言行。只有狗见羊，无须回避什么，也懒于克制什么，把既团结又斗争的策略发挥得淋漓尽致。

羊就是羊，狗就是狗，狗羊也可做朋友。

拐

“拐”的本意就是“改变方向”，如“拐角”“从这条巷子拐进去”。再引申一下，“拐”可以指“弯曲之处”，也就是“拐弯的地方”，如九十九道拐、墙拐。再引申一下，可以指所有弯曲的东西，如“拐枣”“拐杖”“手大拐”“脚拐拐”（脚杆弯儿）。再继续引申，还可以指“走路瘸”，如“走路一拐一拐的”。还可以指“诱骗”的意思，如“诱拐”“强盗遇到拐子”。甚至连阿拉伯数字“7”，在某些场合下都读作“拐”。说一个人喜欢制造矛盾，就叫“扯拐”或者“撩皮扯拐”。细细一想，以上各项含义，都有一共同点，就是“转弯”。

行正道走直路，平稳而安全。如果拐弯抹角，就是离开了先前既定的正道，就意味着隐藏着危险，容易出错。所以，四川方言里，“拐”就有“犯错”“错误”的意思。

有一次，一位朋友驾车带我去某个地方。他去过那个地方好几次了，很自信不会迷路，坚持不开导航。结果明明只有一个小时的车程，跑了一个半小时还没到达。他边开车边念叨：“拐了！拐了！”念着拐了却又继续往前开。就这样念着开，开着念，又开了一个多小时，结果跑到另一个县的地盘上了。拐了也就是跑错了的意思。这位仁兄明知已错，还一错再错，就是个不折不扣的犟拐拐。

还有一位仁兄，某日邀约了一帮朋友到家做客。他厨艺不错，尤其擅长做炖牛蹄。那天他在灶上炖了好大一锅牛蹄，开着小火慢煨。客厅里摆起一桌麻将，一桌地主，正战得热火朝天，让平时就喜欢搓两把的这位仁兄不由得身在灶前心在桌。他急忙拉上厨房门，挤上斗地主的桌子，加入了战斗行列……突然有人喊了起来——什么气味！这位仁兄一激，丢下手中的牌，推开厨房门一看，连声叫喊："拐了拐了拐了……还吃个铲铲！"满屋烟雾，焦糊气立即弥漫开来，那一大锅牛蹄差不多已经变成黑炭了。拐了就是犯错了、犯泼了、出问题了，也就是整出了麻烦的意思。

说话太直易得罪人，就有人教你——你说话稍微委婉点就不得拐。

做事易出错误，就有人提醒你——你照着别人做就不得拐。

向路边的村民问路，他会告诉你——跟着这条石板路一直走下去，看见了一棵黄葛树就不得拐。

以上这些拐都是错误、出错的意思。

拐更多是在愠怒之下的反问语境中使用，仍然是错误、出错的意思，但带有后悔或者谴责的意味。

两口子吵架，老婆骂道："你一年到头不落屋，我在家里忙完坡里忙锅里，全家老少都是我一人经佑。你才回来两天就这里不生基那里不坳口。我拐了吗？"也就是质问男人——我有错吗？

小时候家里条件不好，下半年顿顿吃红苕吃得我哭。母亲又着急又生气，几筷子头敲在我头上，骂道："不吃就滚下桌子去，等会儿看老子把它端去倒茅厕头。老子一天累死累活还没有得到好吃的吔，我拐了吗？"经这一骂，我就不敢再打鼻了。

其实，说自己拐了的，未必真的拐；不承认自己拐了的，未必真的就不拐。人生一世，不可能也不必一定要争明白谁拐谁不拐。就算是拐了，再拐回正道不就行了嘛！况且，天下哪有永远的直路？也许恰到好处的拐才不得拐。

人生其实就是一个拐来拐去的过程，也许拐到一定的时候，就是"行到水穷处，坐看云起时"的境界了。

打鼻

简单地讲，打鼻就是赌气。这个川渝方言词来自生活中最熟悉的动物——牛羊。

牛羊要吃草。如果它取食时受到干扰（比如偷吃嘴边的庄稼被警告），就会猛然将头往旁边一甩，鼻子里呼的一声，喷出一股气，然后将头朝向一边，这动作叫作“护草”，对别人可能要抢夺它的食物表示生气。通俗地讲，护草就叫作“打鼻”。人们常说，牲畜就是小孩子，跟小孩子一样，常常显示真性情。农人都爱惜牲畜，常借打鼻这个词去表述孩子，不过是表达对有脾气的孩子隐藏的爱意罢了。

小孩子对家长总有这样那样的要求。别说在过去那个贫穷的年代，就是在今天，家长对孩子的要求也未必能够做到有求必应。小孩子一旦要求得不到满足，自然就会打鼻。一个发小，跟他父亲上街赶场，缠着他父亲给他买一个豌豆糕，他父亲没答应，他就打鼻，走着走着就走不见了，几十年过去了此人也不知所终。还听说过这样一件事：一个孩子的母亲要去几十里路之外的亲戚家办事，她九岁的儿子要撵路，她没答应，独自走了。母亲回家来找不到孩子，两天后竟然在屋侧边的堰塘里找到，早没气了。人们都在猜测，是不是因为那孩子打鼻而自寻短见的。

脾气好的父母看见孩子打鼻，就会心软迁就；要是遇到脾气暴躁的父母，打鼻的孩子就是一副挨打相。有一次我守在灶台边看母亲煮腊肉，希望母亲先赏我一块解馋，母亲没有满足我，我就站在门口打鼻，中午吃饭也不上桌子。母亲喊了几次，我也不理睬。母亲脸色一沉，抓起一根篾块就朝我追过来。我一看情况不妙，一溜烟儿就跑到外面田坎上去立起。已吓得魂飞魄散的我，贪吃馋嘴的感觉早已烟消云散。过了好一阵，还是脾气好的父亲出来，才把我叫回去。从此我知道，在我母亲面前，不敢轻易打鼻。

我不但知道了我不能轻易在母亲面前打鼻，随着年龄增长，经历世事，我更意识到不能在老师面前打鼻，不能在领导面前打鼻，不能在所有没理由忍让你的人面前打鼻——谁喜欢看你那一张鼻子歪到一边的臭脸？有人不服领导的安排，打鼻不去上班，结果第二天就收到辞退信。有人因不满单位的待遇，打鼻磨洋工，结果被扣掉半年的奖金。连父母都不一定惯侍你，你还指望别的人惯侍你吗？

连牲畜都会打鼻，人是有感情的动物，偶尔打鼻也很正常。能迁就你打鼻的人，一定是爱你的人，在爱你的人面前打鼻，那是一种撒娇。不迁就你打鼻的人，可以是任何人（包括爱你的人）——连小孩子都懂得，并非每个人面前都可以撒娇。

本质上说，打鼻就是打赌——赌友情，赌亲情，赌爱情。赌，就会有输有赢；而且，即使你手气再好，也不能把对方兜里的钱赢光了都不知道收手，否则别人也会打鼻。

长大了，我们就明白了这样一个道理：与其耗时打鼻，不如迅速做出下一步决定。

操哥

“操哥操不来，尼龙袜子套草鞋”（“鞋”四川话念作“孩”），这句话常常被乡下人用来讽刺那些明明土俗不堪却又自以为洋牌儿的人，比如穿西装套胶鞋的人，比如羊毛衫塞裤腰又打领带的人。

混社会就叫作操社会，混社会的人，就称为操哥。操哥是江湖上的人，社会就是江湖，江湖有小有大，所以有的操哥只能在乡坝头操，在小街僻镇上操；而有的操哥就可以在大城市操，在官场上操，甚至满世界飞来飞去地操。

小时候老家乡下有个叫翘沟子的混混儿，就在我们那个叫万古场的小镇上当操哥，带着一帮二不挂五的小喽啰上街窜下街，混吃骗喝，偷摸盗抢。在“严打”那一年被抓，判了十多年，送去劳改，不知所终。不过更多的小操哥并不干坏事，只是一味招摇显摆而已，比如理奇怪的发型，染五颜六色的头发，穿奇装异服，坐在粮站的片石围墙上，面对过路的人抽纸烟吐烟圈儿——虽让人看不惯，却也基本无害。还有一种操哥，简直就完全无害——从县城、从重庆下放来的知青，活泼俊美，能说会唱，穿着时髦，走到哪里都昂首挺胸，目空一切，吸引乡下人无数羡慕不已的眼光。这种操哥，乡下人不讨厌，只是敬畏。现在大人们对穿得很漂亮的小孩子也称操哥，就是源于此。

城里来的知青操哥，言谈举止到穿着打扮，得到了一些乡下年轻人的追随，便有农村青年或逼父母拿钱或偷家中粮食换钱，学着那些城里来的操哥，赶起了时髦。有个乡下年轻人，从家里偷了麦子卖钱，给自己制了一条喇叭裤。结果被他父亲用剪刀，嘶的一声就将那喇叭裤的一条裤腿撕裂到了大腿处。他父亲因恨其偷卖精贵的粮食，便对其下了狠手。这种“家里糊糨子，外头刷牌子”的操哥，叫作假操哥或者毛操哥。

有条件的要操，没条件的创造条件也要操，可见操哥之操是一种让人普遍羡慕的排场。

曾经有个领导，嗜酒好赌，有极重的江湖习气，因名字里带了个“操”字，总喜欢别人都叫他操哥，而他的身边的确也聚拢了一大群围着他叫“操哥”的兄弟伙。叫他一声操哥，就是弟兄，牌桌酒桌随便操，有了事情操哥会罩着。有那种不识相或者反感他而不随大流叫他操哥的，操哥就会趁着吃饭喝酒或者别的什么机会，装疯卖傻地对其训斥羞辱。可是后来操哥因贪腐倒霉了，进了鸡圈儿。那些曾经一声一个操哥的兄弟伙，都作了鸟兽散，与小镇上那些混混儿没啥两样。

社会就是拿来操的，但是操社会要操得正派才是正道。傻（哈）操，不但是犯贱，而且还可能是犯法。

戳戳

“戳戳”在川话里，一般指印章，主要指公章。证明要盖个单位的戳戳才有作用，介绍信上没有单位的戳戳可能还要被当成坏人抓起来。一个圆戳戳，代表权力，证明身份，它天然具有一种神圣感和权威感。曾经老家乡下的一个大队干部，出门时随时都用一个布包儿将那颗圆戳戳拴在腰上，他说是为了办事方便。乡下人每次见到那个吊在他腰杆上一甩一甩的戳戳都会心生敬畏。将印章称为戳戳，想来并不是出于方言，因为邮件上盖上的各类印记就叫邮戳。

我这里要说的戳戳与印章无关。川话里的戳戳是一个放在形容词之后的词尾，有强化前面中心词词义的作用，如“傻（哈）戳戳，方脑壳”“长得球戳戳，到处找工作”。类似构词，还有“木（常读作去声）戳戳”“憨戳戳”“瓜戳戳”“疯戳戳”“癫戳戳”“神戳戳”“昏戳戳”“晃戳戳”等。“干戳事”，就是干傻事的意思，戳眉戳眼就是瓜眉瓜眼的意思。只要稍加考察，就会发现“戳戳”前面那些词语的共性——都是贬义词，都跟人的智力低下和负面情绪有关。

从词典上关于“戳”的解释，隐约可见与戳戳的关联：

1. 用硬物尖端触击，刺：戳穿。

2. 因猛触硬物而受伤或损坏：戳伤。戳了手。

3. 竖立，站立：把棍子戳住。

我们会发现这些含义里都包含着又一个共同因素——坚硬、挺直。当一个人不会变通，或者智力有限时，就如同一根坚硬挺直的木棍戳在那里，于是人就与戳戳产生了联系。

我读小学时，村小旁边有一块属于学校的土地，地里种了红苕。秋天红苕成熟的时候，附近有个别村民会来偷刨。有一天上课的时候，我们老师就安排我出去看看有没有小偷。我跑出教室，来到土边，看见二流子曾莽儿正坐在坡坎上晒太阳。我担心曾莽儿会过来偷红苕，于是搬了一块石头作板凳坐在土边守着。曾莽儿一直不走，我也一直不走。学校放学了，老师大概也把我忘记了。要天黑的时候，老师提着包要回街上的家，才发现我还坐在红苕土边。老师就隔着河沟大声向我吼道：“我就叫你出来看一看，你还当真了啊？你个木戳戳！”做个听老师话的好学生，却被老师训斥为木戳戳，虽然那时年龄还不大，但自尊心受损的感觉，在我在记忆里持续了好多年。

朋友还摆了个空龙门阵：他单位某领导与一个女下属关系暧昧。有一天他们同桌吃饭，那女人使劲劝领导喝酒。领导酒量有限，但又不好过分拒绝，就不停地向女人递眼色。那天那女人不知是过于兴奋还是实在没注意到领导的眼色，只是一个劲儿不停地劝。于是领导盯了女人一眼，压低嗓音责备道："神戳戳!"女人终于红着脸停止了劝酒。同桌吃饭的听到了都不敢出声，但事后说起此事，一想到其中的特别意味，就狂笑不止——"神戳戳"三个字竟成为一个不大不小的现代典故了。

人生需要智慧，却未必需要时时显示自己的聪明。为人机敏，做事爽利，自然是受人称道的品格。人的一生，总不免要干一些戳事，亦属正常。而某些时候，不妨或大或小地戳一下，憨态可掬不也让人喜欢吗？小聪明当然是聪明，而大智往往若愚。所以，戳戳一词的感情色彩，其实也是因人而异的。

摆杂

川渝方言里“摆杂”一词，含义丰富。分开讲，“摆”是动词，有陈列、铺开、展示、表现等意思，“杂”是名词，指混乱的、复杂的、怪异的和不合情理的心思及言行等。合起来讲，“摆杂”就是让人厌恶的各种言行和态度。摆杂，内起于心，外显于形。说某人有什么摆杂，既指其行为，也暗指其心思。常见搭配有“现（显）摆杂”“烂摆杂”等，属于贬义词。

我把醉酒的人分为两类——文醉和武醉。文醉就是喝醉了酒抢着说话，再醉一点就是睡觉；武醉就是喝醉了又哭又闹又跸又跳。某人，喜欢喝酒，十喝九醉。醉了之后，不是逮谁骂谁，就是爬窗跳楼，回家之后，摔东西打老婆，这就是典型的武醉。文醉者，话多而已，并不太令人讨厌；武醉者，不仅破坏气氛，还要破坏财物，甚至对人身造成伤害，很令人讨厌。由于他经常这样，渐渐别人就不愿意跟他一起喝酒了。问其原因，大家不过就是一句话：“那个人喝了酒现摆杂！”或者说：“那个人喝醉了烂摆杂太多！”酒品即人品，尽管一个人在清醒的状态下为人处世还不错，但是醉酒后的摆杂一定会将一个人的不错大打折扣。因为酒醉心明白，那些摆杂不过是藏在他心底平时不露的真实。摆杂现多了，大家也就把他看白了。

其实，所谓摆杂不过就是一个人的某种习惯，只不过多指突出的不太受人待见的习惯而已。有的人有喜欢占小便宜的摆杂，有的人有喜欢自我表现的摆杂，有的人有喜欢巴结领导的摆杂，有的人有喜欢往女人堆里钻的摆杂，有的人有爱讲荤龙门阵的摆杂……林子大了什么鸟儿都有，鸟儿多了什么摆杂都有。这就是生活。

某单位，因某些管理措施不当，导致很多职工不满。大家都喜欢在私下议论，自然也不乏激烈的言辞。奇怪的是，过后不久，单位领导很快就会知道，并且在大会上含沙射影指桑骂槐。开始大家纳闷，后来终于通过找同类项的办法，知道了告密者是谁。此人后来虽然谋得了一个中层职位，却因为他那不得人心的烂摆杂，以致很多人对他心存芥蒂敬而远之。

筲箕鼓

每年春天胡豆（北方叫蚕豆）成熟的时节，我们总是怎么吃也吃不够。父亲就常常念叨一句俗语：“肚皮胀起筲箕鼓，两眼望着大胡豆。”“筲箕鼓”这个词，乡下人都知道什么意思。

筲箕，是南方地区厨房常用于盛物或滤饭淘菜的一种竹编器具。大体呈圆形，一头略圆，一头收窄齐边，底部浑圆鼓凸，形成盛物的空间。筲箕鼓，是指人鼓凸得像筲箕一样的肚子。照这样形象的说法，所有男人的啤酒肚，所有孕妇的大肚子，都可以叫作筲箕鼓。有乡下孩子，才三四岁，却可以吃下一大斗碗饭，夏天光着身子在院子里走动，肚脐眼都胀得翻出来了。于是就有人笑道；“肚儿都胀成筲箕鼓了，你是打算把你家吃垮吗?”

其实，筲箕鼓还有一个特指，那就是指二十世纪的血吸虫病患者，因肝脾肿大造成肚子鼓胀。

血吸虫是一种非常危险的寄生虫，寄生在钉螺身上，极易传染给人畜。不知道多少年以来，这小小的虫子，竟成为危害民众生命健康的重大威胁之一。据有关资料记载，血吸虫曾在我国南方地区广泛分布，中华人民共和国成立后经过治理，已基本消灭了血吸虫，为此毛泽东主席曾欣然命笔写了《送瘟神》一诗。

语言具有记录时代信息的功能，却并非所有的语言都具有丰富而深刻的记录功能。“筲箕鼓”是一个有故事的词儿，这个词语，记录了生活在二十世纪广大农村民众的痛苦记忆。这三个字，含着哭声，含着绝望，也含着一种自我解嘲的幽默。

“筲箕鼓”是一个形象而带有戏谑意味的俗语，这种戏谑，跟称呼令人恐怖的老虎为吊睛白额大虫一样，看起来是试图消解恐怖，其实恐怖深藏而已。“借问瘟君欲何往？纸船明烛照天烧。”好在那种苦难已成为过去，“筲箕鼓”作为一个时代记忆的流行语，现在仅以方言的形式陈列在民间。

磨皮擦痒

有句俗话叫作“癞子找不到擦痒处”，表示某人心中有气却找不到发泄的地方，于是就会想方设法，无事找事，寻找发泄的机会。谁要是运气不好，恰好碰上，就会莫名其妙地触霉头。这里的癞子当然是一个比喻，而真实的癞子，那满头流脓的疮疤，自然是奇痒难忍，用手挠挠，墙上蹭蹭，就可以稍微得以缓解。身上发痒，就要寻找擦痒的地方；心中不爽，就要寻找发泄的机会。这就叫作“磨皮擦痒”。

一个人，只要感觉无聊，就会心神不宁，无所事事，就会东想西想。左想右想，毛铁二两；东想西想，磨皮擦痒！

听不懂课的学生，上课就会磨皮擦痒。一会儿头趴在桌子上，一会儿腿搁板凳上，一会儿摸摸前桌的后脑勺，一会儿又回头找后桌的说话，一会儿埋头翻翻连环画，一会儿歪头听窗外的鸟叫声。屁股上仿佛长了钉子，一刻也坐不住。即使挨了老师的粉笔头，也管不了几分钟。你看他浑身不自在，似乎总在寻找一种令自己舒适的感觉而又寻不着。老师终于气不过，一声大喝：“坐在教室磨皮擦痒，滚去冲厕所！”获此大赦，磨皮擦痒者便欣然领命飞出教室冲厕所去也，似乎这才真正找到了人生的价值和意义。

磨皮擦痒也可用于抽象的情形，主要是指那种无聊、空虚、无所事事的感觉。回老家碰上了小学同学，那个已经开始谢顶的男人，坐在他家院坝边的石头上不停地抽着烟。他对我说："我十几岁就开始在外面跑江湖，从来没有在老家待过这么久。这次碰上这个倒霉的新冠瘟神，出不了门，整得一天磨皮擦痒的！"我曾经在乡村中学时有个同事，他要个女朋友远在重庆，自己想调到重庆去又没关系，他女友又不愿意调到这乡村学校来。结果这伙计就搞得每天心神不宁，走路撞树，上厕所掉坑，上课迟到，批评学生又差点和学生动手。总之，待在那个环境里，他自己又无力改变现状，已完全失去了兴趣，失去了耐心，失去了进取心。校长找他到办公室去一顿臭骂，回来我问他校长骂了什么，他说"他骂老子一天混得磨皮擦痒的！"这伙计最终还是辞职出去做生意了。

心中有期待，对现实不满意，于是度日如年，恨不得早点脱离困境，这本来应该会促使一个人下定决心，集中精力，想方设法去追求心中的目标。果真如此，又何来磨皮擦痒？只有既不满现实又无力改变，既有所向往又不愿努力争取的人，才会困于现实，一心幻想着美好未来主动呈现在自己的面前。

磨皮擦痒，如果只是一种短暂的情绪，当然没什么大问题，但如果是一种生活态度，那就是一种危险。有人活得磨皮擦痒，七十二行做遍，没一行能有所坚持，其结果必是一事无成。有人在官位上坐得磨皮擦痒，就会想鬼板眼儿，动歪心思，其结果可能是搞头不大老本亏尽。

心中无寄托，生活无情趣，就会磨皮擦痒。磨皮擦痒而不自制，就是放纵；放纵自己而不自省，必遭舛厄。有志者自清醒，清醒者自充实。一个人有清晰现实的目标，有健康浓烈的兴趣，就会有持续不衰的动力，何来磨皮擦痒！退一步讲，人之一生，偶尔磨皮擦痒，可算一种体验，如一辈子都磨皮擦痒，痒不死你都会擦死你，擦不死你都会被人厌恶死你！

弯酸

有个方言歇后语："牛角棒捆绳子——弯酸（拴）。"我们来说说"弯酸"这个词儿。

曾在一个面馆儿里看到这样一个场面：有人点了一碗十块钱的面条，才一坐下就大声吆喝："老板，先来一碗面汤。"面汤来了，一看，接着喊："老板，撒点葱花嘛。"葱花撒了，面条也上来了，接着又喊："老板，来一碟泡菜，加点儿红油。"泡菜来了，接着面条又要添辣子，添了又说太辣了，隔一会儿又说太咸了，太麻了……最后还要来一句："啥子肥肠面哟？只有两片肥肠。"如果你是面馆儿老板，面对这样的顾客，估计脾气再好也不愿意把他当成上帝了，因为这个上帝太弯酸。

何谓"弯酸"？

"弯"是视觉，是眼睛看到的效果；"酸"是味觉，是嘴巴尝到的效果。把人的不同感觉叠加在一起，表达一种对世界的抽象感受和认知，虽然在方言里很普遍，但如细究起来，起码可以发现其中通感的修辞手法和化虚为实的表现手法的运用。如果再从语义的角度去考察，就会得到无穷的意味。

“弯”即“不直”，喻行事，喻言语，喻性格，即有意无意间，话不达明，意不表清，左不是右不是，猪不是狗不是。总之，一句话就可以说清楚的事情，总要把人弄得一头雾水，打乱了解决问题的节奏，甚至左右了事情发展的既定方向。人性的弯，让事情的解决也要绕弯路，这自然显示出做人的某种让人不爽的毛病了。“酸”表示酸腐、迂腐之意，很常见。人有酸腐文人，话有酸不溜秋。“酸”虽是一种常味，却不一定是一种美味——对于饮食而言，比如贵州人、湖南人喜食之酸，酸菜泡菜之酸，是美味，而“酸甜苦辣”一词所含的生活况味之酸，则是心酸之意。在“弯酸”这个词儿里，酸是纠缠、不耿直、卖弄的意思。酸作为一种味觉刺激，具有反复性、强烈性，可以使肌肉痉挛，面部变形，视力模糊，意识迷蒙。强酸，还具有腐蚀作用，使人失去抵抗的耐性，比如打屁虫喷出的烟雾。做人做事，如果固守教条，如果刻意卖弄，如果心怀私欲，如果欺人为乐，都有可能干这种损人不利己的恶意勾当。当一个人做人弯酸时，就要考验别人的耐心了。

“弯酸”作为一个方言词，通常有动词和形容词两种用法。

“今天我去银行办事，被那个职员弯酸得够。”这就是动词用法，指用某种手段故意刁难别人，给别人制造麻烦，使人难堪。

“那是个弯酸人，少跟他打扭扯。”“那个人渣渣瓦瓦的，弯酸得很。”这里是形容词用法，表示这个人不耿直，不撇脱，爱计较，爱纠缠，让人厌恶。

生活中，有的人固守某些规则甚至教条，那是他自己的事。比如“无荤不开饭”，做饭的是他自己，吃饭的也是他自己，他并不影响别人，这不是弯酸，这是讲究。但是如果是吃别人，或者别人做给他吃，他还这样讲究，那就是弯酸。小时候喝稀饭，稀饭冷了或者烫了都会叽叽歪歪。我说稀饭冷了，母亲就说“倒进灶孔里热一下嘛”；我说烫了，母亲就说“倒在地上冷一下嘛”。最后总会用一句弯酸给我封印。

有的弯酸是个人性格所致，比如前面提到的小故事；有的弯酸却是某些行业的不合理条规，比如让活人“证明自己活着”，让九十多岁行动不便意识不清的老人到银行柜台签字等。做人耿直，做事撇脱，就叫“落教”；办事简洁，行事合情，谓之“便民”。相互尊重是人与人交往的基本前提，与人方便与己方便。今天别人求你，保不住明天你将求人。你“弯酸”别人觉得爽歪歪，如果以其人之道还治其人之身，你将何如？

弯酸并非小恶，轻则伤人尊严，重则引发血光之灾。切莫小看。

刮毒

听到别人说刮毒的时候，你可能立即会想到刮骨疗毒吧？嗯，二者似乎有点关联。

在川渝方言里，“刮毒”有两类用法。一是表示凄惨、可怜的意思，表达同情之意。二是表示恶毒、残忍、狠毒的意思，表达一种谴责之意。在表达以上两种意思的时候，都有强调其极限的意味，也就是非常凄惨、非常恶毒的意思。

我曾经有一个学生，在他很小的时候，他母亲就因为与他那嗜赌如命的父亲闹矛盾而上吊自杀。后来他那嗜赌如命的父亲又加上了一条嗜酒如命的爱好，平时对他基本不管。好在这孩子慢慢成长，读到高中时成绩都很出色，考上了重庆的一所重点大学。大一那年，他放假回家，在县城的一条街上，竟被一个坏人误认而遭尖刀刺穿腿部动脉，幸而抢救及时保住了性命，腿却留下了终生残疾。你以为他的故事到此结束了吗？不！又过了两年，还是假期回家，还是在县城的一条街上，他莫名其妙地遭到了一个人背后的袭击，被一锤子敲在头上当场丧命。这么多年过去了，每当我想起这个学生，就会禁不住叹息："好刮毒啊!"就算这是他的命吧，这老天爷太不公道了吧!

俗话说："一根田坎三截烂。"人之一生，说短也短，说长也长，难免要经历一些刮毒的遭遇。但是别人叹你一声刮毒是出于做人善良的天性，如果自己觉得自己刮毒却又不思进取，那不过就是一声自我放弃的哀鸣，没人有必须同情你的义务，况且仅是同情也无济于事。你看那些弯曲并裹紧健康的双腿在街上爬行乞讨的人，编造娘死爹亡的谎言向路人索取帮助的人，他们不仅刮毒，简直就是恶毒。但凡一个还未走到绝望尽头的生命，都只有在刮毒的土壤里培育出自信自强之花，才不枉那一番刮毒的经历。

"刮毒"的另一个意思就是刻薄、残忍、恶毒。骂别人家未成年的孩子"打嫩尖儿"，骂别人家的女儿"卖千嫁"，骂别人家老婆"生个娃儿不长屁眼儿"，这样的诅咒，就叫刮毒。人心之恶，常表现为我不好，但我一定要毁掉你的好，就算没有做的胆量，也要表现出盼的强烈意愿，于是那话语的刮毒就令人心惊胆战。

据说有富豪享受"猴脑宴"，桌子中间开孔，将活的猴子固定在桌下，猴头露出桌面，将猴头打开，让富人们直接把猴子的脑髓当一碟菜……即使这是一种想象，都已显得刮毒，如果这是事实，其人性的残忍自不待说。天下有好人，当然也有恶人。人心之恶，恶不可测，这样的例子我都不忍心过多详细地列举。

说刮毒的话固然已很刮毒，做刮毒之事，那才是刮毒之至。为了一个拳头大的南瓜，可以一棒子取人性命；为了掠人家财，可以一把火毁其家屋；为了称霸世界，可以满世界滥杀无辜。因贪婪而绑架撕票，因嫉妒而灭人子嗣，因恃强而肆意凌弱，因无知而毁灭良善……世间恶行千万种，都可以用一句话来感叹——“像剐了五百蛤蟆”，用一个词来感叹——“刮毒！”

杂种

“杂种”是一个很恶毒的骂人的词。

杂交水果是杂种，杂交水稻是杂种，杂交蔬菜是杂种，但是人们并不厌恶这些杂种。良种猪、良种鸡、良种鱼也是杂种，人们除了觉得它的味道稍差一点之外，也并不厌恶。严格地说，从生物遗传学的角度来看，这世界上的所有生命其实都是杂种。然而，杂种的人，却被人不齿。这个问题，属于社会学伦理学的范畴。在母系氏族时代，这不成问题；就算在父系氏族时代，也基本不成问题。当一个社会男权确立，一夫一妻（或多妻）的家庭模式确立，杂种这个概念便被赋予了伦理道德的属性，植入了情感评价的标准。

人们常常借“杂种”一词来称呼自己所厌恶所恨的人。清人赵翼《陔余丛考》里有“俗骂人曰杂种，曰畜生，曰王八”的记载；《红楼梦》里骂“杂种”的例子也可以找到不少，如“二十年里头的焦大太爷眼里有谁？别说你们这一把子的杂种们!”日常生活中，只要有人骂某人为杂种，那一定是对其恨得咬牙切齿；而被骂之人如自觉理亏，就会羞愧难当，反之可能就会挥拳拼命了。

从古至今，杂种用在人身上都是一个贬义词。不过，在川渝方言里，杂种除保持了贬义的用法之外，还有一种用法，不但很大程度地弱化了贬义，有时甚至还赋予了褒义。

张屠夫背着背篓，才走到院坝边就大声喊道："个杂种，今天的肉一丢上案板就遭抢完了！"他是在感叹今天的生意好，但他断不至于去骂那些抢买他肉的顾客，更不可能骂那些肉是杂种。李木匠看见儿子亲手做出来了一件精美的家具，高兴得逢人就说："那个杂种，看来是得到我的真传了！"天下哪有这样骂自己儿子的父亲呢？"个杂种，今年的秧苗长势不错啊！""才喂了半月的红苕，这猪儿背脊就有一掐厚的膘了，个杂种！"我有位乡土作家的文友，为人真诚，说话爽朗，他的口头禅之一便是"杂种"。我们说起了某位知名作家的作品，他便感叹："那龟儿子确实厉害，莫得几个人赶得上，个杂种！"这话要是给那位知名作家听见了，也不知道他该高兴呢还是该愤怒。

川渝方言为何对杂种一词具有化腐朽为神奇的功能呢？

首先，贬词褒用是一种常见的修辞现象。川话中，像"龟儿子""砍脑壳的"等很多明显带有强烈恶意的词语，也常常拿来用在自己欣赏的人身上，表达一种肯定和夸赞，那么，杂种成为一个褒义词也不意外。说话者在说这些词的时候，已经有意无意抹去了其中恶意的成分，只剩下赞赏的成分。你就当作高兴之下口不择言来理解吧。

其次，这其实是受了“咋个咋”这个词的影响。“咋个咋”跟疑问语气毫不相干，在川渝民间（尤其在川东和重庆一带），它是一个完完全全的叹词，相当于啊、嗨、嘿、哎呀等，表达一种赞叹语气。“咋个咋，那车飚得好快！”“咋个咋，这雨下得好猛！”“那个女娃子长得好抻敨啊，咋个咋！”

语言都存在词语间语音语意相互影响的现象，有时只借其义，有时只取其形，有时只言其音。“杂种”有个“杂”，“咋个咋”有个“咋”，发音相同，“咋个咋”变成“杂种”也就不足为奇了。正因为如此，很多人在口中冒出“杂种”这个词的时候，“种”的意义已消失，就完全是“咋个咋”的意思了。

抵黄

民间有言子儿“喊你去赶场，你要来抵黄”，或者说“赶场就赶场，莫要来抵黄”。

什么叫“抵黄”？抵黄就是为了跟人唱反调，使人难堪，故意揭人老底的意思。更通俗的说法，就是专捅别人的漏眼儿。这个词来自袍哥用语。

几个老头子坐在保管室门口摆老龙门阵。一个干巴老头说：“年轻的时候，我怕过哪个？输过哪个？挑两三百斤的水谷子腰都不得闪一下，挑两百斤公粮到街上粮站，爬坡上坎二十里路气都不得歇一下……”

话还没说完，另一个络耳胡老头抢过话头说道：“铲铲！你老婆坐月子，让你杀个鸡都杀不死，还好意思在这里吹牛逼？你那两根秧鸡脚杆儿，让你挑一百斤都要打闪闪。我两个抬石头……”

“喊你去赶场，你要来抵黄！”干巴老头老脸发红，有些恼怒，没趣地捏着叶子烟杆回家去了——他知道，这几爷子都是穿开裆裤一起长大的，知根知底。人老了想过个嘴瘾都要遭他们抵黄。

抵黄固然是还原真相，却并非所有的真相都需要还原。如果只为了让别人难堪让自己得到乐趣，抵黄的行为就多少有点不厚道。阿Q精神固然可恨可悲可笑，而人一辈子谁又没有一点“老子们当年……”的虚荣？即便不为了维护别人的虚荣，也应该维护别人的自尊。抵黄就是故意揭人之短，损人尊严之举。

普通人有“抵黄”的习惯还可以理解，连圣人也难免。《庄子·德充符》有这样的记载：子产曰：“子既若是矣，犹与尧争善。计子之德，不足以自反邪？”

这话的大致意思就是：你看你自己，一个受过极刑的犯罪分子，还恬不知耻地想和尧这些圣人比德行比修养。我一看你这一副德行就想到你过去为非作歹的可耻行为，我深以有你这样的同学为耻啊。这是子产训斥申屠嘉的一段话。申屠嘉的确有过不甚光彩的前科，并因此被砍掉了一条腿，这便让子产产生了优越感，连进出同一个门都不愿意与申屠嘉同步。申屠嘉平静地怼了子产一番话，大意是说：我们同在师门，互相探讨的是学问和道德，你竟然拿我过去的事情和身体的残疾说事，是不是太不厚道了呢？子产听了，深感惭愧。子产抵了申屠嘉的黄，被申屠嘉怼了之后，就后悔了，道歉了——子产毕竟还是个好同志。

中国人好面子。俗话说：“打人不打脸，揭人不揭短。”抵黄之举，不仅伤感情，甚至还可能带来更严重的后果。那个曾和朱元璋一起讨过饭的人，本想拉近与皇帝哥们的关系，随口道出了朱皇帝曾经的讨口生涯，结果丢了性命。因此，在生活中，除了那些原则性的东西之外，做到少抵黄不抵黄，嘴上积德，终归不是坏事。

潲缸肚子

以前农户养猪，顶多养一两头，因为人都吃不饱肚子，猪饲料当然严重缺乏。一头猪，从牵牵猪儿长成架子猪，往往需要大半年时间，只有到了冬腊月间才开始喂红苕催肥。因此，平常每家都会专置一瓦缸钵，用来收集各种残汤剩水弃渣败叶，作为猪儿的饲料。

瓦缸钵是农村家庭装盛东西的常用器具，其造型往往口大肚深，容量很大。农村人称食量特别大的人叫“坦缸钵”。所谓“潲缸肚子”，就是指像装潲水的缸钵一样的肚子，表示那肚子不但容量大，而且装的东西也很杂，更进一层的意思就是说某个人，不但很能吃，而且吃的东西质量还很杂很差。

潲缸肚子这个词，具有典型的时代特色，储存着丰富的时代信息。物资匮乏的年代，个个都长得胡子拉碴，瘦壳叮当像猴子。米不够，水来凑，稀饭照得出人影子。一年四季，难得开几次油荤，肠子都生了锈。生活越是这样清汤寡水，人的食量就越大。食量越大，需要消耗的东西就越多。如何解决这个矛盾？农村人有一句俗话：“狗吃牛屎——图多。”既然营养说不上，味道说不上，那么只要能填饱肚子，什么残汤剩水都舍不得丢，都往肚子里装，这是人生存的本能。越穷越吃得，越吃得越穷。贫穷，最后把乡村的人们，都逼成了潲缸肚子。

小时候，下午放学回家饿得不行，就到处找吃的。看到有生红苕，拿过来啃着就吃；看到桌子上有剩菜剩饭，直接就风卷残云；实在找不到什么吃的了，就揭开泡菜坛抓几根酸豇豆或者半截酸萝卜出来吃。母亲看见了，就要数落我是个潲缸肚子。

社会发展了，生活改善了，吃喝不愁了。一些人为了身体健康，提高生活质量，开始节食，但还是有不少人如饕餮般狂吃海喝，放眼一看满世界都是啤酒肚在晃。

为何现在没人再说这些啤酒肚是潲缸肚子呢？因为这些啤酒肚里装的东西，虽然多，却不再是杂而差。你见过谁往潲水缸钵里扔大鱼大肉吗？你见过谁往潲水缸钵里倒茅台、五粮液吗？潲水缸钵哪有这样的福气？能装这些东西的缸钵，已换成了精致的容器；能装这些东西的肚子，都成了享受幸福生活的美食家的肚子。

“潲缸肚子”，是饥饿的代名词，承载着一个时代的记忆。这是一个巧妙的比喻，是一抹含着眼泪的微笑，藏着川渝人幽默乐观和隐忍坚持的精神。

二

史海文河

巴蜀韵

SHIHAI WENHE BASHU YUN

胡说

奓墨

板凳的腿，一般并不是垂直向下，而是往外有一定角度的倾斜，扩大支撑面，以确保板凳的稳定性，这个倾斜的角度，民间就称为“奓墨”（念作 zhā mé）——就是墨线向外奓开的角度。奓墨是做好板凳的关键，引申为事情的玄机。“忘记了奓墨”常常用来表示关键处没弄醒豁、没意识到过经过脉的地方、对关键之处不敏感、对关键信息不了解等意思。在川渝民间，王木匠是所有蹩脚木匠也就是二跛跛木匠的代名词。于是，有了一个川渝方言歇后语：王木匠做板凳——忘了那点儿奓墨。

奓墨，即玄机。玄机，即深奥微妙的义理。有这样一段妙语可以帮助理解什么是玄机，即什么是奓墨：有一句说一百句的是文学家，这叫文采；有一句说十句的是教授，这叫学问；有一句说一句的是律师，这叫谨慎；说一句留一句的是外交家，这叫严谨；有十句说一句的是政治家，这叫心计；有一百句说一句的是出家人，这叫玄机。《红楼梦》第一回就有“此乃玄机，不可预泄”之语，可见玄机，也就是奓墨，本身就有深藏不露的特点。玄机是话语高度的浓缩，是智慧精华的提炼，它隐在现象之后，藏在冥想之中，岂是谁想搞懂就能够搞懂的？

初中时我对化学学科很痴迷，但有时还是有做不出来的题。拿去问老师，我那老师总是会把我额头一戳，慢条斯理地说道：你娃娃忘记了那点爹墨了哈！——绞尽脑汁，想了又想，终于明白，那点爹墨，原来是化学反应过程中有水生成。

若干年前还在偏远乡村工作的时候，曾和别人一道寻求调动，自认为各方面都不输于对方，结果对方成功了而自己败下阵来。有明白人来提醒——你没有搞懂其中的爹墨。原来那点爹墨，其实就是向某关键领导塞坨子（行贿）。

别人做生意赚钱，你做生意折本。可能是你没有懂起消费者心理的爹墨，或者是经营方式的爹墨，甚至商业信用的爹墨。

有个痴迷文学创作的朋友，在一次相聚喝茶的时候禁不住感叹道："热爱文学二十年，成功地把自己爱成了一个贫困户！"旁边另一个同样是文学爱好者的朋友说道："那是你还没有搞懂其中的爹墨。"我在旁边沉默地喝茶，心里暗暗感叹：搞文学的，想靠文字发财，又有几个搞懂了其中的爹墨呢？你以为个个都是莫言、余华、贾平凹？

无论是做官还是经商，无论是务农还是打工，各行各业都有属于自己的爹墨。搞懂了其中的爹墨，进可以用其利，退可以避其险，倘如此，你的人生不想开挂都不可能。然而世事太复杂，处处有豸墨。搞懂其中的豸墨，不忘其中的豸墨，这是每个人都希望做到的。也正因为如此，事事搞懂豸墨，就几乎不可能。搞不懂豸墨要吃亏，不懂装懂更要吃亏。人不愿求真傻，也没必要装傻。能懂的豸墨，是你的运气；不懂的豸墨，是你的福气。顺其自然，难得糊涂——明白这个道理，也许这才是搞懂了人生最大的豸墨。

偏二

“偏二”虽然是一个川渝方言，其实它也许更加小众。我未做考察，只知道我的家乡渝西一带有此说法。

顾名思义，偏二就是偏向两方的人。什么人会偏向两方？中间人——掮客——串串儿（穿穿儿）——偏二。偏二，现在的叫法是中介、代理，洋气了好多。

以前农村集市只要进行稍微大宗的货品交易，就会有偏二存在。买卖生猪有猪偏二，买卖耕牛有牛偏二。川戏里有唱词“做媒的人，两张脸，不方要说方，不圆要说圆”，其实偏二就是干的媒人所干的事情。媒人可不管男女双方是否般配，只要用她一张嘴说动了双方，报酬到手，往后的日子管你两个牛打死马马打死牛，再也与她无关。偏二就是买卖双方的媒人，把要价高的一方拉下一点，把还价低的一方提高一点，买卖双方都接受了，生意做成，偏二钱到手。

为什么买卖双方不直接交易，还要让偏二来赚一次钱呢？想象媒婆的作用，想象房屋中介的作用就清楚了。偏二并不是非要不可，但是很多时候却是少不得的桥梁。偏二一会儿把手伸进买家的袖口里双方捏指头讲价，一会儿把手伸进卖家的袖口双方捏指头讲价，这样一来二去，不用说一句话，生意就可以敲定。

偏二的报酬也有一定的民间之规，大概是总交易量的某个比例，或者一个约定俗成的数目。至于由买家还是卖家给付，也是有民间之规的。所以每场交易完成，不仅买卖双方心平气和，买卖双方与偏二也是心平气和，绝少有再扯筋撩皮的事情出现。由此可见，偏二这个职业在民间自有它存在的必要性和正当性。

不过，话说回来，偏二虽说是偏向两方，但其实也只是假象。天下之事，何来绝对的公平？偏二是一个职业，要靠撮合双方生意吃饭，只要生意谈成，即使暗中便宜一方亏了一方，与他何干？想想媒人那张二皮脸，想想房屋中介那种鬼祟的表情，你就会全明白。但是，这个职业，也一定有它必须遵守的规则底线，也可以叫作江湖规矩。

据老人们说，以前做偏二的大多是袍哥人家。现在的偏二是专职，早前的偏二是兼职。做偏二，不仅要懂得商场的规矩，还要懂得买卖双方的心理，更要懂得所涉及商品的专业知识，这样才能够称为一个合格的偏二。一个牛偏二，肯定懂得“腿短蹄大，头方角粗”的要诀；一个猪偏二，肯定懂得“前开后磕，肚大背宽”的标准。要是他们对所交易的东西的品质优劣一窍不通，怎么豁得到别人荷包里的钱？所以市场上的偏二们，个个都是舌面飞花、口若悬河的演说家。

偏二促成买卖双方的交易，自然是一种成全。媒人牵红线，让“天下有情人终成眷属”，当然更是好事，但是千万不要做《茶馆》里刘麻子那种偏二！

扯把子

俗话说："说话莫冲壳子，做事莫扯把子。"说明了扯把子不是个受人喜欢的好习惯。

生意客跑滩匠，要先占地盘扯起坝子吸引围观者，谓之"起棚"，然后才发挥口舌之功，杂要之能，将围观者的心蛊惑之，动摇之，软化之，最后心甘情愿掏腰包买东西，比如那些卖打打药的，卖耗儿药的，卖砍砍刀的，扯人人宝儿的，表演杂要的，这叫作"扯坝子"。扯坝子之后到生意做成，耍嘴皮子功夫是至关重要的一环，于是扯坝子就逐渐演变成了耍嘴皮子功夫的意思。再后来扯坝子又逐渐演变成了"扯把子"。扯把子的人叫作"把子客"。"把子客，爱日白，接个婆娘黢麻黑，生个娃子三年才走得……"小时候的顺口溜，也显示了把子客会吹能说的天性。

虽然扯把子就是耍嘴皮子功夫的意思，但是在川渝方言中，具体使用也有差异。大体有摆龙门阵（冲壳子、吹牛、吹咵咵）、说大话、撒谎等不同层次的含义。

"走，我们到茶馆去听张木匠扯把子。""张木匠扯把子真的凶，旋头风儿都扯得起来!”

这里就是摆龙门阵、扯闲条儿、吹牛的意思。

“张木匠就是个把子客，听他吹，帽儿（磨儿）都要飞。”这种扯把子不在乎内容的真实性，只在乎娱乐性，仅供打发无聊而已。小时候听过的安世敏的故事，七把叉的故事，吹破天的故事，大概就属于这一类。

队上有一个外号叫团长的小子，看上了邻村的一个姑娘。有一天赶场，他碰到了姑娘的母亲，团长就站在那个女人的旁边故意大声咵气地说：“昨天我们家杀了个鸡，全家都说鸡肉不好吃，结果被我妈倒给猪吃了……”姑娘的母亲一听，黑着脸说：“前几天听到你家倒鱼肉，今天又听到你家倒鸡肉，你们全家是要准备吃素当和尚尼姑吗？你硬是扯把子不缴费嗦?”团长被奚落得无地自容，赶忙消失在人群里。说大话，扯把子，需要胆大脸皮厚，团长那种脾气的人，如何玩得转?

“你每天都迟到，每天都说在路上自行车坏了，你扯把子一点不脸红啊?”班主任这样质问迟到的学生，学生就知道自己撒谎被识破了。“有啥子说啥子，今天绝不扯把子。”这是跑滩匠的口头禅。扯把子也是撒谎的意思。撒谎就是说假话，于是扯把子又引申出形容词“假”的意思。“那个扯谎坝医生，好扯把子哟，骗得人团团转。”有时扯把子还可以只说一个“扯”字，如：“不听你扯了，我回家做饭去。”鬼扯就是“像鬼一样扯把子”的意思，表示完全的否定。

第一种把子客只需要口才好，第二种把子客只需要脸皮厚，第三种把子客，除了需要前两种本事外，还需要胆大心黑。前两种把子客，可以给生活增加点快乐的色彩，第三种把子客可能会给社会带来祸害。在扯谎坝扯个把子卖点打药也许无妨，要是把子客卖房屋卖土地，卖公产卖权力，结果会怎样？

周吴郑王

“周吴郑王”算不上一个成语，却是一个使用很普遍的俗语词。该说法出自《百家姓》第二句：“赵钱孙李，周吴郑王。”

鲁迅小说《孔乙己》大家都熟悉，小说的主人公叫“孔乙己”，这个名字来自供发蒙的孩子描红墨的几个互不相干的简单字“上大人孔乙己”——“上大人”不是“大人”，“孔乙己”也不姓孔名乙己。但是“孔乙己”就成了一个人人呼之的“大名”。同样的道理，“周吴郑王”，四个互不相干的姓氏连在一起，本无实意，但方言却赋予了它一种特别的意思，活生生把这四个单字变成了一个词。

“周吴郑王”一词其实在全国很多地方都在用，表达衣着庄重整洁的意思，是个褒义词，川渝方言也保留这样的用法。比如：

“吔，今天穿得周吴郑王的，这是要去哪里吃九大碗儿吗?”碰见穿得很正规的熟人，这样开玩笑。

“穿这样不行，穿那样不好，不过就上个街嘛，用得着这样周吴郑王的吗?”丈夫不满妻子对他穿着的要求。

而川渝方言中的周吴郑王除了以上用法外，还有与别的地方明显不同的用法，就是赋予了这个词语更多的贬义色彩。

在川渝方言中，周吴郑王虽也指人的穿着，但主要指穿着不得体、不自然、与常态不一致等意思。都带着不屑和一定的讥讽意味，言语的背后，藏着对对方的评价——宝器，瓜娃子。比如：

“穿得周吴郑王的去跟知青混，你以为你就是城里人了?哦呸！你个转窝子知青!”一个老农民骂穿着喇叭裤去跟知青厮混的儿子。

“就算你穿得周吴郑王的，长得长不像冬瓜短不像葫芦，也可惜了那几片料子。就这副灾相，谅你也混不出个人模狗样来。”

周吴郑王能够被民间方言赋予以上的含义有如下两个原因：

第一，语出《百家姓》，该书是古代童蒙读本，也就是民间普及性很高的书本，就算很多老百姓未读过书，在自己生活的环境里也会常常听到别人念读，所以不会陌生，把这样的内容引入民间生活也很自然，这就如同一个大字不识的文盲，也会说“你要给我说个子曰”这样的话，因为《论语》满篇都是子曰，在中国民间同样普及度很高。

第二，周吴郑王这四个字虽然除了做姓氏之外本身没有实在意义，但里面包含着周与郑两个字，刚好与周正一词谐音。所谓周正就是周全端正的意思，既可以用来形容穿着打扮很整齐的意思，也可以用来形容人长得很匀称端庄。直接说周正固然可以，但是周吴郑王因有语源优势，又广为所知，所以用它来代替周正一词，就更有含蓄幽默的效果。这种无厘头的风格，不正是方言的一个典型特征吗?

吞口儿

“吞口”本是云、贵、川、湘等省一些少数民族地区挂在门楣上，用于驱邪的木雕，大多以兽头为主，也有人兽结合的，后来逐渐演变，也有挂葫芦或木瓢的，甚至有的地方演变成直接挂一面镜子。这样的民俗传统也影响到川渝广大的汉民族地区。吞口起源于图腾崇拜和原始巫教，是古代图腾文化与巫文化相结合，经历漫长的岁月后形成的一种民间文化的产物。

川渝方言不但习惯性地赋予吞口儿化音的特征，还根据它能吞的特征，赋予了它特殊的意义，就是胃口大的人、贪吃的人，由此引申出贪婪成性的人的含义。

以前生产队上有两兄弟，富农成分，均贫穷未婚，每年分得的粮食非常有限，而兄弟俩的胃口却大得惊人，端着大缸钵喝稀饭，却在出工的时候常常坐在地边有气无力地喊饿。队上的人就给了他们一个外号——坦缸钵，这是根据他们端的饭碗来命名的。人们还给了他们另一个外号——吞口儿，这是根据他们的食量来命名的。其实，他们哪里是食量大，他们喝那稀饭基本上是水，里面只有几颗米在跳，如何不饿？虽说一般来看，一家人儿子多劳动力就多，但是粮食不够吃的时代，儿多反而是一个灾难，人们就常常感叹这样的家庭个个都是吞口儿。

称一个胃口大的人为吞口儿，并无多少恶意，称那些侵吞公财贪婪无度的人为吞口儿，就有深深的厌恶和仇恨的意味了。有个叫梁冀的东汉大将军，不但承袭了父亲的爵位，而且妹妹是皇帝老婆，后来还做了皇后。梁冀手中有权，宫中有人，自然就专横跋扈，贪腐成性。公元 159 年，汉桓帝用计杀了梁冀，灭了梁冀家族，充公之财竟达三十三亿钱，合成银子也近两亿两。两亿两白银是多少？恐怕不贫穷都会限制你的想象。

像梁冀这样的吞口儿，从古至今，可谓多矣。而活在底层，照贪不误的吞口儿恐怕也多如牛毛。史书上记载，刽子手行刑，要问受刑者有没有银子。银子给得多的，一刀下去，只断其颈动脉，留个全尸；银子给得少一点的，一刀下去，颈骨断裂，留点皮肉相连；要是不给银子的，结局就是一刀两断、身首异处。小吞口儿之狠，想想都不寒而栗。

本为门楣上的守护神，却变成了令人厌恶和痛恨的败类，实在是玷污了这个神圣的图腾。

茶食

何谓“茶食”？据《土风录》云：“干点心曰茶食，见宇文懋《昭金志》：‘婿先期拜门，以酒馔往，酒三行，进大软脂小软脂，如中国寒具，又进蜜糕，人各一盘，曰茶食。’”《北辕录》云：“金国宴南使，未行酒，先设茶筵，进茶一盏，谓之茶食。”周作人《南北的点心》：“茶食是喝茶时所吃的，与小食不同，大软脂，大抵有如蜜麻花，蜜糕则明系蜜饯之类了。从文献上看来，点心与茶食两者原有区别，性质也就不同，但是后来早已混同了。”

所以，在中国人的心目中，茶食往往是指点心。也就是说，茶食不是正餐之食，只是正餐之余消遣或者暂时解饥的小吃。这名字起源于何时无法确定，但可以肯定的是它存在于我们的历史之中已经很久。放到今天来看，它自然属于大众，而放到过去，放到古代，就觉得这东西也太过浪漫，似乎它并不属于所有的人，而专属于有钱人，属于有钱又有闲的老爷、太太、公子、小姐。

这话还真不夸张。曾几何时，我们吃饱饭都还是一个天大的问题。虽有“一日三餐”之说，但我们民间有很多地方却是“一日两餐”（就是现在还有个别地方一日两餐的，减肥瘦身的除外）。就算勉强保持了三餐习惯的地方，那盘中之食又是何物？恐怕没有哪个中年人没有清晰的记忆。吃饱都不容易，茶食何敢奢求？

然而，在我老家，茶食却是一个使用得很普遍的词语，只不过它不再专指吃的，而是用来表达一个特定的时间点。“茶食边儿”，就是指午时之前的那段时间，大致上午十一点左右。

“都茶食边儿了哟，开始煮得饭了哈！”

“我事情还没有忙完，就到茶食边儿了。”

那样的时代，极少有钟表计时，人们对时间都是大概的估计。我母亲就常常喜欢说：

“太阳都晒到地坝边儿了哈，你怕还是该把牛牵到坡上了哟！”这大致是夏天的下午五点左右。

“太阳都晒到阶沿坎了，你还在磨啥子？”这时大致是接近中午十二点的时间。

当然，茶食这个词也常常挂在母亲的嘴边，而我们家却从来没有吃过茶食。小时候曾听父亲说过，中华人民共和国成立前那些有钱的地主，每天在中午饭之前要先吃点点心之类的东西，叫作吃茶食，这个时间点就是上午十一点左右。普通人家吃不起茶食，借别人吃茶食的时间来当钟表，便逐渐演化成一个极具方言特色的时间名词。

记得童年时走人户，主人家打发的小吃叫杂包儿，也可以叫作茶食。现在农村人家办酒席，亲戚往往要送茶食，这是茶食贵族化向平民化的转变，可以看到社会生活逐渐改善的轨迹。而今天，茶食已成零食，并不在指定的时间才吃，也并不是有钱有闲的人才吃。手机普及后，人们计时连手表都抛弃很多年了，即使戴手表也大多只剩下佩饰一样的功能了。茶食边儿这个词语恐怕要随着我的父母这一辈人的离去而永远消失。对从那个时代走过来的人来说，茶食既是一个画饼充饥、望梅止渴的虚像，又是一个温暖的词语。

搭飞白

相传东汉灵帝时，为修饰鸿都门，工匠们用扫帚沾白粉写字，笔画丝丝露白，仿佛枯笔所写，被书法家蔡邕称为飞白。后来这种笔法移植到绘画中，那种枯笔露白的线条也叫飞白。甚至，一种故意说白字的修辞手法也叫作飞白，比如叫孙大圣为孙大怪。

但是，川渝方言中的“飞白”与前面几种意思都不相干。

方言中的飞白之“白”，其实指说话、陈述、表达等意思，引申为言辞、话语等，如独白、告白、自白、旁白等。接别人的话叫作“搭白”。而“飞”字有凭空而入的意味，指本不相干的因素介入，如飞来横祸（财）、流言蜚（飞）语等。所谓飞白，就是指来自隔离于某个既有语境之外的话语。

比如，A和B在交谈，C介入A与B的谈话，C的话语就可能叫作飞白。飞白，通常具有两种可能的属性—— 一是C介入的话题与AB交谈的话题无关，就是“我说锅里，你说坡里”的意思；二是C的话语介入遭到AB一方或者双方的排斥，也就是那种不受欢迎的插话。方言搭飞白，主要指第二种情形。

是人都有隐私，不希望不相关的人知道；是人都有好恶，不愿意不喜欢的人介入话题。如果有人不知趣，就会被斥之为“搭飞白”。搭飞白一词，含有明显的厌恶情绪。“你是你，我是我，猴子不跟狗打伙。我稀罕你来搭飞白啊?”被斥责为搭飞白者，轻则自觉没趣，重则会恼羞成怒。

一般来说，无意间搭了别人的飞白，就算别人不介意，自己也会很尴尬，如果别人没好气地赏你两句，你更会无地自容。有一次我在农贸市场买菜，突然听到身后一个女人在问：“大哥，这个菜好不好吃嘛?”我就回答：“好吃，我都买了两次了。”哪知道那个女人轻蔑地说：“我又没有问你……搭飞白。”中间的嘟嘟囔囔大概是说了那个自作多情的成语。我虽然有些气恼，却也没理由在这个市场上跟一个尖酸刻薄的女人家吵架，便狼狈地快速走开了。像我这样的人，大多患有社交障碍综合征。

生活中，还有一种人喜欢故意搭飞白，即使被别人训斥也不以为意，这种人一定得是厚脸皮。他们搭飞白的技巧高超，非但不让人厌恶，还可能赢得好感，比如那些撩妹的高手。我有个熟人便精于此道。我们旁边两个年轻女子并排走着在说话，其中一个问：“到地铁口还有多远啊?”另一个女子还没开口，我这个哥们儿立即接口说道：“不远不远，就在前面不到两百米。”而且摆出一副热心灿烂的笑脸，作出准备带路的姿势来。两个女子相视一笑，一个说："我没有问你。"那哥们就说："哦，没关系。我也乐于助人。"后来那哥们儿告诉我，两天后在地铁口他又碰到了那两个女子，还主动打了招呼，现在他们都互相加了微信，周末都约了两次饭局了。

搭飞白是一种语言入侵。有的入侵者是无意的，有的入侵者却是有意的。有的入侵者被击退，而有的入侵者还可能反客为主。搭飞白是一种语言交流方式，成功或者失败，只看你的手段如何。

归一

“九九归一”这个成语，本是一个珠算中归除和还原的口诀，比喻绕了不少圈子，归根到底，又回到了本源。九九归一也叫作万流归宗或者大道归一，是古今习武者追求的最高目标。其本意还可以追溯到西汉扬雄《太玄经》“玄生万物，九九归一”，意即回归本源。算盘和珠算是千百年来中国百姓最熟悉的物件和计算方法，武术在中国民间也是一种很普及的文化，可以见出归一演变成民间口语是顺理成章的事。加之扬雄是四川人，我们四川方言出现归一这个词，更是理所当然。

归一，有动词和形容词两种用法。

先说做动词。归一有结束、完结的意思。把散乱的东西归于一处，表示整理完成，这种情形实际上是省略了谓语的简略说法，直接让归一做了谓语。如：

“办公室清洁（做、弄、整、搞）归一了，你们就可以回家!”

“（搞）归一了没有?（搞）归一了我们就出发了。”

把繁杂的事情一一理顺，表示杂事收尾，如：

“我一旦把家里的事情（搞）归一了，就准备出去打工。”

表示复杂漫长的事情终于完结，有如释重负的意味，如：

“为了这个证明，我整整跑了两个月找了几十个部门，这下终于（弄）归一了！”

表示幸灾乐祸，如一个小孩子吹气球，不听大人的警告，越吹越大，直到嘭的一声炸裂，这时候，大人就会吼道：“这哈子归一（结束，玩完）了嘛！气球气球，气死个球！”

表示无可奈何或惋惜的意思，如：

“张老婆子害了好几个月的瘟病，还是没能挺过这个腊月间，眼看要过年了都归一了！”这里指生命结束，有惋惜的意味。

再说做形容词。归一有整齐、完善、规范、有条理的意思，具备形容词“AABB”的结构形式。如：

“今天打整得归归一一的，这是要回娘家吗？”

“你好能干啊，随时都把个家收拾得归归一一的！”

以上就是“整洁”“整齐”的意思。

又如，“那个人的能力你不必怀疑，他做事情归一得很！”这是完善、完美的意思。

把散乱之物归于一处，把繁杂之事结于一点，都意味着一段过程的终结。归一，可能是一段量的积累，也可能是一个质的飞跃。如果做事情盲目无序，有前手无后手，拖拖沓沓丢三落四，就很难有做归一的时候。而有时候，就算一个人再努力再会安排，也归一不了，比如，“我以为儿大女成人了我的事情就归一了，结果现在又成了儿女家的保姆了！”

动作行为，过程阶段的归一，就意味着由繁到简，由多到少，由难到易的变化。归是过程，有归拢、集中、聚在一起的意思；一是状态，有一体、简单、有序的意思——这便是这个川渝方言词词义的来源。

但愿人生每一个阶段每一个方面都能归归一一！

犯宵

“犯宵”按照四川方言的习惯，照例读作儿化音“犯宵儿”。这个词现在即使在偏远的乡间可能也很少听到了，但几十年前在民间还广泛使用。

词典上说：“宵禁是基于公共安全秩序为由，由立法机构、政府或军方决定并由军警具体负责实施的一种在戒严期间禁止夜间行动的宪法行为。一般在战争状态、全国紧急状态或者戒严时期使用。”在古代，这种戒严令又叫作“犯夜”或者“夜禁”。如果发布了宵禁令，有人还擅自外出，就叫作犯宵。唐朝的《宫卫令》就规定：每天晚上衙门的昼刻已尽，就擂响六百下闭门鼓；每天早上五更三点后，就擂响四百下开门鼓。凡是在闭门鼓后、开门鼓前还在城里大街上无故晃荡的，就以犯夜罪名，打二十个板子。犯宵既然是一种违法行为，抓住了肯定是要受惩罚的。在四川方言里，犯宵就引申出犯事的意思，就是做错事、犯错误、闹出乱子、惹了麻烦等意思，也叫作犯泼。

在学校被老师叫去站了办公室，被妹妹告了状，回家时我母亲就会质问："你今天又在学校犯宵儿了吗？"这时我就会心惊胆战，害怕被母亲刷条子（篾块）教训。有个小学同学十分顽劣，不是在路上偷瓜摘桃，就是在学校欺人耍横。有一天他老汉气急了，抓住他就给了两脚尖，骂道："书读不走，还天天犯宵儿。不读了，回去跟老子打牛脚杆！"那小子就从此辍学了。

小孩子犯宵儿，人们最多就是觉得孩子调皮，并不以此来评价其人品，对成年人则不然。平时听到人们私语"某某犯宵儿了"，接着就有公开的消息——某个局长被双规了，或者某个处长被查处了。这个犯宵儿情况就严重了。有个叫光娃子的二十岁青年，跟随熟人到云南建筑工地打工。劳动艰苦，工资低，到年终时他不好意思回家，就跟几个年龄差不多的年轻人住在工棚里，天天喝酒。有一天几个家伙突然被警察给抓了，原来是他们趁着酒兴盗卖了工地的十几根螺纹钢。消息传回老家，很快大家都知道光娃子犯宵儿了。光娃子以前是个老实本分的人，一旦犯宵儿，人们意识里立即就改变了对他的看法，觉得他成了个坏人、犯罪分子，离家之前才定亲的女朋友也与他解除了婚约。

人非圣贤，谁不犯宵儿？犯而能改，善莫大焉。无心之犯，总有原谅的空间；而心怀歹念，明知故犯，则不可饶恕。少时犯宵儿，只是个不懂事的二杆子，那是一个成长的过程，最多叫作人生的弯路；成年犯宵儿，不是暴躁智弱，便是欲壑难填，一旦事发，后果往往非常严重。一人犯宵儿，免不了家人、朋友、单位，很多人要跟着遭殃受累，即民间所谓“搭到起烧稿帘子”，结果恐怕是众叛亲离。

不犯宵儿，做正人，干正事，于己和平，于家和睦，于国和谐——这难道不好吗？

行头

行头（xíng tou），本是指戏曲演员表演时所用的服装和道具，后来泛指一切装束。但是在川渝方言中行头一词除了以上意义外，还有着更宽泛的含义。

首先，行头表示工具。

既然行头首先是演戏的道具，也就是演员挣饭吃的工具，那么把行头的意义推而广之，指代一切工具也就顺理成章。人要生存，就必须征服自然改造自然，全凭一双手当然不容易，所以人要利用工具。犁铧是耕田的行头，锄头是挖土的行头，箩篼扁担是挑物的行头，铁镐钢钎是破石的行头，锅铲水瓢是做饭的行头，盘子饭碗是盛食物的行头，筷子嘴巴是吃莽莽的行头，脑袋就算被称为砂罐，也是用来思考和活命的行头。

网上有个笑话，说某个领导通知下属开会，并同时要求大家把吃饭的家伙带来，结果好多与会者就把饭盒带去了。领导一看，不禁又笑又气："让你们把工作需要的必要用具带来，你们全都'老母猪过门槛，不是拱就是吃'，都是饿死鬼投的胎吗？"这领导的话制造出歧义产生误解很正常，这领导的话尖酸刻薄也是事实。但领导话语中的家伙其实就是川渝方言中说的行头。生产队长说，明天我们开斗（开镰收稻），大家把行头准备好。社员们听了，自然就会准备好木斗篾席、扁挑晒具。如果说“人生就是一台戏”，这些求得温饱的劳动工具，难道不就是道具？

行头从对工具的指代，进一步可以指代一切事物。看见某人家土墙上有一个大南瓜，有孩子就会兴奋地说：“那墙上有个大行头！”看见一头肥猪，也会惊叹：“哇，那个行头好大！”连抓鱼都可以说：“抓到一个大行头。”这个意义，往往专用于具有大的属性的对象。

其次，行头用于对人的指称，与东西意思接近。

行头本物，以之指称人，运用拟物修辞。凡对所指称对象怀有蔑视和厌恶的情绪，就可以将对方称为行头。比如：“刘家那个小行头说是偷东西被公安局抓了。”这里指的是刘家那个品行不端的老幺。最常听到的叫法是老行头，用于对年龄大的人的蔑称。哥哥气喘吁吁地跑回来对母亲说：“张家院子那个老行头又在偷队上的苞谷。”那个老行头是个孤人，小孩子厌恶偷窃者，而大人们却对他多少有些同情，因此很少从大人们的口中听到对他有老行头的称呼。在说到揪出一个大老虎的时候，就常常说“整到一个大行头”。因为把人称为行头具有贬义，所以一般不会当着对方的面称呼。

行头一词，还可通过谐音双关的方式，表达型头的意思，即修剪得很有范儿的发型，也可以专指脑袋，如“去把你的型头打整一下”。型头再一次谐音双关，又与一个专用于取笑别人的贬义词“刑头”产生了关联。从古至今，犯人服刑，大概都要剪特定的发型（比如近似于光头一样的发式），民间称其为“刑头”。看见某人从理发店出来，有人就喊道：“嘿嘿，你那型头（刑头）剪得不错嘛！”这是熟人之间的调侃，听者一笑了之。

跳加官儿

四川方言有句歇后语："顶起碓窝跳加官儿——费力不讨好。"碓窝就是石臼，大的叫碓窝，小的叫砂盔儿。碓窝是石头做的，又硬又重，顶在头上还要跳，当然不好受了。

跳加官儿，据考起源于唐代，后演变成一种戏曲重大演出的开场仪式，有人物装扮成道教天地水三官中的天官，手持写着"天官赐福""加官进禄"等吉祥祝词的条幅向观众展示，这个环节就叫作"跳加官"。跳加官又叫作"跳加冠""跳升冠"。后来随着各种地方戏曲的发展，跳加官演变出了更加丰富多样的形式和内容。这样的表演形式，一直延续到二十世纪五十年代才逐渐退出历史舞台。

"跳加官"成为四川方言，自然而然地加上了儿化音，叫作"跳加官儿"。人人都喜欢戏台上表演的跳加官儿，却人人都害怕生活中有人要给你跳加官儿。跳加官儿，在四川方言中，就是把矛盾公开化，用吵骂甚至撕扯等激烈方式予以对抗或者反击的意思。

以前有一个同事，刚调入我所在的单位。单位某领导，为人傲慢，又很势利，觉得我这个同事没什么背景，又从不接近他奉承他，就心怀不满，总是有意无意打我同事的夹夹。同事虽然为人温和，被人多次穿了小鞋之后，还是非常难受。有一次我们一起喝酒，说起这事，他郁闷难当，没喝几口便有了醉意。他说去上个厕所，结果很久都没回来，把我们吓着了，以为他掉进茅坑里去了，到处找也不见人。大概一个小时之后，他笑扯扯地回来了。我问他去哪里了，他突然哈哈大笑，说："老子去他办公室给他跳了一场加官儿，把他桌子上的书都丢到楼下去了。他从头到尾屁都没敢放一个。"我故意夸张地说："这是酒壮怂人胆啊！"他说："酒壮英雄胆！"我们一群人都为他开心地大笑起来，继续干酒。

跳加官儿一词更多时候只用于警告，并不真跳。如：

"你再这样不识好歹，小心老子给你跳个加官儿哈！"

跳加官儿是一种矛盾的激烈对抗，因此警告意味很强。"跳加官儿"一般不用于家庭成员内部的矛盾，多用于与家庭之外的人之间的矛盾。加官儿只是情节的比喻，暗指准备开撕。重点在那一个"跳"字，舞台上的跳是表演的意思，生活中的跳却是撕扯的意思，既有力度，也有速度，既有韧性，也有刚性。一旦开跳，必直捣黄龙，就算打不死你也要扭死你，就算扭不死你，也要恶心死你。看看，如有人要给你跳加官儿，你怕不怕？

人之相处，平等与尊重为要。如处处吃人欺头，占人上风，逼得别人给你跳一场加官儿，那也未必是你想看的一场好戏。有话好好说，跳加官儿的事能免就免吧。

二员外

“员外”之名大略起于魏晋，之后历代都有与此相关的官名。早期的员外属于编制内职务，到后来则逐渐演变为编制外职务。后期的员外，其实是员外郎的简称，比如人称杜工部的杜甫，他曾经做过工部员外郎之职，也就是工部编制外的人员，类似于现在的招聘人员，其实人们称他为“杜员外”也未尝不可。自明代以后，员外郎之职逐渐成为一种闲职，有钱人只要肯花银子，就可以买一个员外来过一下官瘾。正因为如此，民间叫某人一声员外，那不是在尊重他的官职，只是在恭维他的富有，就好比后来人们见人都称老板儿差不多。所以，员外就逐渐演变成了财主、土豪的代名词。元杂剧《灰阑记》中说：“俺们这里有几贯钱的人，都称他做员外，无过是个土财主，没品职的。”古装戏里面，员外的形象很多，比如《刘三姐》里面砍藤让刘三姐落水的牛员外。《西游记》《水浒传》里的员外形象也不少，且多是负面形象。

财主土豪，自然有钱。有钱就有闲，也就是不必像普通人一样辛苦劳累。背着手巡视巡视自家的庄园，抄着手对长年短工颐指气使；树荫下，凉亭中，斗蛐蛐，遛鸟儿，身边丫鬟服侍，一壶香茶坐半日——总而言之，有钱任性，无所事事这就是员外们的生活日常。

基于以上特征，四川方言就赋予了“员外”一词一种特殊的含义——对游手好闲，袖手旁观，还喜欢指手画脚的人的统称。当员外还不足以表达以上完全意味的时候，四川方言又在员外之前加了一个二字，变成二员外。

川话中，二字具有减半、打折扣等含义，比如二跛跛指半懂不懂的人，二炭就是没有被完全燃烧的煤炭，二杆子就是半大不小的青少年，二米粑就是一半糯米一半粳米做成的粑粑。这个意思我在《二跛跛》一文中也谈到过。因此二员外就是打了折扣的员外——这个称呼体现了人们对这类人的鄙视甚至厌恶。当然，二员外似乎还可以理解为排行第二的员外。大员外是大哥，自然大哥当家，责任在肩，尚不敢过分潇洒；二员外不当家，在空隙里过日子，不愁没钱花，而事能躲就躲，责任能推就推，不但懒，而且还往往惹不起，这样的闲散已近乎堕落，当然更不受人待见了。

小时候我体质弱，干农活总想偷懒耍滑。全家人都在田里拼命干活，我却坐在边上迟迟不下田，这时我母亲就会呵斥我：“你坐在那里像个二员外一样，你是打算坐个天长地久吗?”

这世上谁不愿享清福，谁不想坐享其成？其实每个人身上都长得有懒筋，只不过有责任感的人，勤快的人，善解人意的人，他可以把懒筋隐藏起来，控制起来，调动积极性去对待生活，而不是放纵懒筋发作，成天一副懒逼死屌的德性。二员外，就是这样一副德性。

二员外也未必是天生的，环境因素的影响也很明显。家长不能够充分调动家庭成员的积极性，领导不能够充分调动单位手下人的积极性，这就给二员外的产生提供了温床。如果还存在责任分配不明，利益分配不公等现象，二员外的出现就是必然。

金包卵

有个叫敝帚自珍的成语，是说自己使用过的破扫帚，都会很珍惜，这个词表达了一种人之常情。不过，并不是所有自己珍爱的东西都可以称之为金包卵，能够称之为金包卵的东西，一定是自己极为珍视的东西。金包卵本来是一个淘金行业的术语，指那种指头大小表层包裹着黄金的卵石，因其含金量大，数量又极其稀少，只有运气极佳的人才有可能获得，所以被人视若宝贝，称之为金包卵或者金宝卵。

但是，在方言中，这个词是一个贬义词，常用于称呼别人喜爱之人珍爱之物，表达一种蔑视的情感。

某人溺爱老幺儿，使其养成了骄横顽劣之气，到处招惹是非却总是被无原则的袒护，别人就会骂道："一根苗，金包卵，爹妈不管法院管。"

金包卵受拥有者的珍爱自有其被珍爱的理由，这本无可厚非。只不过这世上，你之所爱，未必就是别人之所爱。别人不爱你之所爱，也很正常，但是如果因为你爱，就要求别人也爱，这就过分了。如果你之所爱，损害了别人，还要求别人爱，那简直就是过分之至，骂你一句金包卵都算是文明而克制了。

当然，还有一种人处于某种嫉妒心理，也会称别人珍爱之人或物为金包卵，这时候虽带贬义，却可能是说话者自己心理不健康了。小孩子手中的玩具，别的孩子即使再眼气，也很难到手一玩，失望之余就会恨恨地来一句："谁稀罕你那金包卵?"其实他内心正稀罕得很呢。记得有一次在一个熟人家的三楼窗口，看见二楼露台上一个老者在侍弄几盆兰草，熟人带着鄙夷的口气对我说道："几盆烂花，像金包卵一样，一天到黑都在那里摸来摸去……"我听了此言，心中思忖——那几盆花草，既没有遮挡他窗前的阳光，也没有阻碍他遥望远方的视线，反而还免费美化了他的空间，难道那个老者什么时候得罪过他吗?

金包卵喻人，多用于男性，而男性也基本上限于年龄不大的孩子。年龄大的男性，在家人心中地位再高，价值再重要，大概能够获得的情感回报不过是尊敬，是孝心，不可能有晚辈在长辈心中的那种"柔软的爱意"，因此不存在金包卵的相似属性。我们常常可以听到嫉妒别人家孩子的人说孩子像金包卵，却很少听到嫉妒别人家老人享福的人说老人像金包卵。

金包卵一词，一般也不用于女孩子。出现这个现象的原因，是川渝人在说这三个字的时候，不仅保存了前面所说的意味，其实已经附加了它某种黄色的寓意了。市井粗话，即使想对别人达到最大程度的杀伤力，说话者也还是要掂量掂量一下分寸的。用粗话骂人，骂男人，骂成年人，甚至骂小男孩，似乎都还可以容忍，但是对小女孩骂这话，那就有点冒天下之大不韪了。

扮灯儿

灯，这里专指灯戏。灯戏是中国民间广泛流行的一种汉族曲艺形式，基本特征是手拿扇子和绸帕，载歌载舞。各地都有灯戏，各地灯戏又从最初的形态发展出了具有各自地方特色的丰富的表演形式。

车灯儿（俗称车车灯儿）是川渝地区广泛流行的民间曲艺灯戏形式，车幺妹（多由男子装扮）划着彩船，艄公在彩船前面引导，行进过程中即兴对唱。后来还发展出三人表演，甚至四人表演的形式。

传统车灯儿表演，其内容大多幽默喜乐，并不讲究主题的高大上，类似于早期东北二人转的风格，一男一女互相启发，互相调笑，语言大胆甚至粗俗，以逗乐大众为目的。因此，车灯儿表演，就具有不正经、不严肃、浮浪轻佻的特点，这与川渝人天性的踿很相符，并由此产生了一个川渝方言——扮灯儿。

扮灯儿，本意就是装扮成不同的角色进行车灯儿表演。根据车灯儿的以上特征，方言的扮灯儿，大致具有开玩笑、不正经、不认真、图好玩儿等意思。

“两个娃儿开始只是在扮灯儿，结果还真打起来了！”这里就是开玩笑的意思。

“一边做作业，一边扮灯儿，小心老娘的篾块吃你的嘎嘎！”母亲斥责作业不认真的孩子，这里就是贪玩儿、不认真、精力不集中的意思。

“你建这么大一个温室，是准备发大财嗦？”“发啥子大财哟，发个火柴。闲着没事，扮灯儿的！”这里就是搞了耍、闹着玩儿的意思。

扮灯儿还由前面的意思进一步引申出办事不稳妥的意思，如“那个人一辈子吊儿郎当的，做事情扮灯儿得很”，也就是平常说的做事活摇活甩的意思。

适度的玩笑，适度的放松自然是好事，但凡事不能过度。扮灯儿过度，轻则造成危险，重则产生严重后果，那麻烦就大了。小孩子爬树抓鸟，越墙揭瓦，成年人赌命劝酒，醉酒驾车，还有低头族过大街——这些危险行径，轻则丢自己小命，重则危及别人性命，总要遭人警告：“扮不得灯儿哈！”

有些人不仅在做生活中的每一件小事的时候喜欢扮灯儿，甚至把自己的前途和生命拿来扮灯儿。啃着老沉迷网络的青年，一事无成还朝三暮四的中年，身形佝偻还无所收敛的老年，你对生活扮灯儿，生活也一定会对你扮灯儿。

对自己扮灯儿，那固然是你的权利，别人无可厚非；假如扮灯儿殃及别人，就不可饶恕。一个家长岂能对家人扮灯儿？一个领导岂能对自己的下属扮灯儿？一个帝王岂能对自己的臣民扮灯儿？

南朝宋废帝刘子业在位时，不务管理国家之正业，凶残暴虐，滥杀大臣，就连他的叔叔也没能幸免。刘子业是历史上出名的乱伦皇帝，将自己的姑姑纳入后宫为妃，与同母姐姐乱伦。曾命令宫女赤裸身体相互追逐、戏笑，有拒不从命者则杀之。公元466年，十七岁时，拿皇位扮灯儿的刘子业终招来诛杀之厄。就算有连接和修建大运河之功的隋炀帝，把国家拿来扮灯儿，最终还不是制造出了一个“辉煌的短命王朝”？唐明皇扮灯儿，把儿媳收于帏中，“从此君王不早朝”，不是把一个堂堂的盛唐给玩儿废了吗？

俗语云：“人生如戏。”仔细想想，还未必完全是那么回事——不是什么时候，什么事情都可以扮灯儿的！

噔儿啦咣

川剧使用的乐器共有二十多种，常用的可简为小鼓、堂鼓、大锣、大钹、马锣（后改用小锣），统称为五方，加上弦乐、唢呐为六方，由小鼓指挥。演奏中，马锣常常与大锣互相呼应。马锣一敲——噔儿，紧跟着大锣一敲——咣。有一噔儿就必有一咣，噔儿啦咣的本来是川渝人用来形容川戏乐器演奏的拟声词，比如“搞快点搞快点，剧场里噔儿啦咣的已经开场了!”噔要发儿化音，才符合马锣的特点，而咣一定要发阳平（而不是阴平），才符合大锣的特点。

因为噔儿啦咣的声音正是马锣与大锣前呼后应，川渝方言就把这个拟声词借过来做了动词，用以描述作对、唱反调、唱对台戏等行为，有一个钉子一个眼儿、扭到闹等意味。

骂人的话：“我说啥子你就反对啥子，成天就跟我噔儿啦咣的，谨防老子哪天跟你跳个端公（大闹一场）!”

劝人的话：“林子大了什么鸟儿都有，再好的管理者也无法得到所有人的拥护，总会有人明里暗里跟你噔儿啦咣的。不过虱子再大也顶不起棉絮，你何必放在心上?”

噔儿啦咣也可说成噔儿扯咣扯，其实这也是川戏乐器的拟声词。“你少在这里噔儿扯咣扯的，有啥子意见就直接说出来!”还可以延伸出一个意思一样、表达却更加诙谐幽默的说法“噔儿扯王麻子”，这里的王麻子只是一个无实意的衬音词缀了，如“一天少跟我噔儿扯王麻子的，老子甩都不甩你”!

一山不容二虎。势均力敌的平衡，是最危险的平衡。你想要的也是我想要的，谁也不让谁，谁也不怕谁。攻与守的局面一旦形成，噔儿啦咣的呼应就来了。动物界群主的争夺，总是以新兴力量一方先敲响马锣——噔儿，接着是守成的大王应战敲响大锣——咣。约架成功，章回小说里写的往往是“大战三百回合不分胜负，回马便走，扬长而去”，而现实的情况可能是“回马便走，立马回头”，最后战至双方筋疲力尽气绝而亡，或者一死一伤，活着的只余半条命——这一台戏，旁观者是听得真切也看得真切。

动物世界如此，人世间不同样如此?

人，不怕有对手不怕有敌人，人甚至还需要对手或敌人。“生于忧患，死于安乐”的道理古人早已告诫我们，但对手或敌人的作用是促使自己警觉获取奋进的力量，而不是“与人斗其乐无穷”。一个人如果被某人盯上了，一辈子被人像狗皮膏药一样贴在身上撕不掉扯不脱，成天都跟你噔儿啦咣的，那是其苦无穷。

当然，生活中有人跟你噔儿啦咣，的确会让你难受，但是如果社会缺少噔儿啦咣的人，可能很多权力就得不到监督和约束。所以，噔儿啦咣虽主要是个贬义词，有些时候也应该赋予它一定的中性甚至褒义的感情色彩才对。

酌古正经

川渝方言里有个与“酌古准今”一词读音很相似的口语词，意思就是认认真真、正儿八经、专心致志。但是表达此意的方言词，似乎徒有其音徒有其义，却很难找到对应的写法。

查“酌古准今”，语出明代张居正《请专官纂修疏》：“今既汇为一书，固当深究本原，备详因革，酌古准今，以定一代之章程，垂万年之典则。”意为“择取古代之事，用来比照今天的情况”。后来，这个词还被成都七中的前身成都县立中学勒石为联以励学子。依照方言所表之意来看，几乎与“酌古准今”不相干。

但是，我疑心这个方言词是由“酌古准今”演化而来。细细体会方言的发音，大致应该是“酌古正经”。此词在民间尤其是乡间使用非常广泛，凡对人提醒、予人鼓励、劝人进取，都爱说，不管说者是读书人还是文盲。

小时候回家做作业不认真，母亲就会瞪着眼睛警告我说：“酌古正经做作业!”我立即规矩起来。我去县城上高中，母亲也告诫我：“上了高中，自己要酌古正经地读书，学费你就不要担心了！”结了婚，母亲也会告诫我说：“成家了，这辈子要酌古正经地过日子！”

母亲是个文盲，她断不会知道酌古准今的本意。乡下人人都说这个词，也断然不会有人知道这个词的语源。但是方言中借用典籍上的词语，用似是而非的读音表达精准含义的现象却很常见，想想《论语》中有多少庄重正经的词语被川渝方言戏说而再赋新意，你就明白了，比如“今天你要是不给我说个子曰你就走不脱路”。

要强调认真之意，“准今”刚好与“正经”音近，借过来，改一改，刚好就是做事“严肃而认真”的意思。“酌古”两字用不上，没问题，虚化其义，只做衬音助词，协调音韵，正好是方言的常见风格。民间语言，代代相传，通用其义，模糊其音，比如“桃之夭夭”之于“逃之夭夭”，即是例证。原句夭夭有绚丽盛美的意思，而化用后方言中的夭夭已经完全没有了实义。

这里其实有一个很有意思的现象值得探讨：中国古代教育虽春秋之前既已肇端，庠序之教已成常态，但是整个古代的教育，仍然说不上普及，换言之，教育就是小众的事业，是有钱人参与的事业（穷书生的故事另当别论）。那么，是不是教育圈子之外的广大民众就完全感知不到教育圈子之内的信息呢？当然不是的。当《千字文》《三字经》《百家姓》《幼学琼林》以及“四书”“五经”的读本等几百年上千年的在这个圈子内重复呈现，无论如何都会产生向民间溢出的效应，就算民间大多是文盲，也一定会产生耳熟能详的效果。比如前面说到的子曰就是个典型的例子，还有一个典型例子就是孔乙己这个无厘头的名字。民间获得这些信息之后，将其与生活的土壤相结合，灵活化用，并赋予新的意义，于是像酌古正经这样的既有语源依据又具乡土特色的方言词就产生了。

辵

“辵”（chuò）这个字，很古老，现代汉语中已基本不用，然而它却是民间常见的一个方言词。

查其义，解释曰：“从彳从止，乍行乍止、走走停停也。”就是说这个字“由彳和止两个偏旁构成，是突然走动又突然停下来，或者走一会儿停一会儿的意思”。当然，此字还有诸项别解，虽含义差异甚大，却总与行走有关。

给学生讲汉字的造字法的时候，提到特殊形声字，则必讲到“徒”字和“徙”字，因为这两个字的形旁都是“辵”——“徒”字去掉声旁“土”剩下的部分，“徙”字去掉声旁“止”剩下的部分，稍作变形，就是这个“辵”字。“徒”也好“徙”也好，当然都跟行走有关系，而表达行走之意的形旁，正是这个辵。

小时候，走路不认真，母亲就会训斥：“好生走路，不要辵一辵的。”放学回家的路上，孩子们一路疯玩，天黑才回家，母亲就会问我：“辵到天黑了才辵回来，黄葛树垭口的张莽子留你吃夜饭了吗?”那个年代，乡村孩子上学放学动不动就是十多二十里路的来回，也绝没有像现在家长负责接送这样的事，通常都是一个生产队的一群孩子结伴而行。这样就免不了一路上疯疯打打，或者下河捉鱼、爬树偷桃的顽皮行径。路上逗留，天黑了才落屋，就被大人们称为“辵”，也被老师批评为“在路上逗留”，而被我们戏称为“在路上打豆油”。

在方言中，辵的意思比走走停停更丰富一些，既包括走走停停，也指一切走路动作不正常不方便的状态。大伯伯赶场回来跟院子上的人摆龙门阵，说：“场口儿那个王高人遭了，路都辵起走了，听说喝酒喝成半边风了！”

有句话说：“越是民族的，就越是世界的。”我也可以套这句话这样说：“越是民间的，就越是古典的。”各地方言都或多或少保留着一些古汉字信息，川渝方言自然也如此，随便举几个例子吧，比如：“把菜碗里的汤滗出来”的“滗”，“腊月二十三，送灶打坱尘”的“坱”，“全身都是黑圿圿”的“圿”，这些字在东汉许慎的《说文解字》中就有了。我的母亲连自己的名字都不会写，却能够说出辵这样的词，这并非来自书本，而是来自方言的传承。我那个大字不识一个的姑妈，在劝客人添饭的时候，就会说：“你但拨一点儿吧！”看看，“但”和“拨”是不是标准的文言文？

民间方言里藏有很多古人的书面词语，我们还真不可小觑。

霉醭烂渣

“十多年前，成都一到冬天就雾霾深重，霉醭烂渣的，搞得人的心情也霉醭烂渣的。现在好多了，蓝天白云让人心情明朗。”身边同事的这句感叹，引起了我对这个方言词的琢磨。

“霉醭烂渣”是川渝方言中使用很广泛的一个词，而且描述对象也很广泛。

最直接的用法，就是指某种东西腐败变质，看起来灰扑扑烂渣渣的样子。引申一下，可以用来描述所有陈旧、破烂、颜色黯淡、质感很差的东西。买来的小菜放了几天，就说：“都霉醭烂渣的了，丢了吧！”张二嫂熏的腊肉，看起来霉醭烂渣的，让人没有食欲。

这个词也常用于一些抽象的对象。

某人的长相有点得罪人，于是就有人说他（她）长得霉醭烂渣的。

某人的心情不好，情绪低落，就有人说他：“今天啷个霉醭烂渣的哟?”

某人的生活境况不佳，日子过得凄惶落魄，就说他“把个日子过得霉醭烂渣的”。

天气阴沉，细雨蒙蒙，让人心情不爽，就会有人说：“今天这天气霉醭烂渣的，哥几个是不是去整几杯儿呢？”

总之，一切感觉不明亮，缺生气的情形，都可以说霉醭烂渣。方言已经将一个名词变成了一个形容词了。

其实这个词从用字到读音都有一些混乱。方言普遍的读音为“méi pū làn zhǎ”。网上查阅，其写法也各异，如霉扑烂渣、霉铺烂渣、霉麸烂渣、霉麸烂杂，不一而足。意思大家都懂，不会错用。但是如细加考察，这个词应该有一种确定的写法。我认为写作霉醭烂渣最恰当。

“霉”和“烂”没有问题。

“渣”与“杂”比较而言，前者更恰当。“杂”表多而乱；而“渣”有细碎、糜烂的特点，与“烂”刚好搭配。这个词从语法结构上看，属于并列结构，前两字与后两字之间语意和语法关系平行，如此说来，“扑”“铺”两字难当此用，“麸”字差强人意。

醭（bú）的意思是“醋或酱油等液体表面上长的白色霉变层”，刚好与后面的“渣”在意义上相对应。油盐柴米酱醋茶，是百姓生活的日常，本来就很民间，很通俗，它出现在一句俗语之中，一点也不违和。它虽是一个文言词，须知很多民间俗语，其实都是很文言的。至于读音变成了 pū，方言变音本是常态，不足为怪。

污教

巫教始于上古的祭祀文化，诸子百家之一家。巴蜀本是道教发源之地，巫觋（xí）文化自古盛行，广泛渗透到民间生活的各个层面。

但是，巫教一词在川渝方言里已经完全改变了原意，而很多人还是直接写成巫教，我认为应该写作污教才对。运用谐音双关的修辞手法，将一种神秘而庄重的宗教名词赋予世俗化的特征，以获得一种全新的含义。“污”，本是浑浊的水，泛指一切脏的东西，进一步引申，就有混乱、混账、腐败、欺诈、强霸等特征。“教”本来有教义、教条、教派的意思，在方言里则是套路、规矩、规则等意思，比如“认黄认教”。方言的“污教”，就是没有正义，不讲原则的意思，通俗讲就有荒唐、过分的意思，更通俗点按重庆人的说法就是“乱劈柴”。

“生产队长竟然伙同保管员和会计偷生产队的谷种，简直太污教了！”

“领导的亲戚全都拿了大头，我们只喝到点汤。太污教了！”

"我早就晓得你们那是个污教场合，请我加入我都不干！"

"污教"有时就说成"污"。"那些人太污了，简直无法无天。不信请看，等天仓满了，自有神灵来收他的。"

污教，既可以指枉法，也可以指失格。凡污教的场面，就叫污教场合或者污教堂子。某部门，要进一个人比登天还难，部门领导却凭借手中的大权，照顾裙带关系，收受贿赂，私下招入关系户，而真正有能力的人却被拒之门外，这部门就是污教堂子。某企业推广新品种彩色红薯，请一帮退了休的老头子老太婆去品尝，结果他们一去就变成了哄抢，这些老头子老太婆不仅抢走了吃的食物，而且把好多个盘子也顺走了，几大盒塑料刀叉也未能幸免，这情形就是污教场合。

污教，小则丢脸失德，大则作恶枉法，使规则无形，正义隐退，其危害不可谓不大！

公平正义是人类崇尚的基本规则，污教的本质就是破坏公平，打击正义，与私利为伍，与大众为敌。当污教处于强势之时，道义失能，公理噤声，坏人狂欢，好人敢怒而不敢言。污教的反面就是讲理讲法。一个法治社会，毕竟容不得坏人无法无天，污教成性。持续反腐，每年都有大大小小的老虎落网，这正是正义给污教敲响的丧钟。

打翻天印

读过《封神榜》的都知道，翻天印其实是番天印，是阐教仙人广成子手中的至宝，番天印专用来拍人的脑门，若被无情一击，死状奇惨。

九仙山桃源洞的广成子，将命悬一线的殷郊从朝歌午门刑场上劫走，带回山里并收为徒弟。殷郊武艺学成，奉师之命，下山助周灭纣。临行，广成子取出番天印、落魂钟、雌雄剑，付予殷郊。殷郊本是商纣王太子，因惹怒纣王而被纣王下令斩首。但他下得山来，非但不助商灭纣，竟然助纣为虐。广成子直入军中，与弟子相会，劝殷郊回心转意。岂料话不投机，动起武来，师徒二人战未及四五回合，殷郊祭番天印打来。广成子一着慌，借纵地金光法逃回。正是："番天印传殷殿下，岂知今日打师傅。"广成子法场救殷郊性命，并教徒弟学艺，还把宝物番天印交给徒儿，到头来差点被番天印收了老命，此乃弟子忤师之典型，并留下一个"打翻天印"的俗语。

川渝方言里的翻天印由番天印谐音而来，且因一个"翻"字，便赋予了翻天印更加丰富而生动的内涵——既保留了"番天印”的威力，又多出“翻天”的含义。

“翻天”一词，形容吵闹得很厉害，如“他们几个吵个不停，简直要闹翻天了”。也比喻造反，如“你爹我还没死，你就想翻天了?”以上含义，就赋予打翻天印、不满、造反、叛逆、报复等含义。进一步引申出反悔、恩将仇报的含义。“昨天我们讲得好好的，你今天就打翻天印了?”这是反悔的意思。“老师辛苦培育你多年，现在你一成名就诋毁老师，打老师的翻天印，你不觉得有愧吗?”这里就是恩将仇报的意思。

《三国演义》里，打翻天印的典型人物非吕布莫属。投靠丁原，认丁原为义父，丁原也待之甚厚，吕布最后还是为了投靠董卓而杀掉了丁原。投靠董卓之后，又认董卓为父，因受美色之诱，竟对对他器重有加的董卓“持戟诛之”。姑不论丁原、董卓的好坏，像吕布这样忘恩负义的小人，见利忘义，见色忘义，动辄就打翻天印，即使后来白门楼请降，仍不被曹操信任，最后落得缢死的下场，难道不是罪有应得?

有人要打翻天印，究其根源，不过如是：或是人品不良，或为私心所挟，或认为别人挡了财路，或认为别人挡了前途，有别的利益的盘算，情感的纠缠，这时他就会有意无意做出打翻天印之举。

社会有道德，国家有法律，行业有行规，家庭有家教，这些都是一个人行事的规则。并非所有的打破规则都一定不对，但是打翻天印所指，一定是针对那种破坏规则的人。口中指责别人打翻天印，心中应该藏着自私、无情、背叛、小人、无耻等没有说出的词语，情感一定是失望甚至愤怒的，语气一定带着谴责的力度。

在人世间，做人要讲信用，要以德报德，要懂得尊重，要心怀善良，这是最基本的道理。打翻天印多是小人之举。人之行事，不可不察。

颤翎子

有位女性朋友，为人豪爽大方，以助人为乐，在朋友圈里很有人缘，自称“颤花儿”（“颤”读作 zàn），别人更送她一个亲切而喜感十足的称呼——花姐（“颤花儿姐姐”的浓缩版）。

颤花儿也叫颤翎子。翎子也称雉翎，传统戏曲盔头饰品。长约五六尺，以数根野鸡尾毛相接制成，川人俗称其野鸡翎子。古典戏曲中英武勇猛人物，如川戏中的周瑜、穆桂英等都常戴用。主要作用在于加强表演的舞蹈性，表达剧中人物的感情，并增加装饰的美观。凡是头上戴雉尾的小生，一般都有雄健、英武、智慧的特征，是扮相英俊、气势很盛的青年角色。而旦角戴翎子的如穆桂英，就有勇武、聪颖、活泼、俊美等特征。

颤翎子就是使用翎子的舞蹈翎子功或者耍翎子。无论生角旦角，其共性就是舞台表现灵活聪慧，气场很足。在川话里，颤翎子成了某一类人的代名词。

俗话说“舞台小社会，社会大舞台”，川人也爱说“戏上有，世上有”。舞台从来就被国人看成是社会生活的再现，从舞台形象联想到现实生活几乎是个顺理成章的过程。还有一层意思：往往雄野鸡为求偶，就要在雌野鸡面前抖动尾羽，展示和炫耀雄性之美，吸引对方的注意，希望对方领情。这种舞台形象和雄雉的表现，都多么像生活中那种人来疯、见人熟角色。颤翎子，特指爱表现自己、爱出风头、爱显洋盘，甚至不怕出洋相那一类人。俗话说的“身上拴根红腰带，十处打锣九处在”，就是形容颤翎子的活跃程度。

颤翎子还称为颤花儿、颤棒等。总体来说都略带一点贬义。

随着时代发展，颤翎子的含义和使用对象略有一些变化。

首先从感情色彩来讲，渐渐趋于中性化。常有人自称为“颤翎子”“颤花儿”，其贬义明显弱化。就是称别人为“颤翎子”“颤花儿”的，也往往属于兄弟伙姊妹伙关系，只带点戏谑意味，贬义全无，甚至还有了赞其灵活聪慧的褒义，比如前面提到那位花姐。其次从使用对象看，现在有越来越专用于女性的趋势（有待进一步考察）。而且颤翎子的说法主要集中在川西，川渝其他地区较少听到。

严格地说，“颤翎子”之“颤”应该读作“chàn”，只不过川话方言读为“zàn”。甚至偶见书写，也花样百出，如“占花儿”“占翎子”“战岭子”“站林子”，由此也可看出川人虽用其名，其实只取其意的特点，字怎么写，实在无关紧要。

咬卵犟

“咬卵犟”一词来自“咬卵匠”。北魏贾思勰《齐民要术》有记载：“拟供厨者，宜剩之。剩法：生十余日布裹，齿脉，碎之。”这几句话，是在讲古代家畜的阉割术——阉割者用布裹住幼畜的睾丸，裹了十多天之后，直接用牙齿将其咬碎即可。实施这样手术的人，民间就俗称其“咬卵匠”。

咬卵匠原本是一种职业。在川渝方言中，咬卵匠逐渐演变成了咬卵犟，突出了“犟”的特点。咬卵犟指那种性格特别固执且特别爱在言语上争辩的人。言语上争辩，谓之展牙巴劲、扯旋头风。通过言语上的争辩，来维护自己立场观点，这本来是很正常的事情。然而咬卵犟们却是凡事必争，对错必争，每争必求胜，争得面红耳赤，口沫飞溅，争得双方烟子杠杠，仿佛擦一根火柴就可以点燃。咬卵犟乐在其中，而旁观者兴感各异。

咬卵犟并非真理的捍卫者，只是言语的霸权者。只要你说东，他就必说西；你如果改成说西，他就会改为说东。他喜欢的就是与你保持不同，喜欢的就是在与你保持不同的时候，同时利用语言来进行对峙的那个过程。至于他坚持的某种结果，也许在他获胜的时候就放弃了。这个情绪和语言的对峙过程就是咬，咬得对方难受甚至疼痛，要达到这样的效果，没有十二分的犟劲，绝对不行。因此，咬卵犟总是令人难受令人讨厌的。

这个“咬”字，方言念作“ngǎo”，舌根与上颚之间的紧贴之感，刚好可以显示出咬的力量与持续感，如念作“yǎo”，那种口腔里空空荡荡的感觉，就完全失去了咬卵犟展劲的风采。

“犟”是固执、强硬不屈的意思。咬什么都可以犟，而搭配一个粗犷的卵字，让人对咬卵犟之流产生某种不雅的联想，自然咬卵犟就是个贬义词。再配上一个“犟”字，犟人、犟牛、犟拐拐，其固执甚至偏执的情态毕现。

劝别人的话：“你不要跟他展牙巴劲，他就是个咬卵犟!”感叹生活的话：“一个单位咬卵犟多了，工作开展困难重重。”看吧，全是讨人厌的咬卵犟。方言里咬卵犟也许还有点咬卵匠的意味，开玩笑的话就有“请个杀猪匠，来个咬卵匠”。意思就是：我请你来做事情，你却跑来跟我展牙巴劲唱对台戏。此处的咬卵匠其实就是咬卵犟了。咬卵犟虽不属七十二行，能自成一行，亦可见其特异处!

以前的两个同事，平常总喜欢裹在一起喝酒，打牌。这两位大神大概是老天故意安排的，只要在一起马上就会捉对儿厮杀——为任何一个问题开始抬杠。大家也习惯了他俩的这个毛病，于是分别送了他俩一个外号——争得弱点那位叫“咬钢丝的”，争得最厉害的那位叫“咬钢条的”。这当然是受咬卵犟一词的启发创造出来的新名词了，而且那咬的技术分类更加精细，分明已青出于蓝而胜于蓝了。

麻广广

先说“麻”。

麻，本身是一类草本植物的统称，如火麻、苎麻、苘麻、亚麻。这些植物有一个共同点就是它们的皮质纤维都细长而具有很强的柔韧性，可以作为编织和缝纫的材料——这种材料也称为麻。

因为麻具有细而长的特点，所以极易绞缠而不易梳理，一旦弄乱了，就会绞成死疙瘩，无法解开。“一团乱麻”“心乱如麻”都体现了麻的这个特点，说某人脑子不清醒就说“撞了麻篼鬼”。川渝方言中有“理麻”一词，就是清问、追查、处理等意思，如：“孩子在学校犯了错，这事你得好好理麻一下。”把一件事情原委了解清楚，不就像把一团乱麻理顺吗？

因为绞在一起的麻线具有混乱交错，不易分解的特点，将此含义虚化，就可以用于描述一切具有混乱模糊斑驳特征的事物或者景象，如“地上阳光麻麻点点”“空中的飞鸟密密麻麻”“整个教室闹麻了”。川渝方言里专门称黄昏时的景象为“打麻子点儿”，称黎明时分的景象为“天麻麻亮”，还有歇后语“麻子打呵嗨——全体动员（圆）”。

将混乱交错的特征进一步虚化，可用于描述某种抽象的感觉。如麻烦——像一团乱麻一样难以对付；麻木——像麻线一样乱，木头一样死板没感觉；肉麻（麻嘎嘎）——使身体上的肉感觉到麻酥酥的，夸张形容对某种刺激的过敏，如“那些奉承话让人麻嘎嘎”；喝麻了——醉酒状态下思维模糊混乱，如一堆乱麻一般。

花椒是川菜的重要香料之一，花椒的特点就是麻——舌头的一种感觉——如一团乱麻般混乱、混沌。大街小巷都有老麻抄手馆子，抄手分微麻、中麻和老麻。有一次我吃了一份中麻，就被麻得嘴在何处无处寻！麻味使人麻木，也就是让人不清醒，于是麻就有了欺骗的意思，作动词。麻药也具有相同的功效，于是便有了放麻药的说法，指不怀好意的人用迷惑性的语言或行为扰乱别人的判断以达到欺骗的目的。如：“别听他的，他在放你麻药哈!”“放麻药”也可单独说“麻”。如：甲“你麻得到我?”乙“麻得到就麻，麻不到就正算”。

再说“广广”。

史传明末整个巴蜀地区丁口稀缺。为了开发巴蜀，便有了史上著名的“湖广填四川”的大移民运动。移民到四川的人大多来自湖广地区（大致现在湖南、湖北），他们就被本地人称为“广广”或者“老广”。

最后说“麻广广”。

移民再多，终归是外地人，他们并不熟悉巴蜀的地理环境及风物。对于本地人而言，广广们就是外地人，是外行。麻广广就是欺骗外地人，后来就逐渐演化成欺骗外行的意思。

麻广广一语多用于对某人的言行的怀疑和否定。如：“看你吹得神乎其神的，你络耳胡亲嘴——豁我（哄我），想麻广广嗦?”城里有些老人家天天偷着去听“专家”讲座，完了还大包小包买些“包医百病”的神药回来，这些所谓的专家，都是麻广广的专家。

三

辨音析义

巴蜀音

BIANYIN XIYI BASHU YIN

渣渣瓦瓦

办公室里有两个同事在摆龙门阵。

突然听到一个说："那人 zhāzhā wǎwǎ 的，我不喜欢这样的人。""zhāzhā wǎwǎ" 一词突然引起了我的兴趣，我想——这几个字到底该怎么写呢？

"zhāzhā wǎwǎ" 是一个典型的川渝方言词。某人不停地唠叨申诉，不停地指责干涉，甚至不停地纠缠辱骂，做事不耿直不坦率等，此类情形都可以被斥为"zhāzhā wǎwǎ"。这几个字我看到资料上有多种写法，比如写作"咋哇"或者"喳哇"，骂多嘴唠叨的女人叫"咋哇（喳哇）婆娘"。当然，照这样理解也说得过去，就是咋咋呼呼（或者叽叽喳喳），哇哩哇啦的意思。不过，我觉得这样的理解让这个词语的使用范围和内涵大打折扣了。

我认为这几个字最好写成"渣渣瓦瓦"。

渣渣瓦瓦本来是名词，本意是各种材料使用之后剩余的残渣，等同于垃圾，比如，你把院坝上那些渣渣瓦瓦打扫干净！

残渣是垃圾，不但基本无用，且让人生厌不用解释。而单说瓦则不一定，比如秦砖汉瓦，那可能是价值连城的宝贝。不过是不是宝贝则要看拥有者识不识货。关中地区地下文物丰富，贾平凹好多文章里都写到关中农民世代用瓦片“刮屁眼儿”，刮了随手丢在那里，下雨自然洗净，日晒自然消毒，便可重复使用。我不知是不是真的，倘若是真的，想想都“不刮而栗”。如果那是一块汉瓦残片，自汉以降，谁说得清楚它发挥了多少次作用？但这作用也太上不得台面了。照这样看来，即便是价值连城的秦砖汉瓦，只要成了碎片，也实在没多大价值，归入垃圾之列也很正常。

渣渣瓦瓦在方言里却活用为了动词。比如：“你娃在这儿渣渣瓦瓦了半天我没理你，你再渣瓦的话，小心老子捶你！”这里是唠叨、计较、吵闹、纠缠等意思。

有时又可以作为形容词使用，如：“那个人渣瓦得很！”这里指具有唠叨、计较、吵闹、纠缠甚至不正派等特点。

叠词形式，表示多，这是常识。比如“花草”之于“花花草草”，“猫狗”之于“猫猫狗狗”，“坛罐”之于“坛坛罐罐”。凡被斥为渣瓦者，定是唠叨过度让人不胜其烦的人，就好比一大堆残渣碎瓦，让人生厌，所以常常说成渣渣瓦瓦。

渣渣瓦瓦的人，要么是为了获取私利胡搅蛮缠，要么是为了推脱责任打胡乱说，要么是为了显示能耐指手画脚，要么是为了看人笑色挑拨离间，总之是不耿直，不随和，不讲理，甚至不正派的人。

正因为如此，送别人一个渣渣瓦瓦的批语自然需要格外慎重，要是得到别人给你一个渣渣瓦瓦的封印，那你就得好好反思了。

无论是人际环境还是自然环境，都以干净为好。乱丢渣渣瓦瓦，破坏环境者可耻。

喳翻儿

“喳”，本是用来表示鸟鸣声的拟声词，如歇后语“麻架子（麻雀）嫁女——叽叽喳喳”，用来形容人，自然很容易想到喳闹，想到话多而音高的意思。“翻”，本意是指翻腾、腾挪的意思，这里有动作幅度大，无法安静下来的意思。两者合在一起，“喳翻儿”在川渝方言中，就是表示一个人不看脸色也不盯场合，总以自己为中心，说话大声，做事高调，行为招摇显摆等习惯。

喳翻儿也可以说成喳翻翻儿。喳翻儿可以做动词，也可以做形容词；喳翻翻儿只能够做动词。总体来说，是一个贬义词，多数情况下用于女性。

“我在上面讲，你在下面喳翻儿。干脆你坐上来讲吧？”台上的领导对一个坐在下面的女职工吼道。这里的喳翻儿就是喳闹、闹麻了的意思。喳翻儿的人，有强烈的表达欲和表现欲，在任何场合都说个不停，而且还常常伴以丰富的体态动作和面部表情，令人厌恶，常被刻薄的人骂“不说话嘴巴要馊臭”，并称这样的女人为“打卦子婆娘”。生活中，人们对喳翻儿的人怀有反感情绪，几乎是一种普遍现象。

多年前，有一刚毕业出来的女同事，看上了本单位的一个小伙子。她就让另一个同事转话试探，结果那个小伙子回话说：“人倒是长得不错，就是喳翻翻儿的，我不喜欢！”这女子的确性格外向，属于“两人之中话最多，十人之中声最大”那种人，打起哈哈来可以响遏行云，走起路来衣服角角可以挂倒人。这女子出师不利，反倒激发了她喳翻儿的潜能，后来就亲自出马，穷追不舍，逼得那小伙子无法招架，只好投降，最终赢得一个“阵前纳婿”战果。后来有人开玩笑问小伙子：“喳翻翻儿的，咋又喜欢了？”小伙子说：“那不是喳翻翻儿，那是活泼开朗！”

喳翻儿或者喳翻翻儿，虽属贬义，其实都是人的一种主观感觉。正如那位小伙子，不爱的时候，就说喳翻翻儿，爱的时候就说活泼开朗。喳翻儿其实就是一种性格，性格本无所谓好与不好，只看是否遇到合适的人。

为什么喳翻儿的人不容易讨人喜欢？原因大概如下：

首先，喳翻儿的人一般就是出风头爱逞能的人。一般人就算自己不敢不愿出风头，也不一定喜欢别人出风头，因为别人出风头就会抢得先机，盖过自己，这种想法虽然自私甚至有些懦弱，却也是一种人之常情。其次，喳翻儿的人往往得理不饶人，无理搅三分，开口就伤人，这种身上有刺的人，有几人喜欢？当然，喳翻儿的人还有可能本身就是缺乏修养，心怀私欲，胡搅蛮缠之人，这种不顾集体利益，只为自己打小算盘的人，还配合以高调的言行，自然会令人反感。

一个喳翻儿惯了的人，当然需要适当看一下场合，稍微克制一下自己的言行；人们对喳翻儿的人多一些包容，更多地看待其好的一面——这不就是一个“美人之美，美美与共”的好结局吗？

狡

狡字带反犬旁，其义自然与兽类有关，本指小狗，由此引申骁勇、狂暴、狡诈的含义，都用以描述兽类的属性，之后才逐渐延伸到用于对人的描述。川渝方言，将本来指兽类诡诈的含义移植到人身上，就指具有兽性狡诈特性的人性。“狡”在方言中也由上声变音为阳平，读作“jiáo”。发音这样一变，似乎更能体现出狡的野性意味来。

“我不怕你狡，我迟早收你娃娃的狡劲！”面对顽劣的小孩子，某些生气的大人就会说这样恐吓的话语。

狡就是调皮，顽劣的意思，就是费头子的德性，和迁翻儿一词很接近。但迁翻儿一般只形容行为，而狡既形容行为，形容说话，也形容一个人的品行。比如：“你再狡，看老子不把你嘴巴撕到后颈窝去！”这里的狡就是用话语狡辩、争论、顶撞、言语伤人等意思。“那娃儿狡得很，在学校里没一个老师降得住他。”这里就属于对其品行的整体评价了，有恶劣、顽劣的意思。

狡的程度也强于一般的调皮，是一种让人讨厌的品行，所以是一个贬义词。

具有狡的品行的人，自然就带有一股狡劲儿，有狡劲儿的人容易让人难堪，容易让人生气，所以容易招致别人的报复性惩罚，谓之“收狡劲儿”。而“狡劲儿”一词在方言中也变音“狡鸡儿”了。

一个群体一个单位，凡喜欢出风头，唱反调者，在川渝方言里都被称为“叫鸡公”。鸡公者，公鸡也。公鸡善鸣，出风头唱反调者善闹善跳，自然有其相似性，此为比喻修辞。其实仔细揣摩，这叫鸡公难道不可与狡劲儿产生关联？“叫鸡”其实是“狡劲儿”的变音，对照其品行特征，亦何其相似！“叫鸡公”者，“狡劲儿公”也，此乃谐音双关。

不过，细细想来，小孩子太狡固然不好，然而失去了天性的机灵也未必是好事。生活中，叫鸡公多了，自然会让某些人难受，然而如果没有了叫鸡公，社会就会一片死寂，这当然也不是好事。

涮坛子

川渝方言里，“涮坛子”一词的来源大致有两种：一个是指扯谎坝儿的算命先生伸出几个手指掐来捏去，嘴里念念有词，装模作样给人算八字，就叫作“算弹指”，大家都知道那不过是一种骗人钱财的把戏，想想那个戴着瓜皮帽、穿着长布衫、架着水晶眼镜的样子，口若悬河，鬼话连篇，打胡乱说，有几句能当得真？另一个是指与人开玩笑，谓之“散谈子”，这在川内很多方志里都有收录。涮坛子这个说法到底源于哪一种或者同时源于两种说法，不得而知，但考察其含义，倒与二者都有关联性。

涮坛子，基本意思就是开玩笑，是扮灯儿的一种。

先讲一个皇帝涮坛子把自己涮死了的故事。

东晋有一个叫司马曜的皇帝，就是那个在位期间创造了历史上以少胜多著名战例淝水之战的皇帝。这家伙有两大爱好，一是喝酒，二是开玩笑，用川渝方言说，就是喜欢涮坛子。有一次他在大宴群臣的时候，问臣下：“你们觉得朕的治国能力怎么样？”群臣争先恐后说奉承之语，司马曜都不甚满意。有一个青州刺史说："陛下的智慧谋略，可谓前无古人。光武帝刘秀也只配当你的徒弟，汉高祖刘邦只能望着你的后脑勺叹气。"司马曜一听，高兴惨了，当场宣布："赐良田千亩，锦帛千匹。"青州刺史一听，不禁狂喜，立即跪拜，大呼谢主隆恩。谁知司马曜哈哈一笑，又说道："爱卿不用谢了，今天宴请群臣本来也就是图个乐子，我刚刚也就是顺口打哇哇说的一句玩笑话而已，你用违心的话恭维我，我也用假话赏赐给你吧。"这下就搞得青州刺史无地自容，难堪至极。

有一天，司马曜和宠妃张贵人一起喝酒，半醉之际，"乃笑而戏之云：'汝以年当废，吾已属诸姝少矣。'"意思就是说，你张贵人也老大不小一把年纪了，我已经把你的位置换给那些年轻漂亮的小姑娘了。司马曜不过就是开了个玩笑逗逗张贵人，哪晓得张贵人却当了真，心想——你不是要废我吗，不如我先把你废了再说。当晚竟然趁皇帝沉醉之际，就带着几个亲信用被子把这个司马皇帝给捂死了。

一个皇帝，本应庄重肃穆；帝王之语，本出自金口玉牙。司马曜却好酒轻浮，大事小事都喜欢涮坛子，竟落得如此可悲结局，沦为千古笑话。

因为涮坛子就是开玩笑，于是引申出做没把握的事、爽约、捉弄人等与开玩笑含义关联的用法。

"不要跟张幺娃儿涮坛子，他那脑壳是搭了铁的，他要是不依教，我看你哪个幺得到台!"这里就是不要随便跟脑壳容易短路的人开玩笑的意思。

“你在下面给我把住梯子，我爬上去摘李子。快把烟屁股丢了拿两只手把着，涮不得坛子哈。”这里就是做事不把稳的意思。

“昨天说得好好的我们今天在天顺茶馆见面，我来了半天，你连个鬼影子都不现，你涮我坛子嗦?”这里就有爽约、不守信用的意思。

“你盘盘儿要小聪明，涮别个的坛子，今天遭了个巴倒烫了嘛?”这里就有捉弄人的意思。

涮，就是要晃动着冲刷。冲刷也许无妨，而晃动就已暗藏危险了。坛子大多是土陶，具有易碎的特点。晃动加上易碎，涮坛子一不小心就会把坛子涮成一堆碎陶片。自己涮自己的坛子，那是对自己不负责任；涮别人的坛子，或多或少都会对别人造成威胁甚至伤害。所以我们常常听到的是不要涮坛子、涮不得坛子的警告。

以交情为前提，以善意为目的，涮一涮别人的坛子也无妨，哈哈一笑反而情深意长。拿别人的痛处别人的短处涮坛子，那是品质低劣，修养欠火候的表现。拿别人的财产甚至生命安全涮坛子，几乎等于谋财害命，后果很严重。

套用一句俗语：“坛子有危险，涮者须谨慎。”

阴倒跩

川渝地区有句歇后语：“黄葛树下扭秧歌——阴倒跩。”阴即暗中、私下、悄悄的意思，这里与树荫的荫形成谐音双关；跩，按照词典解释，指走路摇摇摆摆的样子，形容秧歌的舞姿。

但阴倒跩在方言里却另有含义。

“跩”，很多人也喜欢写成“拽”。“拽”的含义有一项是“腿脚有毛病，走路不灵便”，这就与“跩”的“走路摇摇摆摆的样子”的含义基本一样。比较而言，写成“跩”应该更准确。较常规走路动作而言，跩当然就是一种非正常的走路动作，在川渝方言里，引申出活泼、调皮、滑稽、任性、唱反调、放肆、倔强、狡猾、阴险甚至可恶等一系列与群体常规有别的行为特征和性格特征。其感情色彩，视语境而定，具有褒义、中性和贬义，总体而言，贬义为主。

正常人走路，故意扭来扭去，也叫作跩。如：“幺儿嘞，你跩来跩去的，小心滑倒哈！”

四川人把川戏舞台上走着碎步，全身活泛的小旦称为“摇旦子”，想想那个摇字吧，那不是跩是什么？因此常常听得人们对旦角的赞赏——在台上跩惨了！这里的跩就是活泼的意思。“别看那小伙子平时不多言不多语的，了解他的人都晓得他阴倒跩。”所谓阴倒跩就是指某人在腼腆内向的性格下，其实也藏着活泼的天性，是褒义。

“每个单位总有几个跩人让领导难以对付。”这里是唱反调的意思。

“你娃娃不要跩，小心哪天老子收拾你！”这里是调皮、可恶的意思。

“别得意，我看你还跩得了几天！”这里是放肆的意思。

“我们寝室有个同学跩得很，每天讲些笑话，把大家逗得笑出眼泪水来。”这里是滑稽的意思。

“全年级只有一班最跩，运动会开幕式赢得了全场的掌声。”这里是活泼的意思。

“平时看起来那个娃娃多听话的嘛，今天遭他妈打得双脚跳，哪晓得还阴倒跩吔！”这里是倔强、任性的意思。

“刘麻子那个人你尽量少跟他绞，别看到随时都笑嘻嘻的，其实阴倒跩！”这里就是狡猾、奸诈、阴险的贬义了。

在川渝方言中，贬义的使用最为常见。说某人阴倒跩，大多数情况下就是说这人有欺骗麻痹人的外表和行为表现，其实内里暗藏歹意，而且心思复杂难以捉摸，值得提防。也指在背地里作对唱反调，使坏捣鬼的小人行为。

踙字还可以组成合成词的形式使用，常见的有踙可可（有可恶的意思）、踙丁个当（与前词义同）、踙眉踙眼等。

其实，踙并不可怕，它不过是人生的一种另类表达，可怕的是那个阴字。阳光之下，万物明朗而灿烂，我们的世界就是通透清晰的；事物一旦置于阴影中，我们对其既不可识，亦不可控，只好任其阴倒踙，这对于一双单纯的眼睛来讲，岂不恐怖！

歪

在川渝方言中，歪同样有两个读音。读作“wǎi”，比如“歪货”“那东西很歪”“把事情整歪了”。这里，歪有不正宗、质量差、错误等意思。有时也借来评价人，比如“那个人有点歪，少跟他接触”，是不地道、虚伪的意思，与前面的用法完全相通。这个意义的歪字，常常用英语大写字母“Y”代替。这个意思，很明显是由歪的本意不端正、倾斜引申出来的。

下面主要说说读音为“wāi”的“歪”。

歪，可以是形容词，如“那棵树长歪了”“那张画贴歪了”“打歪主意”；也可以做动词，如“那座房子歪了”“他歪在桌子上打瞌睡”“车子歪到沟里去了”。动词用法，偶尔也可以读作“wǎi”，如“在板凳上歪来歪去”，就是以一种不正的姿态摇晃的意思。

川渝方言里，“歪”（wāi）字，除了表示以上意思，还有一个意思也很特别，这个意思就是恶、狠、霸道、强势等。

二十世纪八十年代，某乡村有个大家背后称之为陈矮子的人，五十几岁，有三个儿子，全都二十几岁了，虽然个子不高，却个个墩笃凶狠，无人敢惹。陈矮子在生产队里，带着三个土匪样的儿子与别人家争田边抢地角，霸晒场夺公产，真可谓无往不胜，因此得了“陈歪人”的外号，三个儿子也得到了“大土匪”“二土匪”和“小土匪”的外号。因其父子霸道成性，“匪声”远扬，三个儿子成年了竟无人登门说媒。眼看着就要成为光棍儿的三个儿子在乡下愈加焦躁放肆，搞得附近几个生产队都鸡飞狗跳，不得安宁。

那一年，因为邻居家一条南瓜藤爬进了陈歪人家的红苕土，并在红苕土里结了碗大一个南瓜。那家邻居正准备把南瓜摘回家煮稀饭，刚好被陈歪人的小儿子看见了，小土匪就说那瓜是结在他们家土里的，属于他们家的，两人就争执起来，争吵引来了另外两个土匪。仅在几句话的争吵之后，小土匪就用手中的竹扦担击中了邻居的脑命心，邻居当场毙命。为了一个小小的南瓜，闹出一场人命官司。当年正逢“严打”，三个土匪都锒铛入狱。最后，小土匪被判了死刑，大土匪、二土匪都被判了十多年有期徒刑。从此，老土匪陈歪人威风不再，没过两年竟病死了。

陈歪人一家的故事，成为远乡近邻感叹的话题。人们庆幸人间终究邪不压正，相信歪人自有歪人收，也教育自己的孩子，要为人谦和，与人为善。一个普通的农村人家，就因为一个“歪”字，而落得成为乡间几十年来民风家教的反面教材的下场，几十年后似乎都还没有得到人们的原谅和同情，也实在让人感慨。

陈歪人之歪，是凶恶的意思。生活中歪字别的用法，虽与此有些关联，但程度要相对弱得多。比如做母亲的会对即将出嫁的女儿说："我不怕你在家里歪得很，嫁出去有人收拾你的！"这里说女儿歪，只是略含责备其倔强的意味，并无什么恨意，也绝不是真盼望着有收拾女儿的人出现。一个家庭众多弟兄姊妹，通常幺儿或者幺姑最歪，那是因为父母的溺爱，"皇帝爱长子，百姓爱幺儿"。夫妻之间，那种所谓"举案齐眉，相敬如宾"的，大概都是传说，通常情况下，总有一个要歪一些。一个单位也往往有那么几个叫鸡公式的歪人，仗着有后台，吃干抹净，欺善凌弱。生活中还有一种歪人，遇到弱者就成为歪人，一旦遇到真正的歪人，就立即变成耙壳蛋，以前在各地街面上操社会的那些街头混混儿，大多如此。这种歪人，只是外强中干，靠气势吓人的机会主义者，一旦让人看穿，就是个纸老虎。

歪，即不正，即倾斜。走正道即正，踏邪路即歪。尊崇社会公德，遵守法律法规，走的是人间正道，做的就是正人君子。反之，就会思想出轨，行为失范，无所不为，就是歪人一个。把这个意义的程度减弱，所有与多数人的乖巧顺从，讲理讲法不一致的表现，因为其偏离了一般标准，也可以叫作"歪"。

无论哪一种程度的歪，不过都是动物弱肉强食的本性的表现。但人之为人，是因为具备了道德的属性，明白生存的道理并非强势一途。人不走正道，自然就是向了邪路而去。人一旦走上邪路，就会成为歪人。

qi ǒ

没办法，就像识字不多的小学生写请假条一样，请让我先用拼音来暂代这个字。因为川渝人，人人都会“qiǒ”，人人都说“qiǒ”，却只知其意，不知其形。《成都方言词典》曰：“有的写作‘瞧’。”

其实，就是用拼音代替，你也知道，这是不符合汉语拼音规则的。方言嘛，就这样。

“qiǒ”的意思，就是“看”。但是，qiǒ 比看的意思复杂多了，精彩多了。据《中华大字典》统计，汉字里表示“看”的单字有 106 个（注意，还仅是单字），然而，这里面绝对没有 qiǒ。

那么，这个 qiǒ 字到底有些什么含义呢？

第一，表示看的时间极短。比如：“小明在办公室门口 qiǒ 了一眼就跑了。”“考场上不准 qiǒ 邻桌的卷子，违者一次警告，两次撤卷。”赞扬篾匠王垮子眼睛巧，就说“他只要 qiǒ 一眼儿别人的东西，就会编得一模一样。”

第二，表示非正面的公开的看，含隐蔽之意。比如：“嘘……班主任在教室后门 qiǒ 了半天了，你要小心点。”“终于 qiǒ 到点儿爹墨。”书上说的偷窥，方言就做“qiǒ 缝缝儿”。

第三，表示非连续性的快速观察。比如：“看你在这里 qiǒ 了半天了，你到底是做啥子的?”

如果把它用在小偷身上，一个“qiǒ”字，几乎可以包含前面三种含义。

由此看来，要是把各地方言中表达“看”的意义的字都收集起来，汉字家族里的“看”字家庭不知道还会丰富到什么样子。世界上还有什么语言敢与汉字匹敌？不过，只要你养成观察思考的习惯，你把一种方言当成一种事物来观察，东 qiǒ 西 qiǒ，你也会 qiǒ 出一些门道来的。

其实，“qiǒ”并非真无其形。我疑心它应是“瞧”字的方言变音。只不过，川渝方言在将“瞧”字变音之后，赋予了“瞧”字更丰富的意味。

duáng和bià

“duáng”和“bià”这两个川渝方言词，也只有其音，而无其形。因为根据现代汉语的拼音规则，这两个音根本不存在。

演戏开场，大锣一敲——duáng！这是连小孩子也会说的话，是对铜锣声音的描述。

张二嫂的铁锅，duáng的一声摔在地上，破成几块。川渝人都是这样描述铁锅破裂的声音。

bià是什么意思呢？其实就是“摔”的意思，但专指东西从手上用力掷出，并在某个面上产生猛烈碰撞的意思。川渝人说话更讲究形象性生动性，如果说文绉绉的“摔”字，就会联想到摔倒、摔跤这层意思，这跟投掷就没有关系，于是不惜造一个有音无形的bià字，也要强调其“用手摔出”的意思，而且，似乎还附带了摔的声音。

“幺儿，好生点哈，不要把砂锅bià烂了哟！”张二嫂紧张地提醒手里捧着砂锅的幺儿——与手有关。

“今天杨毛子上课耍蛤蟆，被老师发现了，遭老师一爪抓过去就 bià 死了!”——想象一下老师那个手上动作吧,你也许会不寒而栗。

先前农村缺燃料,有人把牛屎 bià 在墙上,等干了就撬下来当柴烧。——可以想象那个掷到墙面上 bià 的一声,还要开花的情形。

你抓自己身上的屎 bià 我身上,bià 不稳的!——对污蔑栽赃者的警告,附带给栽赃者丑态画像的功能。

在赌气时,为了让自己的豪气压倒对方,bià 常用来增加力度。

在菜市场买菜,有人故意作践你的菜的质量想压价,你就会说:“不买就不买,少在这里东说西说,我这菜就是 bià 在路边也有人买的!”一个 bià 字,吓退了弯酸的买主。

不仅菜可以 bià,人也可以 bià。张幺妹儿看人户眼光太高,搞得三十岁了还没嫁出去,有人就担心她要成老姑娘。当然也会有人说:“三十岁也不算老,张幺妹儿长得那么抻敨,随便 bià 在哪里都有人抢着要,慌啥子嘛慌?”当然这只是一种比拟修辞,张幺妹儿绝不会从人的手中给 bià 出去的。

装、消、嘎

——方言里的兼词

先说“装”。

“zuǎng”，这个字有点奇怪，不仅因为汉字里没有这个字，而且还是一个“一顶仨”的字。请允许我用一个别字暂代——“装”（上声）。

中国古代文献里的语言使用存在一种奇特现象，就是有时把一个字分成两个字来说，有时把两个字合成一个字来说。把一个字分成两个字来说难道不怕麻烦？麻烦倒是有一点点，不过为了押韵为了满足字数要求，也可偶尔为之。比如元代套曲《高祖还乡》里面就有这样的句子：“一面旗，白胡阑套住个迎霜兔；一面旗，红曲连打着个毕月乌。”“胡阑”——环；“曲连”——圈。把两个字合成一个字来说就比较常见了，这就是文言文里面的“兼词”。所谓兼词，就是用一个字表示两个字的读音和意义的词。比如“诸”——之乎/之于，“叵”——不可，“靡”——没有，“脱”——倘若……

其实，这种兼词现象在现代汉语里普遍存在。这里我就说说川渝方言中的装（上声）字。装的完整意思就是“做哪样”。

“哪样”——nǎyàng——拼在一起就是“nǎng”。

“做”（川渝方言读作“zù”）与“nǎng”拼在一起，就是“zuǎng”（装）。

问：你今天打算怎么安排？答：你要装，我就装！（你要做哪样，我就做哪样。）

问：你要装嘛？（你要做哪样嘛？）答：我不装！（我不做哪样。）

有时“你要装”三个字可以表达强烈的质问和威胁语气。“你今天在这个地方闹了半天了，软硬不吃，油盐不进，你要装？”这种气氛下，一旦冒出了“你要装”这三个字，接下来打锤的可能性就很大了。

现在网络流行语“爪子”并非什么网络上的新创造，川渝方言早就有了。“做啥”（zù shà）——“爪”（zuà），“做啥子”就这样变成“爪子”了。“你在爪子？”“我在吃饭。”又比如：“你打去？”“我进城去。”这里的“打”就是“到哪”的合音。

网络上还流行不少这样的合音词，如：“造”——知道，“表”——不要，“宣”——喜欢，“酱紫”——这样子，“票”——朋友，“间”——今天，“兽”——时候……

网络流行语毕竟只是流行物，基本上逃不脱短命的厄运，而方言流行却具有长期稳定性。

接着说“消”。

当消表达需要这个意义的时候，不能说它是个方言词，因为在这个意义下，消的使用是相当广泛的。查各种版本的词典字典，都有这个词条下的这个义项的解释。

“你不要充狠狠，我只消用一个指头就可以收拾你。”“区区小事，何消您亲自出马？”“大家早就晓得这个事情了，还消你说？”

有一个与“消”字有关的有趣的小故事：

村支书讲了话，村主任又来啰嗦重复。台下有个不怕事的二杆子就站起来吼道：“书记已经说得清清楚楚了，你又来啰嗦个铲铲。大粪何消屎来泼？”

村主任一听不依教了，回骂道：“你才是一坨屎！”村支书也站起来骂道：“你才是一泡粪！”

二杆子一句话同时得罪了两个领导。

医生对病人说：“别担心，我只消两服药就让你病好如初。”主人对客人说：“你只消自己来就是，不要送礼。”崂山道士对书生说：“你只消闭上眼睛往前走，就可以穿墙入室。”说“消”的时候，往往在强调一种简单、便捷、容易的意思。

消很多时候用于否定句或者疑问句中，不消（何消）是固定表达。

“这段路很好走，我不消十分钟就能走完。”“这是我们自己的责任，不消你说我们都会主动解决。”“这事我们自己就可以解决，何消先生亲自出马?”

其实，消在古汉语里就有需要之意。“往来八千消半日，依前归路不成迷。”（吕岩《绝句》）

无论古代还是现代，人们都在说消，都知道消是需要的意思，其实我们古人造这个消字的时候，何曾赋予了它需要的含义？只是后来人们在语言运用的过程中，渐渐把需要这两个字用消字代替了，这属于兼词现象。你可以把需要两个字的发音连起来读快一点试试——xu yao——xiao——消。

最后说“嘎”。

“这个果果好吃得很，嘎?”“今天这个太阳花花儿晒起真舒服，嘎？”“那个馆子做的跳水鱼味道巴适得蝗，嘎?”

“嘎（gǎ)”是川渝方言中一个非常独特的词，具有如下特征：

其一，用在问句句末；其二，一般在前面的内容停顿之后，再独立出现；其三，表示“确认”意味；其四，表示询问的语气。

在一句陈述句的末尾带出一个“嘎”字，形成一个问句。说话者心中必定希望对方认可自己的观点，疑问的句式使话语更具有委婉的特征，这样相对容易得到对方的确认式的回答。说话者在说这个嘎字的时候，一般会同时伴有向对方微微点头（或者扬头）的动作，给对方以某种暗示和提醒，也同时含有对对方表达一定的亲和意味。

嘎之所以能具备以上那些属性，是因为它并非一个单一的语素，而是由三个语素（这里也是三个汉字）浓缩而成的兼词，这三个字就是“该是哈”。“gāi－shì－hǎ”快读就是“gǎ”——嘎。

把两个嘎字连用，读作上声调，嘎嘎就是肉食的意思，也泛指一切荤菜。吃肉，就是吃嘎嘎。恐吓猪圈里不安静的猪：“再在圈里发犷，小心老子吃你的嘎嘎！”家长警告调皮的孩子：“晚上回来，门背后的篾块要吃你的嘎嘎哈！”小时候，说起“打牙祭，吃嘎嘎”绝对是世间最美好的事情。

把两个“嘎”字连用，“嘎嘎”还有“外婆”的意思，这在川渝地区也很普遍，这时调作阴平。“嘎嘎”也叫“嘎婆”，外公也叫“嘎公”。小时候唱的儿歌：“豌豆尖，搭下崖（方言读作“ngái”），嘎嘎生，我要来。杀个鸡，杀个鹅，八个外孙坐一桌。你一坨，我一坨，吃了不够抠脑壳……”嘎嘎，感觉叫起来比外婆亲切得多。这里的嘎，其实是家的变音。熊家婆读作熊嘎婆。

嘎嘎家的嘎嘎好吃得趴，嘎？——你懂吗？

嗦和噻

川渝方言中，有一个独特的表反问的语气助词“sǒ”。这个字，很难在已有的汉字中找到对应的写法。如果要找一个对应的像语气助词的汉字，就其读音而言，唢与其同音，但唢只有唢呐连用，以连绵词的形式存在，别无他义。嗦读作 suō，在哆嗦、噜嗦、啰里啰嗦等词语中，以不自由语素形式存在，没有明确实在的意义，但大致可以体会到“伴随身体颤抖发出的声音”的意味。有的地方嗦有吃的动词意义。根据无字不可做叹词拟声词的原则，个人感觉，这个字似乎更适合借来做这个特定的川味语气助词。

普通话中，能够用作表反问的语气助词最常见的有“吗”，如：“你难道还不知道吗?”“我未必还不了解你吗?”这样的话语中，川渝方言，基本上都用“嗦”替代了“吗”。

“立起牛高马大的一坨，还不懂事，你以为你还是幼儿园的小娃儿嗦?”这是骂不懂事的二杆子的话。

“大家的事情大家商量着办，容不得你一手遮天。以为这是你的家族企业嗦?”这是对独断者的谴责和警告。

“认不到了嗦，老同学？你真是发了财眼睛就长到额脑儿上去了啊！”这是对高傲者的批评。

“嗦”作为川渝方言中一个常用于表反问的语气助词，在强烈程度上一般要高于“吗”，大多数情况下带有不满的情绪，甚至还带有一定程度的谴责意味。

我觉得，四川话的“sǒ”，用“嗦”最合适。

理由：固执。

广东方言、陕西方言里都有“噻”字，但发音都与四川方言不同。四川方言里，“噻”字发音为“se”，“e”为平舌音。“噻”有上声和去声两个语调，都是语气助词。

“噻”念做上声时，常常置于表示某种假设前提之后略作停顿，以突出后面可能导致的某种不良结果，带有警告意味。这个“噻”常常有较长的表示意味深长的发音。如：

“牛教三遍都晓得打转儿，你要是不听老人言噻，小心吃亏在眼前哈！”

“开了年就奔三十了，还这样恍兮惚兮地混日子噻，婆娘都怕守不住哦！”

也可以将其置于某种前提之后略作停顿，表示对某种前提的再次强调，并对此引发的某种后果的不满或者否定。这种情况的“噻”念作去声，有质问的语气。如：

“你要求我做的我都做了噻，你还要我爪子嘛？”

“你得了大头该满意了噻，未必还想吃干抹净嗦？”

"嚜"最为普遍的用法，是置于句末，表示一种询问的语气，有征求对方意见的意思，或者为了寻求与对方保持一致，营造一种温和的氛围。这种情况的嚜也念作去声。如：

"我做的饭菜味道还不错嚜?"

"我借一下你的笔嚜?"

"我的意思你懂嚜?"

这一种情况的嚜都在句末，发音比较短促，表示一种疑问语气。虽是疑问语气，其实说话者内心的答案已经明确，或者至少希望从听话者一方得到对自己意见的认可。

以上三种用法，在普通话里都很难找到相应的语气助词。第一种情形，普通话里基本不用语气词；第二种情形，普通话里大概只有"啊"勉强与之对应，但质疑语气明显偏弱；第三种情形，普通话里大概"吧"勉强与之对应，但"吧"基本上只停留在疑问的层面上，而缺乏"嚜"字明里征询暗里自信的特别意味。这正是方言词"嚜"的妙处。

挼

挼，普通话有两个读音——ruó 和 ruá。ruó 有摩挲的意思，ruá 有皱和磨破的意思。两个读音下的意义，其实都与揉有关。

川渝方言中，挼只读作 ruá，接近于揉的意思，但和揉的含义有差异，且丰富得多。揉的发音的确很柔，让人想到温柔，想到柔和，而挼的发音，清晰而有穿透性，虽有揉的意思，却排斥了轻柔的意味，保留了揉的动作方式，却比揉力道要大很多。

“把盆子里的衣服挼一挼。” “肩膀酸痛，你给我挼一挼。”——有用力揉搓、按摩之意。

挼面、挼馒头——这是白案师傅的日常劳动，不用力如何吃得到热馒头？

“他把教材挼得很熟。”——这里是反复钻研的意思。

“你要是读书不努力，考不起学校，就只有回家来挼泥巴。”——小时候我母亲就这样激励我。“挼泥巴”，就是当农民、干农活儿的意思。

挼，有反复、折叠、按压、顺势揉搓等信息元素，还有将某一种或者几种成分充分混合粘结的意思，如：“你可以把那几本书的内容挼在一起。”

要和出合适的面团，只揉不行，必须挼；要让肩膀的僵硬得以缓解，揉不起作用，挼才过瘾。

具体的物质可以挼，抽象的东西也可以挼，“挼包包散”就是个典型的例子。解决问题不讲原则，化解矛盾不求彻底，有一种和稀泥的人，他们最喜欢最擅长的本事就是挼包包散。“包包”就是受伤后形成的肿块，好比人与人之间产生的矛盾。出面调解的人只求把矛盾暂时缓和，不求从根本上解决问题，于是要么两边说好话，要么各打五十大板——此手段就谓之挼。挼了之后矛盾暂时平息，然而这样的解决方式，矛盾迟早还会再次爆发。喜欢挼包包散的人，要么是和事佬儿，要么是别有用心者。

还有一种挼，就是用这种反复的不轻不重的手法，使人迷醉，使人眼花缭乱，从而可以趁机牟利。一本糊涂账，往往是用数据挼出来的；一种利益，往往是用关系挼出来的。有人在挼中飞黄腾达，有人却被挼得精光。

川渝方言，挼还可以读作 ruǎ，指某中物件的结构不稳，有倾斜、晃动的现象。“那张凳子你别坐，是挼的，小心散架。”“老家的百年老房子早已挼到一边去了，住不得人了。”也可以表抽象的对象，指不严谨、不规范、虚假、松散等意思。“那个人领导当得有点挼，没多少能力。”“你几个合伙的生意，一看就是个挼挼场合，赚到钱了才怪。”“单位兴了很多规矩都是挼的，没有一条执行得下去。”

叹曰：“人生能有几回挼？人生经得几回挼？”

挼，实在是一种神奇无比的手法。

惯势

川渝方言中，表达与溺爱意思接近的说法是 guàn shí。guàn shí 一词，前语素“guàn”是“惯”字当无异议，而后一语素“shí”为何字，竟无定论。《四川方言词典》用的是惯侍（惯使、惯失）也有人说是“惯实”，甚至还有人说是“惯施”“惯适”，更吓人的还有说是“惯死”的。

“惯”是习惯、惯性之意，表示长时间不改变的某种状态和趋势，很清楚。而考察“实”“使”“施”和“适”四个语素，则发现，它们的意思都很难与方言所要表之意吻合贴切，“死”就更不用说了。我觉得，这个词写作“惯势”更恰当一些，虽然读音不完全一致，但川渝方言中变音是一种常见现象。

惯势的意思，除了表达一般意义下的溺爱之外，更有纵容、放纵之意，也就是说，它不仅有过度的爱之意，更多一种对其行径不加约束的意思。从这个角度上讲，“惯势”的内含要比“溺爱”宽泛得多。比如：

“张二嫂太惯势她幺儿了，半夜三更都要起来给他弄吃

的。”（溺爱）

“翘沟子抢人遭逮捕判刑，都是他爹从小惯势的结果。”（溺爱＋纵容）

当然，“惯势”有时也仅表示“习惯”的意思。表示“习惯”时，《四川方言辞典》用的惯适。

“隔壁家的大黄狗每到我家吃饭的时候，就过来坐在门口守嘴，搞惯势了。”（习惯）

惯势这个方言我之所以认为应当这样写，理由如下：

一个人的一种习惯，无论是坏习惯还是好习惯，肯定是需要长时间不断保持和重复某些属性，这就是“惯”。考查“势”字，它由“埶”和“力”会意而成；“埶”，意为“在高原上滚球丸”；“埶”与“力”联合起来表示“高原上的球丸具有往低地滚动的力”。故其本义为“重力”。因有重力，所以有难以阻挡的意味，也有产生破坏性结果的可能性。所谓惯势，即因溺爱而放纵其行径；而放纵其行径，则在惯性之下很难停止，就极有可能造成破坏性的结果。

“惯势”有时也可以单独说“惯”，如：“小时偷针，长大偷金。他今天蹲班房还不都是他爹妈惯的！”

惯势这个词，对当今的教育仍然具有巨大的警示作用。

从我本人三十多年的教学生涯来观察，可以看到这样的情形：早期的学生，无论是生活条件还是学习条件都不可与今天的学生同日而语。但是，早期的学生心理出问题的肯定比现在少得多，早期的学生的身体比现在的学生抗摔打的能力肯定要强得多。三四十年前的农村学校只要有条件的，体育课都开了鞍马、跳箱、单双杠等项目；现在，无论条件多好的学校，都早已看不到这些项目的影子。说取消这些危险项目是为学生安全着想，姑且相信吧。如要探究其根源，就算有原因千条万条，难道跟社会、学校和家庭的惯势脱得了干系？

惯势是个贬义词，这是说者皆知的。所有担负着培育下一代责任的人，不可不明白。

哦嗬

“哦嗬”是一个川渝方言的常用叹词。先说这个词的写法。

首先，这个词是个方言词，本身就具有写法不确定的属性。同时，它是一个叹词，叹词是一种以模仿发音为依据的词类，书写更是灵活多样。所以，哦嗬一词，就只能在意会之后酌情选字，也因此会看到这个词很多种写法，如喔嚯、喔呵、哦呵，也有哦豁这个写法。我认为“豁”是一个有实词意义的语素，其语义与这个叹词所表达的意义和情感毫不相干，放在这里仅仅充当对等的发音，实在不妥。所以，我赞成哦嗬的写法。

哦嗬一词，从读音上看，与方言发音有一定差异，方言的发音为 ǒ hō。但方言中变音是一种常见现象，这不存在问题。而“嗬”普通话发音为 hē，意思同“呵”。方言中“嗬”发音为“hō”，这不符合普通话的规则，而在川渝方言中却是常态发音，因为川渝话里的 e 基本上都发 o 音。而且，嗬是一个天然的叹词，与哦结合在一起，共同做一个叹词，也是顺理成章的事情。

哦嗬一词，主要用于表达对某种结局的遗憾意味，既可以配合别的话语使用，也可以单独使用。比如：

1. 杨金良给人补缸钵，夸海口保证修补如初，补好刚一放手，缸钵一下散落在地，摔得稀烂。杨金良惊叹一声“哦嗬”，挑起补锅匠的担子就跑了。

2. 过年杀猪，屠夫抽出杀猪刀，猪儿红血流尽，气绝身亡的时候，就有人站在旁边叫一声：“哦嗬！”

3. 几个学生上乡小学的深坑厕所，突然一个学生惊叫：“哦嗬！茅厕掉进书包里去了！”（一慌张，话都说反了！）

哦嗬主要做叹词，有时也活用作动词，这同样体现出方言的灵活性生动性。比如：

某人做某事，忙活了半天，功亏一篑，就会感叹：“忙了半天，一下就哦嗬了！”

感叹人生也可以：“不管你这一辈子多不得了，最后眼睛一闭腿一蹬，还是哦嗬了！”

以上动词用法，明显来自前面的叹词用法，结局与遗憾的因素都保存了下来。

哦嗬一词还可以嵌入另一个方言词“哦嗬连天”里使用，这里的“哦嗬”读音为“ō hǒ”，意为叫喊、呻吟、叹息、申辩等。“让你做一丁点事情，你就哦嗬连天的。长了一身的懒筋！”

先人板板儿

先人，就是家族中的祖先、前辈或者亡父，都是死去的，都是辈分高的。而板板儿就是供奉在堂屋香火上的牌位。先人已逝，板板儿长存，以板板儿借代先人，以实代虚，也见出川渝方言里的幽默和智慧。先人板板儿可以直接呼为先人，有年龄大的人常常这样哀求年轻人："我呼告（'呼告'变音为'hùbāng'）你啊，我的个先人！"

自己的先人板板儿是拿来敬的。

春节将近，哪怕还笼罩着疫情的阴影，看那一条条归家之途，车水马龙，人潮汹涌。那些不辞千辛万苦要返乡的人，其实灵魂深处就是奔着那个先人板板儿而回。先人板板儿是根，先人板板儿更是家族的神。子孙过得好，要感激先人板板儿；子孙过得不如意，更要敬祈先人板板儿的保佑。作为华夏子孙，这谁都懂。

本家族的长者，且不说已经过世的，即使还活在世上的，晚辈叫他一声先人板板儿他也会笑眯了。然而真正的长者还不是最多享受这个"称号"的人，享受得最多的反而是晚辈。

母亲看到顽劣的少年一身泥水回家，就会喊道："我的先人板板儿呐，你像个水鬼一样，我一天忙得脚板背在背上跑，哪得时间来给你洗啊？"

母亲半夜醒来发现儿子还在看电视，就招呼他："先人板板儿，都两点钟了，你还要看多久？你明天还要上学呀！"

金庸小说《笑傲江湖》里有个叫余沧海的人，因其是青城派掌门人，青城山在四川成都，所以口中就常常带出先人板板这个词来。

这里的先人板板儿，故意夸张地推高晚辈的辈份，带有意外、责备和求告等综合意味，同时也不乏爱怜的成分。因为家族中的先人，本来就是拿来求告的，拿来敬爱的。

别人的先人板板儿可以拿来骂，骂别人的先人板板儿比起骂对方本人威力要大得多。

一旦有了骂架的对手，攻击对方的要害往往并不是对手本身，而首先是对手的姊妹和母亲，其次是对手的先人板板儿。一句"我×你先人板板儿！"咬牙切齿，双眼喷火，逻辑上将自己的辈份直推到对手的祖宗八代之上，想想那心中的快意，简直就像"夏天里喝了五斗碗凉水"。相比之下，阿 Q 那句"儿子打老子"的格言就是小巫！

很多地方可以看到人们把先人板板儿写成仙人板板儿，错！

仙人与板板儿有啥关系呢？仙人也许与洞有关系；而先人

才与板板儿有关系——仙人是神，神是需要敬的，这倒与前一种用法相通，但是神仙是不能得罪的，得罪了神仙就遭到神仙的惩罚。民间有俗语“割卵子敬神——人又得罪了，神又得罪了”，说的就是这道理。“仙人”与某人并无直接关联，而“先人”才与血缘有关系，才与一个人的身份有关系。所以“仙人板板儿”的写法没有依据。

蹒

这个字四川人未必认得，但这个字四川人都会说。“蹒”，普通话读作 pán 和 bàn，而川渝方言读作 bǎn。

蹒是个动词，本意为周旋前进或者交足而坐和跌倒的意思。方言里，蹒这个字，还是作动词，其词义为跳动、扑腾、翻转、用力挣扎等，与其本意有密切关联。

比如：“那条鱼没有死，还在地上蹒。”“那头猪躺在地上不蹒了。”甚至两口子睡觉也有这样教训的话：“你蹒个铲铲啊，安安静静躺着要不得吗？”说年龄大了做事情不利索叫作“蹒不动了”。说断气之前的挣扎叫作“蹒命”，由此引申为生命过程中一切艰难的抗争行为。说做事情精疲力竭叫作“泫缠都蹒干了”（“泫缠”二字也是我想当然的借用，川渝方言中有，而普通话甚至鱼类专业文献里，我都还没有看到其专业名称，就是指鱼身表面的黏液）。讽刺泼妇骂街叫作“裤儿都蹒脱了”。“蹒”的以上用法，都作谓语。

偶见有人把蹒写成“拌”“扳”“板”，其实只要稍加分析，就会发现这些词的词义无一可以精准相对。《四川方言词典》

写作“跛”，个人认为“跸”更合适。

跸既然有跳动、腾挪、翻转之义，就可以想见，那是一种充满了强烈动感的动作和状态。当生命处于极度痛苦的状态时，会跸；当生命感到极度舒适满足时，也会跸。一旦身体受到刺激，情绪受到影响，就会不由自主地晃动身体，甚至高兴得跳起来，甚至会让自己的身体在地上腾挪翻滚——这样的动作，就叫作跸。比如：“安逸得跸”“巴适得跸”。这个意义，略等于川渝方言的“不摆了”。这里的跸，加在动词或者形容词之后用于强化某种行为或特征的程度，作补语。

跸作补语起强化程度的作用时，这个用法大致可以与重庆方言中的“惨”相对照来观察。重庆话“安逸惨了”“高兴惨了”“骇惨了”“笑惨了”，其中的惨不是动词，而是一个形容词转化而成的副词。“跸”与“惨”其强调的作用差不多，且都是作补语。

“惨”与“跸”两者之间的区别是：

其一，在于惨前面的中心词既可以是双音节也可以是单音节，而跸前面的中心词通常是双音节词。

其二，惨所补充强调的中心词可以是任何内容，而跸所补充强调的中心词基本上都具有美好、舒服等褒义词属性。

其三，“惨”既可以作形容词的补语，也可以作普通动词的补语，比如“漂亮惨了”“气惨了”；而“跸”只做形容词（包括心理动词）的补语，这正是其作为动词的属性决定的。

贼

贼在川渝方言中读作 zuí。

如照词典意义讲，“贼”有以下意义：1. 偷东西的人，如盗贼；2. 对人民有危害的人，如国贼、贼寇、工贼；3. 伤害，如戕贼；4. 邪恶的，不正派的，如贼心不死；5. 狡猾，如贼溜溜的；6. 很，如贼亮。

川渝方言中的贼大致保留了 1、4 两项意义。如：

“家中遭贼了，腊肉全不见了。”（盗贼）

“那人看起来贼眉贼眼的，恐怕不是个好人。”（不正派，邪恶）

方言中，贼还另有一项意义是词典中没有的，就是狠毒、歹毒、心狠手辣的意思。这个意思，可以理解为由词典意义伤害引申而来。

张二哥跟张二嫂两口子打锤。张二哥下狠手，把张二嫂按在地上扇了几耳光。张二嫂爬起来见人就哭诉：

“那个狗×的尖脑壳把我往死里打，心好贼哟!”

谁知张二哥一听，更来气了，说：

“说我心贼？你心更贼。你不是还要下毒谋害老子的命吗？”

说着又要冲过去追打张二嫂，结果被旁人拉住了。张二哥说：

“这个贼婆娘，那天我们刚吵了架，她趁我在凉板上睡瞌睡的时候，悄悄往老子稀饭里吐口水……哼，这婆娘的心才贼得很呢！老子没打死你都是对你客气了！”

哈哈，你一个贼，他一个贼，似乎都已经把对方恨死一堂血，结果只过了一夜，两口子又好得如胶似漆。

贼在方言中可以单独使用，也可以以合成词的方式使用。常见的有“贼眉呵眼”（义同“贼眉鼠眼”）“贼呵呵”“贼偷儿”“贼娃子”“烂贼”“贼人”“贼舅子”“打贼”等。

其实，考察“贼”这个方言词，最有意思的是探究为什么方言要变音。

zei 这个发音在川渝方言中根本就不存在，方言中只有 ze 这个音，这是贼字变音读作 zuí 的根本原因。再仔细琢磨一下 zuí 这个音，能够把心中的能量，汇集在口腔里，缩紧双唇，突然后收，让气流从舌面喷出，似乎这样才最能体现出说话者对贼的厌恶甚至仇恨，这种感觉恐怕要从语言心理学的角度才说得清楚，也只有长期生活在川渝文化圈子里的人才能意会其微妙之处。如果读作 zéi，或者读作 zé，就大异其趣了。

老孃儿

“老孃儿”是成都及其周边地区称呼老婆的专属方言词。

初到成都，时时听到身边有人在说我老孃儿我老孃儿，我以为那老孃儿真的好老，结果发现很多老孃儿还年轻得像小姑娘，这才知道成都人口中的老孃儿是老婆、婆娘、堂客的意思，与年龄无关。

说实话，就算正宗的成都人，也未必说得清楚这个词语的正确写法。成都人口中说出这个词的时候，很暧昧，很含糊——“lǎo niaāger”，不但用儿化音，而且那个“niāng”字实在是软兮兮的听得让人牙齿打噤。成都男人出炟耳朵果然名不虚传。

niāng 到底是何字，大概能窥见男人们心中对“老婆”的真实态度。

那个含含糊糊的 niāng 字，真的是“孃”？难道不可以是“娘”吗？不可以是“妞”吗？

“孃”是个典型的西南官话方言词，但一直到《现代汉语词典》第七版才收入。反正之前是有其音无其字的，即便网上可以输入这个字了，却连写法都还存在混乱现象——“孃”和“嬢”。西南方言的“孃”泛称姑妈、姨妈以及一切比自己高一辈的女性。如果“老 niāng 儿”是“孃”，固然可显示出成都男人对老婆的敬畏（其实是爱），也实在没必要把自己老婆往老辈子的辈份上推啊，而且前面还加个“老”字，效果岂不适得其反？男人们真的想回家跪搓衣板嗦？

那么，“老娘儿”呢？我想，既然老婆一词都能大行天下，老娘儿一词也可以的。川渝地区对家庭成员以及亲戚的称呼可以以自己子女的口吻，比如称丈母娘叫作“嘎嘎（gāgā）”，那么要是以儿女的口吻称自己老婆为老娘也不奇怪，不过这一定要有了子女之后或者年龄稍大一点才会这样称呼，这样的称呼当然就老化了自己的老婆，于是加一个儿化音综合一下——老娘儿，其怜爱之意自然就溢于言表了。后来这样的称呼普遍化之后，也就与有无子女以及年纪大小无关了。

旺实

这个词，四川人民出版社的《四川方言词典》里写作“汪实”，用例为：“这碗饭添得好汪实”（装得很满）“老大爷称得好汪实”（分量很足）。从例子可以看出，他们所说的“汪实”就是我要说的“旺实”。

我认为“汪实”最好写作“旺实”。首先，“实”在这个词里有实在而贴切的含义——实在、扎实、实沉，这个很好理解，但“汪”在这个词里面意义无法关联，顶多取其音而已。其次，“汪实”虽然保持了与川渝方言发音的一致性，但方言变音是常态；而“旺实”可以让两个字都能直接体现实词意义——“旺”本身也包含多、充足的意思，是由日光充足明亮引申而来，与“实”配合，含义更丰富。

“旺实”在方言里的具体使用，是大、多、厚重、墩笃、肥壮等意思，既可用于物，也可用于人。

某人，家贫人矮，许是上天眷顾，让他娶到了一个身高体壮且长相不错的老婆。那女人劳动力好得出奇，而且勤快，说话大声吭气，做事风风火火。这本是一桩幸福的姻缘，而乡下人有的出于嫉妒心理，或者怀着怪异的审美情趣，说那婆娘像一匹东洋大马，长得太旺实了，要克夫。这些话不断地传到那矮子耳朵里去，矮子开始还不以为意，后来渐渐地就开始难受了，再看自己老婆，横竖不顺眼，一会说那婆娘吃得多穿得多，一会说那婆娘睡觉也抢了大半边铺盖占了大半边床。接着那些闲人又编排出了矮子与“旺实”婆娘的故事：矮子太矮，打婆娘手够不着脸，就趁他老婆不注意的时候，从远处端了一根高板凳跑过去，将高板凳放在他婆娘的面前，站上高板凳再给他婆娘一耳光，然后跳下来端着高板凳就跑……乡下人编这样的故事自然是小菜一碟，但传到矮子耳朵里之后，矮子更受不了了，于是从打鸡骂狗慢慢发展到跟“旺实”的老婆正面作战。他虽然不是老婆的对手，却屡败屡战，搞起持久战来，那老婆再“旺实”，也受不了，最后只好认输，离婚了事。“旺实”女人再嫁，生活幸福；那矮子竟做了一世的鳏夫。呜呼，“旺实何罪，怀璧其罪”！

所有高大肥壮的事物都可以叫旺实。今年你家的过年猪喂得好旺实，你家地里的莲花白长得好旺实，那根柱子好旺实，那块磉墩好旺实，那碗面条好旺实，面条里放的红油好旺实。旺实一词，语感重心在“旺”字，此字从心里长出从嘴里冒出，就已葳蕤了一种气势，一种力度，一种分量，就会产生一种厚重感，就会有沉甸甸的感觉。

旺实固然好，但在方言里，却很多时候使用其贬义，也就是嫌其粗大，厌其累赘，这大概与川渝人普遍欣赏娇巧的审美习惯有关，前边那个“旺实”女人的遭遇即是典型。

掺奸多事

这个被方言念作“产奸夺事”的词到底该怎么写呢？馋奸多事？掺奸多事？虽然意思都算贴切，我更认可“掺奸多事”。

这不是一个好词。通常用于斥责别人逞能卖弄，自以为是，并造成了一定不良后果的言行。“奸”有心思奸诈、言语谄媚、损人益己等意思。掺和别人之事，也许并非大公无私，而是带着不可告人的企图，适时的谗言可以蒙蔽别人的眼睛，左右别人的判断。多事之人，唯恐天下不乱；心思奸诈，则往往乱中求利。

“掺奸多事”之徒，会在宁静中制造风波，更会在微澜中制造巨浪。如果世界太平，他则无缝可钻，所以使出奸诈的伎俩，动摇既成之格局。你也许只笑他膀子客不怕注大，殊不知他并不只想做一个局外的看客。古今中外，有名无名的奸佞之徒，谁不热衷掺奸多事？把堂子搞乱，自己可以趁乱打劫，可以落井下石，可以借刀杀人，可以栽赃嫁祸，至少也可以“火锅汤里一口痰——大家都别想吃”。这是掺奸多事这个词语最具贬义的用法。

在方言里，多数情况下，这个词语并不具备前面这种强烈的贬义，而是用来表达一种温和的责备。如“要你掺奸多事的？妹妹自己不会做这个题吗？”这是母亲对儿子的轻微的斥责。“他自己会处理好自己的事情，你不要去掺奸多事的，免得以后来怪你！”这是朋友间略带责备的提醒。这个意义，主要用来批评“逞能”的言行，属于大词小用。

而有的时候，这个词还完全消失了贬义的色彩，只剩下一种调侃，甚至略带欣赏的意味，这里的意思大致与自告奋勇接近，如“才五岁的娃儿就掺奸多事地跑去买东西，他还真的把东西买回来了！”这个意义，既是大词小用，又是贬词褒用。

把本来用于描述尖锐冷酷的官场矛盾的词语，拿过来描述生活中的小事情，自有一种化冰为火的幽默，一本正经之下，隐藏着调侃与智慧。反过来看，身边诸事，虽属草芥，同理观之，天下事莫不如此，也不过如此。既然“普天之下，莫非王土”，民间虽远离朝廷远离官场，却也并非化外之地。曾经广布民间的各种戏曲，戏台上的红膛白脸，忠臣奸佞，同样在不断地演绎那些看似时空遥远的故事。戏曲来源于生活，戏曲也可以影响生活。所以，一个小小方言词，其实已经把民间与整个社会融合在了一起。

我们虽然并不完全主张“各人自扫门前雪，休管他人瓦上霜”，但是对那种别有企图之人的掺奸多事还是既恨且防的，不然怎会借这个骂奸臣的词语来形容呢？

装猪吃相

“装猪吃象”有时也说成“装莽吃象”，是指装出一副呆蠢的模样欺骗别人，以图蒙混过关，甚至出奇制胜。

我们姑且不论猪这种动物是否真的智力低下，但在世人口中，总是喜欢把猪当作蠢货的代称，比如蠢猪、死猪、瘟猪子、猪脑子，无一不是说人愚蠢的惯用词。《西游记》中的天蓬元帅，就算他有再多的小计较，感觉其智力未必低于卷帘大将，但是那一副憨痴之态，加之在识别妖怪时的屡屡失误，在人们眼中仍是一个“蠢猪”，就算在高老庄背了媳妇，也大体以失败而告终。“装莽吃象”的“莽”，川话读作阴平，也有呆蠢、愚笨、鲁莽之意，如莽娃儿、莽子之“莽”，都有四肢发达头脑简单的意思，小时候唱的童谣就有“那娃儿，莽粗粗，八月十五骑母猪”，直接将莽和猪扯在了一起。所以两种说法，一个意思。

如果非要讨论猪的智商不可，则有关资料显示，猪的智力并不低下，它们对某些危险信息的敏感甚至超过了狗。难怪民间有“一副猪相，心中瞭亮”之说，这也从一个侧面说明猪相具有蒙蔽性，也正因为此，猪相才需要装。

在精明人面前显示精明是一种班门弄斧的危险较量，真可谓狭路相逢精者胜，于是某些其实很精的人就会装傻，也就是装猪，让对手心下自慢，失去警惕，然后装猪者伺机而起，一举锁定胜局。这种以退为进，“明修栈道，暗度陈仓”的谋略简直就是三十六计中以逸待劳、欲擒故纵之计的绝好翻版。

家猪有憨劲，可以轻松翻墙越圈；如果是野猪，据说那断连狮虎也会惧怕三分。据相关报道，某年川东达州、巴中地区野猪泛滥成灾，当地政府为了剿除部分野猪，甚至从国外引进猎犬加入战斗，谁想才开战几天，几只洋犬竟相继阵亡。可见无论是家猪还是野猪，其实都不弱。但是猪要是遇上更强大的对手，比如大象，如果不让自己“瞭亮”的心发挥作用，只会“赤嘴上阵”，那是断不会取胜的。所以，一旦猪装起傻来，再强大的大象都会被骗过，最终也可能不是猪的对手。可见，装傻实在是天下第一智慧！

大概因为有以上的理解，才会出现“装猪吃象”这样的写法。但是让人疑惑的是，尽管可以装出一副猪相，又如何能够“吃象”呢？其实“装猪吃象”应该写作“装猪吃相”更恰当，也就是“装出一副蠢猪贪吃的模样”。

猪的贪吃世人皆知，猪沉浸在吃的快乐里的时候，似乎世间万事早已被其置之吃外。这副德性固然让人有些看不起，但也让人大可放心，知道猪暂时不会与你争夺别的利益，不会对你造成威胁，从而打消你的防备。这是其一。孙膑在庞涓面前，司马懿在曹操面前，就是“装猪吃相”最后使得胜负反转的典型例子。猪只顾贪吃的时候，会对你的要求你的训斥完全置之不理，凭着一副“贪婪吃相，不怕开水烫”的懦夫相，就可以顺理成章地赖掉很多义务和责任，规避很多或明或暗的危险。这是其二。张良在自建奇功的汉初甘受留侯，刘禅在魏都洛阳的乐不思蜀，都是装猪吃相成功自保的典型例子。

洋牌儿

国家贫弱，所有越洋而来的东西都是稀奇货。洋枪洋炮大家都熟悉，但是年龄稍小的就未必知道人力车叫洋车，自行车叫洋马儿，火柴叫洋火，肥皂叫洋碱，煤油叫洋油，马灯叫洋灯，还有洋装洋房洋鬼子、洋烟洋酒洋蜡烛……只要带上一个洋字，就表示质量好有品位，身价立即倍增，令人羡慕。

小时候吼唱儿歌："洋牌儿货，几分钱个？你有几个买几个。"凡是好东西都被视为洋牌儿货，包括时髦的人。

"把你书包里那个洋牌儿拿给我看看嘛！"这是名词。

"把你那个玩具拿起到处洋牌儿，小心被别人抢了哈！"这是动词，也可以单用"洋"字，比如"去了一趟县城，回来就洋歪了"，这里就是得意、招摇的意思。

"那个人穿得好洋牌儿啊！"这是形容词，也可以叫洋气，甚至还可以用一个纯洋土化的词儿——摩登儿。

不管什么词性，洋牌儿都有时尚的属性。洋牌儿和洋都有夸耀、炫耀、得意等意味，又叫"展洋"。小时候，考试得了双百分，拿起通知书全院子展洋。前不久网上流传那个期末考了好成绩，回家路上手拿试卷走出了六亲不认的步伐的孩子，就是资格的展洋。

洋牌儿有的写成“洋派儿”，有的写成“洋盘儿”。仔细推敲，“洋盘儿”最无道理，“洋派儿”差可达意，最恰当的当是“洋牌儿”——凡货皆论品牌，品牌出名，价钱自高，以致“不买对的，只买贵的”成为时尚，只要货品洋牌儿，花钱绝不手软。

幸得好

“幸得好”就是“幸好”的意思，川渝方言念作“幸（xī）得好”。民间有诙谐言子“别人的秧子死完了，我家秧子幸得好（稀得好）”。字面意思是“别人家的秧子全部死了，我家的秧子幸好没死”，结果听起来就是“我家的秧子虽然没死完，其实也是稀稀拉拉没剩下几根儿了”。用谐音双关的修辞，制造了幽默风趣的意味，这是川渝人苦中作乐的乐观精神的体现。方言说“幸得好”，重音一定在“幸”字上，而且一定要发 xī 音，才能完整饱满地表达那种情绪，如换成 xìng 音，则必定意味大失。

人生难免遭遇尴尬甚至危险。面对困境，无力，无助，无望，无奈，以致魂飞魄散，甚至都做好了接受灾难的准备。这时如果突然峰回路转，拨云见日，在一阵虚脱之后，不禁以手抚膺，长吁一口气，说一句“幸得好”，多少千钧一发，多少命悬一线，多少岌岌可危，多少履薄临深，都重归原位。这解脱后的狂欢，惊魂后的释然，让差点绷断的心弦再回松弛。比如：

“今天遭三条疯狗追撵，我跳进水田才跑脱了。幸得好！”现在都还记得读小学时我的一个发小被狗撵后逃脱时的庆幸，大概那时他满脑子装的都是自己血肉模糊的想象了吧。

“幸得好！要不是大家帮忙，晒这一坝子的油菜籽就‘大丰（风）收’了。”保住了劳动果实的村民，内心的喜悦溢于言表，忍不住还来了一句双关语的笑话。

“幸得好”，如果仅是一个人对自己脱险的庆幸，那自然应该祝贺。但幸得好也常常暗含对别人倒霉的幸灾乐祸，这就显得有点心理阴暗，缺乏仁心了。

古人云：“背施无亲，幸灾不仁，贪爱不祥，怒邻不义。”一旦人起不仁之心，便是灾祸之源，今天幸得好，也许下一次就未必幸运了。己所不欲，勿施于人。自己成功避险，理应希望别人也一样。自私狭隘，嫉妒心强烈的人却不是这样的，这种人往往是自己倒霉时希望别人同情和帮助，一旦自己躲过，马上就不管别人，甚至希望别人陷于灾难不可自拔。

没挤上车的人，巴不得别人拉他一把；一旦他挤了上去，心中暗自叫一声“幸得好”，就立即用大屁股堵住车门并且高喊“挤不下了挤不下了”，随车离开时，看见被弃在路边的人，竟会心中浮起一种快意。曾听到一个炒股的哥们儿这样感叹：“好多人都劝我买进，我坚持没买，结果买进的那些全都赔到史（死）家街了。某某某遭了多少多少，某某某也遭了多少多少……幸得好！”虽然还心有余悸，但是让他倍感愉悦的因素，不仅是自己的脱险，估计也包括别人遭遇的霉运——只要听他后面列举别人倒霉时的痛快淋漓劲，你就会明白。又比如前边那个“别人秧子死完了，我家秧子幸得好”，“我家的秧子”幸免于死（哪怕是‘稀得好’），分明对应着“别人的秧子”全死了而言，与其说是在庆幸自己，倒不如说是在看别人倒霉的笑色儿。五十步真的常常笑百步。

看看杜甫，他自家的茅屋都被风吹破，但他并不希望别人家屋破人伤，以此来获得心理的平衡，反而还希望“安得广厦千万间，大庇天下寒士俱欢颜”。这就是诗人伟大的地方。俗话说：“弟兄怜悯弟兄穷，妯娌怜悯妯娌怂。”健康的幸得好心态，理应如此。

烂账

方言中，这个词至少有两种写法：“烂账”和“烂仗”。

我觉得“烂账”更准确。虽说人生可以比作打仗，但是说人生就是一本账也说得通。“烂仗”一般只适合于对某人自身特点的评价，而“烂账”不仅适用于评价其个人，还可以用来评价其人际关系——因为人与人之间，往往是在算账，而不一定要打仗。

所谓烂账，本意是指头绪混乱没有弄清楚的账目，也指拖了很久，收不回来的账。而在川渝方言中，烂账多用于指人。凡为人不正派，不务正业，奸诈无聊等，一切让人厌恶痛恨的人，通通都可以斥之为烂账。

二十世纪七十年代，乡人有小名曾莽儿者，父母早亡，缺少家教，从小养成好吃懒做、偷鸡摸狗的德行。又性情粗暴，动辄提刀撵人，无人敢惹。我的父母常常警告我们：“上学放学绕路走，不要在曾莽儿家门口去晃，谨防那个烂账发癫。”后来曾莽儿猖狂到偷树，偷猪，甚至偷牛，被派出所关了好多次，放出来照偷不误。最后竟疯狂到偷成渝铁路上的道钉，在收购站被公安抓了现行，判刑劳改十年。曾有人请求他的伯父多管教他一下，他伯父脖子一犟，鼓起眼珠子说道："那个烂账，哪个管得住他，老子拿手板心煎鱼给他吃！"绝望、痛恨之情溢于言表。

凡是没有正当职业，到处跳乱坛，日子混得很艰难，就谓之"打烂账"（在这意义上，也许可以说"打烂仗"，即打败仗）。

甲问："你到深圳几年，发了财了吧？"

乙答："发个火柴。打了几年烂账，差点没遭饿死！"

被称为打烂账的人，不一定是坏人，也许就是可怜人，值得同情。民间故事里，好多后来发大财做高官的人，之前都打过烂账。那个锥刺股的苏秦，头悬梁的孙敬，映雪而读的孙康，凿壁偷光的匡衡，正是因为年轻时打烂账，才激发了强烈的进取之心，最后成就大名。这打烂账的经历，与之后的发达人生形成强烈对比，烘托出苦尽甘来的传统主题。拿诗仙李太白来说，我们往往只看见其光鲜的一面，细细揣摩一下他大半生云游天下的经历，我绝不相信他过的都是夜夜笙歌日日诗酒的神仙一样的日子，估计囊中羞涩，到处打烂账的时候也不少。

就是当今那些所谓的首富，也大多曾经打过烂账，这样的经历却常常成为励志的素材。俗语云"一根田坎三节烂"，是安慰打烂账者的至情之语。先打烂账后成功，先苦后甜，谓之逆袭的人生，开挂的人生，这是正面的榜样，为人称道，供人学习；成功之后再打烂账，大好的前途被自己玩坏，为人耻笑，就成为人生的反面教材。前者所经历的烂账，是悲壮的历程，光辉的历程，让人心生敬意的历程。后者所经历的烂账，却是可悲的历程，可笑的历程，甚至可耻的历程，是专供人鄙视和嘲笑的材料。

人生这本烂账，理不清，还不完，自然是失败的人生。但是只要为人正派，有目标，肯坚持，总有逆转的可能。不怕人生打烂账，就怕一生拉烂账，心甘情愿做烂账。

膼梦脚

一切精力不集中，没进入应有的状态，头脑糊涂，言语行事目的不清晰的情形，都可以被称为“膼梦脚”，也叫作“啄梦觉”“打梦脚”。“膼”字典上读作“zhuā”，意思为“用腿踹”，川渝方言发音为阳平。

网上看到有这样的新闻标题：“南充嘉陵‘五个一暗访组’又查到‘打梦脚’的了！”“宜宾才是四川二级市最大的黑马，绵阳老二恐不保，南充还在打梦脚！”这是新闻“化俗为雅”的典型表达。这里所说的“打梦脚”（膼梦脚），就是昏昏糊糊，不清楚程序也不清楚目标的意思。

老师叫学生起来回答中国古代有哪四大发明，学生慌慌张张站起来，支支吾吾地说：“老师，我没看小说！”老师哭笑不得，骂道：“一上课你就恍兮惚兮膼梦脚，你遭鬼牵了吗？”引得全班学生哄笑。

初中时在乡村学校，我没学过英语，上高中后才开始学，完全跟不上，英语课上总是坐飞机。高考时，只考了 75 分，自己倒还觉得很满意。有一次碰上了我的英语老师，英语老师大概觉得我的考分拉低了他的班级平均分，有些不高兴地对我说："你才考75分？我就晓得嘛，你学了三年英语，啄了三年梦脚！"老师的话虽然听起来逆耳，倒是说的事实，我只有点头接受。我不仅高中三年上英语课瞌梦脚，上了大学后更是瞌梦脚。每一堂课英语老师把录音一放就开始提问，我反正是一句都没听懂。我在英语课上就像一个傻子一样，简直是度日如年。后来为了躲避这样的尴尬，就中途放弃了英语，改学了日语。我太清楚一门课无法入门的感觉，那种瞌梦脚的迷茫和惶恐，真是刻骨铭心。

世上不知道有没有天才，如果有，那也一定是极少数。想必天才是不会瞌梦脚的，普通人，遇事迷茫甚至糊涂那是常有的事。旁观者已清，当局者往往还在瞌梦脚；唯我独醒的时候，醉酒的众人都在瞌梦脚。只是人不可能也没必要永远保持绝对的清醒，"难得糊涂"这样的梦脚是智慧的梦脚。偶尔的瘟头瘟脑，懵懂迷茫也没什么可怕，那不过是思维的打盹儿，也许还会换来更清醒的状态，只要"大事不糊涂"就行。永远不瞌梦脚的人，常常精明过头，会让别人敬而远之。

水至清则无鱼，人至察则无徒。不瞌梦脚的人，我承认他精力旺盛聪明过人；偶尔啄瞌梦脚的人，我更喜欢他略带混沌的清澈。

搊合

“搊”字，汉语有三个读音，音“周”，音“照”，音“条”。其中读作“周”时，有“把重物从一端托起或往上掀”的意思，与川渝方言里“搊合”一词里的“搊”意思完全吻合。但川渝方言里，在这个意义下，“搊”字读作“抽”。汉字中还有一个“㨨”（chōu），有“从下面向上用力扶起（人）或掀起（重物）”的意思，用于此词也完全吻合。

“那根树子倒了，我们去把它搊起来。”“房子倾斜了，找匠人来把房子搊正。”这用的是搊本意。“那家人太穷了，要不是朋友三四的跟他搊起，早就幺台了。”这用的是搊的比喻义。这些话语里的搊，都有托起、抵住之意。

“合”就是维护、扶持、帮助、合力、捧场之意。两个字拼在一起，就是川渝方言的搊合。搊合也叫作“搭搊台”。

树大分杈，儿大分家。做父母的总要在这样感伤的场合提醒：“老大老二老三听着，老四还小，你们几个务必要多搊合他，帮他成家立业，不能只顾自己过喝烧日子。”

一个企业举行团拜会，领导致辞如果喜欢入乡随俗，也要说道："这一年来，感谢各位亲朋好友兄弟姐妹对本企业的大力拥合，企业才能够取得今天这样的成绩。真诚希望各位在新的一年继续搭拥台，为我们大家创造更美好的未来!"

管仲与鲍叔牙的故事想必很多人都知道：管仲与鲍叔牙青年时相交，管仲家贫，常得鲍叔牙暗中无私帮助。后来鲍叔牙辅佐齐国公子小白，而管仲却成了公子纠的辅臣。小白立为桓公，公子纠被杀，按说管仲应该是前途险恶了，然而他在被囚禁之中却得到了鲍叔牙在桓公面前的大力举荐。管仲得到了桓公的重用，辅佐桓公获得胜战无数，称霸诸侯。鲍叔牙却甘心位居管仲之下，且毫无贪功之心。管仲感叹："生我者父母，知我者鲍子也!"以致"天下不多管仲之贤而多鲍叔能知人也"。

这个故事就是一个典型的拥合别人的故事。从这故事里还可以对拥合这样的行为获取几点认识：

第一，人与人之间感情有亲有疏，能力有小有大，拥合的力度就会有轻有重。只要有真诚助人之心，怀不求回报之愿，再轻微的拥合都是情意深重的给予。

第二，被人拥合之人，必要怀感恩之心。农夫与蛇的故事是民间提供给我们的反面教材，其中道德教化的元素早已嵌入民族的灵魂之中。在这个世间，农夫大有人在，蛇也绝不在少数。虽然人生并不遵循"善有善报恶有恶报"的命运规则，就算善与恶战成平手，在活人的嘴巴里，同情和称赞的大多还是善的一方。所以，向善的搁合并不吃亏。

第三，搁合是自然之举，不能有勉强甚至强迫之意；反之，感恩也应如此。

第四，搁合最好要看对象。农夫只是一个烂好人，最后差点吃了蛇的大亏，这终归是不值得的。假如农夫帮助的是一条龙，或者至少是一条“好蛇”，结果就很完美。所谓“救人一命胜造七级浮屠”，只是一种无原则无辨识的善举，要是救了一条“恶命”，岂不是为人间造恶？我并不赞成一见街边乞丐就掏钱的所谓善举，而真正需要别人搁合的人，却又往往矜持不言。

鲍叔牙与管仲之间，向善之举唤起感恩之心，无欲之念换得自然之果。关系自然而然，绝无负担挂碍——我认为这才是搁合的最好结果。

莽大拿柴

老家渝西一带有一个叫“莽大拿柴”的俗语，当然也可能是“莽大来财”。其实这个词也是从川戏的锣声鼓点“蒙得嘞扯”演变出来的。

高中时，我班上有一位女同学，身材高大，性格男性化，说话大大咧咧，动作不拘小节，在一个男生占绝大部分的班集体居然做了体育委员。我们晚上在寝室开“卧谈会”的时候，偶尔会提到她。室友 Z 某某总是不屑地说道：“哎呀，又说那个莽大拿柴了，没劲！”于是不再插话，不多时鼾声渐起。

高中毕业几年后，有一次与几个同学小聚，其中一个说，曾经的室友 Z 某某已经结婚了，并且卖个关子问道：“你们猜她老婆是哪个？”既然这样问，我们自然知道也应该是熟人。可是我们乱猜了一通，都不对，最后那位同学终于忍不住了，说：“莽大拿柴！”大家差点惊掉下巴。

高中毕业后，Z 某某和莽大拿柴都没有升上大学，也都没有选择继续补习，竟不约而同的在废金属市场租门市做起了生意。两年下来，初出茅庐的 Z 某某非但没赚到钱，还把他爹给的本钱都要赔光了。在同一个市场里做生意的莽大拿柴，身高体健，吃苦耐劳，生意做得风生水起，而且凭着她那爽直的性格，赢得了不错的人缘。看在老同学的份上，她对Z某某主动给予帮助。Z某某也没拒绝，慢慢地他的生意也开始有了起色。这样一来二去，两个人竟最终把两份生意合成了一份生意做，两个人成了一家人。Z某某比莽大拿柴矮了半个头，而且以前还那么反感对方，到头来竟然成为珠联璧合的良缘，你说这世界奇妙不奇妙？

男生们私下给女同学取绰号，固然有不文明的成分在，不过这个绰号也无伤大雅。“莽”字，在方言里要读作阴平，有粗壮之意，如“那根树子好莽”“那条鱼好莽”。“莽粗粗”常常用来形容外形粗壮的人或物，“那娃儿，莽粗粗，拿把砍刀去杀猪”，这不正是屠夫的形象吗？“莽”也有粗鲁、冒失之意，如“莽子”，这个意义和鲁莽之莽完全一样。“柴”虽然感觉有点意外，不过也容易想到粗糙、大块、杂乱这一意味。把几个字放在一起，不难意会出这词的综合含义。因此，这四个字作为形容词，常常用来形容体壮力大，耿直憨厚的人的性格特点。也作为名词，直接用来称呼有这种性格特点的人。

莽大拿柴的人，肯定有点憨。不过憨不一定是缺点，可能正是一种大度宽容平和的美德。憨者闷（方言读作阴平）也，俗话说“闷是闷，有资金”，就是说看起来莽粗粗憨痴痴的人，其实心里有数，这是对莽大拿柴的肯定。

一个人精明干练当然很好，但是过于精明就未必是好事。而且，精明干练并不总是说在嘴上，写在脸上，真正精明干练的人都是心里有数的人。莽人自有莽福，莽大拿柴的故事不是正好说明了这一点？如果说成莽大来财，就更容易想到莽福的意思了。

欢喜

在老家渝西一带，欢喜一词读作 huāi xǐ。

一般语境下欢喜有三个意思：一是高兴、快乐、兴奋，这个跟词典上的一般用法完全一样；二是喜乐、乐观、幽默；三是看上了、满意。后两项，属于方言的使用法。

有个同事，儿子考上了大学，在一个饭店宴请亲朋。开席前，他突然站起来大声说道：各位亲朋，各位好友！今天我不啰嗦，直接宣布——欢喜大会现在开始！“欢喜大会”说法一出，宾客还未举箸，气氛几至鼎沸。此为欢喜的方言本意，即快乐、高兴的意思，但是这样一表达，就有了化腐朽为神奇的效果，让宴会一开幕就进入了高潮。这也不意外，因为这同事本来就是一个公认的欢喜人。

说某人很欢喜，就是这个人很喜乐。比如这人开朗幽默，热情宽容，既爱开别人的玩笑也爱自我解嘲。总之，欢喜人带给周围的是热情，是轻松，甚至是忘掉痛苦和悲伤的某种力量。比如：“张蒿子是个欢喜人，家里舀水都不上锅了还照样说扯话。”“何二莽其实很欢喜，遇到对了的人，哪怕就是当掉窑裤儿也要请朋友喝酒的。”欢喜人乐观豁达，人们常常评价其“很（嘿）好耍”！

欢喜一词，还常常用在男女婚姻的话题上。女子大了，就要放人户；男子大了，就要配媳妇。在媒人的撮合下，双方见面，一旦对眼，同意确定双方的恋爱关系，就叫作欢喜。

有人问：“今天你家芳芳去看人户，欢喜没得嘛?”

回答：“欢喜了，他们年轻人的事他们自己做主。”

有人问：“高家大妹子喜欢的哪个荡的人户嘛?”

回答：“听说是场口歪朝门儿蒋家的幺儿。”

两个即使素不相识的男女，初一见面便两情相悦，是婚姻大事的起点，自然是美好的事情。欢喜的内心，促成欢喜的行动，个人内心的欢喜变成许多人共同的欢喜。儿大要成家，女大要出嫁，这是天下父母的心愿。就算到了当今时代，催婚成为老一辈乐此不疲，年轻人厌恶排斥的潮流，男女之间的欢喜仍然值得所有关心着他们的人高兴。欢喜虽然在这里是看上的意思，但是如果说成看上，就显得很直白很寡淡甚至很无趣。他俩欢喜了，当然是一件值得大家都欢喜的事情。

哈数

川渝方言“哈数”其实是“下数”的变音。“下”就是“一下”“两下”的“下”，是一个动量词，表示某种动作的频率。方言中，哈数，指一个人面对某个事情拥有的办法、措施、手段、策略等，属于智力层面的特征。哈数也可以由此引申出做事坚守的原则、规矩或者分寸。哈数更加口语化的说法是“哈儿数”。“哈数”之“哈”既可以念作去声，也可以念作阴平；“哈儿数”之“哈”则一般只能念作阴平。

说一个人有脑子有办法，做事冷静有计划，也就是心里有底，就说这个人“有哈数”。张二娃第一次独自一人去深圳打工，身上的钱用完了还没有找到工作，他妈着急昏了，他爹却说：“着急啥子嘛？二娃子脑壳空啃得很，他自己有哈数的。”不久张二娃果然就进厂了。社会复杂，人生多舛，如果脑子没得点哈数，必然举步维艰。所以哈数多少有无就可以看作是一个人生存能力的指标。

某人，曾经在很多人看来都属于那种有点瓜（重庆人称“宝器”）的角色，平时哼哼哈哈没有立场态度，领导面前毕恭毕敬唯唯诺诺，基本上属于懦弱无能的那一类人。可是有一位老同事却说："别小看了他，那是一个心头很有哈数的人。"果然，几年之后他得到提拔，又过几年，竟然做到一所省重点中学的副校长了。这哈数就是手段的意思，如果要用贬义词，就是伎俩，如果用褒义表达，就叫作"合理规划人生的智慧"。

一个成熟稳重的人，其基本特征就是行事有度说话得体。一个人行事说话懂礼数讲哈数，就能赢得别人的信任和尊重，这是常识，也是传统。"少在这里东说西说的，你又不看看这是啥子场合，你说话还是要讲点哈数哈!"这里"哈数"就是分寸、规矩的意思。用某种公认的规矩要求别人，带有警告意味，说明规矩是不能随便破坏的。在民间，婚丧嫁娶、人来客往就有不少约定俗成的规矩，这既有利于人们依规行事，也往往会带来一些麻烦。随着社会进步，如果还固执坚守，就会有人觉得哈数太多反感。处处讲规矩固然束缚手脚，哈数当然要与时俱进，不过就算与时俱进了，也还是会形成新的哈数，没有规矩不成方圆。人生在世，总有很多哈数不得不讲。

《论语》里面提到的"礼"，就是从一个人到一个国家要讲的哈数。如果一个时代"礼崩乐坏"，就是社会不讲规则，没得哈数，这个社会就出了大问题。法律是哈数，道德是哈数，传统也是哈数。哈数一词从人们的口里说出，总含有敬畏的威严感，这大概是对智慧的一种崇拜，对规则的一种敬畏。

人生的哈儿数太多，这正是生活多彩多姿的表现。

没得改

川渝地区有个方言歇后语：“狗吃粽子——没得改。”

“e”读“ai”，全国很多地方都有，如“上街（该）”，“解（改）木头”“黄洋界（盖）”，乐山人连“一个”都说成“一盖”，而“没得改”这个词却是川渝方言独有。这里的“改”就是“解”，“没得改”也就是“没得解”“解不开”的意思，也就是“没得办法”的意思。

堆了好几天的衣物没洗，理由是自己忙得没得改。到中午了还没吃一口饭，结果让自己饿得没得改；走了几十里路，搞得自己累得没得改。穷得没得改，傻得没得改，背时得没得改——这些“没得改”是用来描述负面的结果。高兴得没得改，舒服得没得改，满足得没得改，笑得没得改——这些“没得改”是用来描述正面的结果。

以上这些没得改，其实是一个表程度的副词，基本等于很的意思，置于中心词之后，作强调程度的补语。这个用法与重庆话里的“惨了”基本一样，比如“安逸惨了”“巴适惨了”“骇惨了”“痛惨了”。

曾经有个混混儿曾莽儿，父母早逝，光红苕一条，从小养成了好吃懒做、偷鸡摸狗的恶习，村人莫敢招惹。人们一说到此人便摇头叹息一声：“没得改！”公社书记赵梓林下乡，背上戴着草帽腰上挎着长电筒走在田坎上。有无聊的人怂恿那混混儿，你敢去摸一把赵书记的屁股，我就输你一包“朝阳桥”烟。曾莽儿径直追上赵书记，直接在赵书记的屁股上薅了一把，远远地举起手大声喊道：“烟拿来！烟拿来！”遭骇惨了的赵书记回头看到这一幕，又气又急，命令大队民兵连长把那混混儿绑到公社去关起来。关了两天，放了。听说赵书记对人感叹：“他爹妈死得早缺了家教，就那个二流妥神的样子，恐怕哪个把他都没得改！”

以上“没得改”就是没办法、无能为力的意思，是动词。凡是觉得自己无力改变某种状况，无法控制某种局面，都可以用一句没得改来感叹。输得四个荷包一样重的赌客从牌桌上下来，摇摇头感叹一句没得改，就表示自己虽然尽力了，却无回天之力，心有不甘，又无可奈何。那些大老虎小老虎们，当最终落得人财两空的结局时，恐怕也会叹一声没得改来为自己的人生画上休止符。

芸芸众生，悠悠万事，谁都希望自己能够事事顺意，而真正顺意之事又有几何？改变自己尚且不易，还何谈改变别人？大多数人大多数时候大多数事情，到最后也就不过喊一声“哦嗬”，叹一句“下河的鸭儿就这样去了”，最后再自言自语一句

“没得改”收场。人生并不是一个逐步走向胜利的过程，而是一个逐渐妥协投降的过程。妥协了，投降了，心中还隐隐抑郁，只要嘴里念一声“没得改”的咒语，心里也就平静了。这情形有点像古装戏里那种不停拂着袖子念道“呀呀呀，罢了罢了”的情节，罢了就是没得改——台词念完了，故事差不多也就结束了。

过瓦

作为川渝人，听到这两个字，可能立即就懂，看到这两个字，也许还会心中顿一下才能明白。

在街边的地摊上，在农贸市场的菜堆旁，常常可以看到写着这两个字的纸牌子。看了牌子上的字，自觉的顾客就会遵守规则，爱贪小便宜的顾客还是会明里暗里挑三拣四，这样就往往会与摊主产生争执，一个小买卖都会生出大闲气。

在川渝方言中，“过”是“采用……方式”的意思。“过瓦”，就是“采用瓦的方式”，这是商贩公示的买卖规则，即随机整卖，不得挑选。

“瓦”在这里明显是动词，意义上不可能含有其本意及引申义比喻义的任何义项。瓦，跟瓦片毫无关系，其实可以理解为挖的变音，自然而合理，如“挖土”“挖耳”“挖一勺”等，用法相同。如仔细体会，就有将某种工具以一定角度旋着进入并将获取的部分带出来的意思。所以，就是将取量工具旋入其中，将取得的东西一并提出的意思，即表示不得挑选的意思。过瓦是与挑选相对的概念。

事实上，表示这意思汉语还真有其字——㧟。㧟，就是舀的意思。写成“过瓦”，不过就是明摆摆的错别字而已，这在市井，见怪不怪，无可厚非。

再单独说下“过”字。

多年前网上曾流传一个形容偏僻贫穷落后地方的段子：“交通基本靠走，通讯基本靠吼，治安基本靠狗，取暖基本靠抖，挖掘基本靠手……”其中的“靠”字，有依靠、凭借、用……的方式等意思，把“靠”换成“过”，就是标准的四川话了。当然，现在脱贫攻坚工程已取得全面胜利，这段子也已成为历史！

“过”在口语中，常常用于一种反问语气，如：“想娶婆娘，过做梦？”即“想娶老婆，难道用做梦的方式就能娶到？”“想吃饱饭，过说？”即“要想吃饱饭，难道只用嘴巴说说就能办到？”“想吃嘎嘎，过指？”即“想吃肉，自己就要养猪或者自己掏钱买，只用指头指一指就能够吃到嘴巴里吗？”

丧脸马嘴

“丧”，普通话有两个读音——sāng/sàng。读作阴平时，意思跟死人有关系，比如丧事、丧礼、丧家、丧假、治丧、吊丧。读作去声时，跟“失去”意思有关，比如，丧偶、颓丧、沮丧、丧格。

川渝话里也有一个读作 sǎng 的字，属于有其音无其字的方言。细推其义，我认为当是“丧”字的变音。“丧”可以单用，也常以丧脸马嘴、丧起个脸这样的表达出现。

凡是人表情凝重，面带不悦之色，尤其面带愠色，都可以用这个词。比如：

“你半天不说一句话，丧起个脸，你到底哪点儿不满意嘛？”

“我又没有得罪你，你丧脸马嘴做啥子呢？”

“那人不落教，总是把脸一丧起，不好说话！”

农村女人骂孩子，就更是荤素混搭了：“你个打砂罐儿的，半天丧起个逼脸，信不信老娘两耳巴子跟你退神光！”

小孩子赌气，就会丧起个脸。大人心有不满又不便说出来的时候，也会丧脸马嘴，就是甩脸子、给脸色的意思。小时候家里穷，我和哥哥常跑到外婆家去蹭饭，敢怒而不敢言的大舅妈就总是丧起个脸，吓得我们不敢动筷子。外婆看见了，就说："赶快屙痢，屙完了滚回自家狗窝去！"回去跟母亲说起，母亲说大舅妈本来就是长得那个样子，同时也警告我们不要再赖在外婆家吃饭。生活困难时期，舅妈心中不悦无可非议。外婆常常故意当着舅妈的面训斥我们"滚回自家狗窝去"，我长大了才忽然明白外婆的难堪和苦心，也才发现大舅妈其实也有一张温和的笑脸。

以上这些用法，不难体会出失去、丧失的意味。因为失去、丧失，就会使内心不悦，内心不悦就会使面色凝重，嘴角下挂，这样的表情就叫作"丧脸马嘴"。汉语的多音字之间，其含义往往有关联性，从"丧"的方言说法里，也不难体会到与死人相关的意味，因为死人，所以悲伤，因为悲伤，所以面色不悦。说某人"丧起个脸"，虽然描述的只是面部表情，其实隐隐藏着一个死亡的影子。

所以，说人丧起个脸定是不满之语，具有厌恶情绪。

疯扯扯

川渝方言里有“风车车儿”一词，常用于活泼年轻的女性身上。看过川话方言剧《老坎客栈》的应该都有印象，媛凤饰演的那个老板娘，就叫“风车车儿”。

风车车儿是孩童的玩具。纸做的风车迎风会呼啦啦地转，再加上字的叠用和儿化音，风车车儿轻灵之气毕现，活像那种性格活泼开朗，豪放不羁的人来疯式的聪慧女人。风车车儿一词还有一个来源就是车灯儿（灯戏的一种，曾流行于川渝地区）。浓妆艳抹的女子（多由男子装扮）划着彩船，手拿绸帕，叼着烟杆，与艄公即兴对唱，内容不分荤素，只求逗笑观众。那个划船女子活泼灵动，甚至疯疯癫癫，所以被人们称为“疯车车儿”。

有一种人，说话语速快，不掩饰，少避讳，甚至还有点不靠谱，做事情风风火火，快速而条理性不足。与绝大多数人相比，其异质立现。既与众不同，又张扬无忌，可归疯癫之列，方言谓之“疯扯扯”。疯扯扯之语过于尖锐，找一个音近而又意合的词来替代，弱化贬义，增加喜感，便有了“风车车儿”

或者“疯车车儿”的问世，这是典型的川派幽默。

疯扯扯一词，语义弱于疯戳戳、癫戳戳，即便直接使用，也并没有太明显的恶意，更多用于轻微的责备并同时带有善意。孩子说了不栽根（不靠谱）的话，父母就会笑骂其疯扯扯的。朋友说了玩笑过度的话做了顽劣的事，也会被笑骂为疯扯扯的。总之，疯扯扯主要是用于相对友善的圈子之内，即使超出这个圈子，也不带有明显的恶意。事实上，如果被责备之人不属于友善的圈子，他得到的称呼可能就变成傻（hǎ）儿、瓜娃子、癫婆、疯婆娘这些词了。

疯扯扯之“疯”，方言也可以变调为上声，这一声调的变化，就奇迹般地弱化了疯癫本来的精神不正常的意味，而强化了戏谑和调侃的意味。“扯扯”在川渝方言中实词意味不强，略有某种若有若无的状态的意思，比如“笑扯扯”就是有笑意而不明显的样子（如皮笑肉不笑），“灯儿扯扯”就是吊儿郎当，不稳重的样子，“皮扯扯”就是性格不急性，慢性子。自然，“疯扯扯”（“风车车儿”）就是有点疯不太疯——其实就是四川人说的好耍、喜乐的意思，文雅点说，就是幽默风趣的意思。

疯扯扯其实是生活的味精，可以让清汤寡水的日子多点滋味儿！

粑耳朵

川渝人特意自创了一个“粑”字，还是个典型的形声字，很聪明，很贴切——从“火”从“巴”，读作“pā”。

“粑”字，虽然《现代汉语词典》第七版已经收录，但在电脑上，很多输入法仍然打不出来。到处看到的，都是临时借用别字的凑合，比如趴耳朵、耙耳朵。趴虽同音，其意思与耳朵八竿子打不着；耙字更是读音都相差甚远，更别说意思。对于盛产粑耳朵的川渝地区来说，这多少是一个遗憾，也是对众多粑耳朵的不尊重。

“粑”的意思就是软。很多本来很硬的东西，经过高温火烤，就会变得绵软，这是常识。里脆骨外肉皮的耳朵，本来就硬不到哪里去，但是如果随时被人揪一揪——这就是加热的过程，再硬的东西也会变软，别说这两个耳片子了。男人的耳朵随时被老婆揪，男人弱势女人强势，这样的男人就被称为“粑耳朵”。通俗地讲，粑耳朵就是怕老婆，就是妻管严，文雅的说法，就是惧内。

由此说来，川渝男人也太窝囊了吧？有学者曾深入研究，得出成果来——川渝的水土养女人，女人大多美而能干。既美又能干，这不把人生的优势都占完了吗？于是进一步得出结论——川渝的男人“耙耳朵”当定了！

对此，我不以为然。川渝的水土养女人，凭什么说就不养男人呢？女人美丽了能干了，凭什么就一定会占男人的上风呢？这两个问题无法说服我，我只能认定：川渝的男人是心甘情愿当耙耳朵。

中国几千年的文化传统都是男人强势，而川渝男人在女人面前甘愿示弱，其实是一种大度大气的表现。而且示弱不等于是受虐狂，那不过是夫妻关系的另一种表达方式而已。这比起那种强势男人维持的夫妻关系，总多一点温情吧？看看各种地方戏曲，只有川戏能够将耙耳朵形象演绎得如此极具幸福的幽默感。

有人说耙耳朵之说的来历，是始于二十世纪八十年代成都街头的一种自行车，这完全是本末倒置。不用说，耙耳朵一词早在这个时间之前不知道什么时候就已经在巴蜀大地广泛存在。那个时代，拥有一辆自行车大概跟现在拥有一辆小轿车差不多。在两轮自行车旁边加装一个有轮子的座椅，出门时让老婆坐在上面带着遛弯儿，这样的自行车当时就被称为“耙耳朵车”。先有耙耳朵再有耙耳朵车，此说无疑。成都男人难道一定是老婆太凶了才被迫改装自行车的？打胡乱说。而重庆那山城地貌，就算改装出一辆耙耳朵车，你也未必有力气载着老婆到处跑，重庆的耙耳朵男人同样多，怎么说?

如果要细分重庆成都两地的耙耳朵有什么区别，据我观察，结论如下：成都男人做了耙耳朵，但是出门还要装着自己强势，不过是煨耙的鸭子——嘴壳子硬；重庆男人做了耙耳朵，不避讳，不遮掩，理直气壮的耙。具体表现在，成都男人买菜做饭的比重庆男人肯定要少得多。

不管怎么说，从风流的司马相如到多情的韦庄，只要有那似月的垆中女子，就心甘情愿抚琴相伴，终老江南。他们早就给川渝男人做了榜样——做个耙耳朵，也不错!

妖艳儿

照词典上来解释，“妖艳”就是“美丽而不庄重”的意思。美丽固然让人喜欢，而不庄重则一下将其从道德上判了死刑，所以妖艳是一个贬义词。拿这个词去形容的对象，很难找到一个正面人物，它似乎天生就是为风流女人而造的。从发音和含义上看，说这个方言词从“妖冶”转化而来，也说得通。

但是，在方言里，这个词的意义、用法甚至发音都发生了变化。

首先，它加上了儿化音，让一个生硬而暧昧的词语增添了几分戏谑，几缕温情，一定程度上就弱化了它的贬义，使其感情色彩往中性靠拢。同时，那个艳变成了 yé 的读音。在意义上，虽然用于形容一个人的神态和外貌的功能并没有消失，但主要还是用来形容一个人的人品和性格。也就是说，这个词描述实际对象的功能弱化了，而描述抽象对象的功能加强了。

生活中，那些性格开朗，能说会道，见人熟、人来疯式的女人，比如成都人称为“颤花儿”的那种女人，就常常被评价为妖艳儿；电影电视戏曲里的活泼女性角色，也被评价为妖艳儿。妖艳儿一词，有活泼、灵巧、聪慧等意思。比如：

“那个婆娘妖艳儿得很，能说会道，能唱会跳的!”

“你别看她年纪小，嘛，妖艳儿得很，幼儿园的老师都喜欢她。”

妖艳儿也可以说成“妖灯儿活扯”。这个妖艳儿，褒义词无疑。这个意义，偶尔也可往中性的方向表达，如：

“张老者今年都八十岁了，妖艳儿不到几年了。”这里有蹦达、尽情享受的意思。

妖艳儿还有调皮、可恶、狡诈等意思。虽然程度上有差异，但都是贬义词。

“我不怕你妖艳儿，等到我手空了才来收拾你!”母亲恐吓调皮的孩子，这里是调皮的意思。

“那个人很妖艳儿，你少和他打丝绞。”提醒别人交友要慎重，这里是心术不正、可恶的意思。

“上湾下湾三两百人，只有他最妖艳儿，那张嘴树上的麻雀儿都哄得下来，谁挨他一下都要脱一层皮。”这是在讲奸诈之人的可怕。

如果妖艳儿用作褒义，则多用于女性；如果用其贬义，其使用对象就男女通吃。方言中妖艳儿一词，无论是褒义还是贬义，都基本可以用另一个方言词来替代，这个词就是“跩”。

啷巴儿

“啷巴儿”，就是瘦小的意思。因为瘦小，又引申出“小”的意思。人瘦小叫啷巴儿，猪瘦小也可以叫啷巴儿。万事万物，只要瘦小，都可以叫啷巴儿，记得读初中的时候，地理老师讲到太阳系，就说“冥王星是九大行星里的啷巴儿”（看嘛，因为是啷巴儿，现在都被太阳系开除了）。歇后语有“啷巴儿猪儿——打不进圈”的说法。

啷巴儿虽是瘦小的意思，做形容词，但这个词更多时候用作名词。

“那个啷巴儿跟牛高马大的张屠夫打架，打赢了我拿手板心煎蛋给他吃！”（个子瘦小的人）

“这一窝小猪儿有十几个，不晓得那个啷巴儿得不得活。”（个头最瘦小的猪崽）

“把大个的红苕挑出来人吃，剩下的啷巴儿拿去喂猪。”（个头最小的红苕）

“不要随便去招惹杨毛子，那人不是个啷巴儿！”（软弱可欺的人，这种情况也可以说成啷啷儿）

由瘦小进一步引申，还可以表示最小的、老幺、末尾、倒数第一的意思。

“老五是我们家的唧巴儿，大家都惯着他，所以很费（调皮）!”（老幺）

“这次你考了个全班的唧巴儿，咋说呢?”（倒数第一）

“他跑得没力气了，已经掉到唧巴儿了。”（末尾）

以上表达，唧巴儿都是名词。

唧巴儿既可以表达具体事物的瘦小，也可以表达抽象概念的弱小。分开来看，唧也有瘦小之意。如“那个人长得太唧了，做体力活肯定不行。”“那个猪儿太唧了，恐怕长不大。”“这根树子好唧啊，做锄把要不得。”这些都是贬义。“唧”也叫作“唧吊”，“唧唧吊吊”。“那小伙子人长得唧唧吊吊的，看起来还不错。”这里有抻敨、高挑匀称的意思，是褒义。

“巴”在川渝方言中也有瘦小之意，称螳螂叫“巴三儿”，也常做形容词词尾，如“紧巴巴”“皱巴巴”“干巴巴”，无不包含小的意思。儿化音有“小化”概念的功能，如“眼”与“眼儿”，“鱼”与“鱼儿”。三重作用汇于一词，“唧巴儿”不想瘦小都难。

做兄弟姊妹排行中的唧巴儿，那是身不由己，但是在生活中，事业上，恐怕没几个人心甘情愿做垫底的唧巴儿。可以不在人前，至少也希望不在人后，这就是人们对唧巴儿的真实态度。

现在教育部门要求学校考试后不得公布学生成绩和排名。我并不妄言这个政策的好坏，只是觉得如果家长培养一个学生如开盲盒，到最后打开那一瞬间才知道自己孩子的品相，我不知道那该是一种怎样的感觉。不公布成绩和名次就没有成绩和名次了吗？当你闭上眼睛前面就一定是一马平川？唧巴儿永远都是存在的，就怕你打开盲盒时，看到的就是它。

不过，凡事不要看得太重，顺其自然，只要尽力了，也坦然做个唧巴儿吧——人生中，自我安慰当然是必不可少的。

狗儿马搭

物有数之不尽，人有计之不竭，情之滚滚，话之滔滔，难以言说，便冠以“云云”“如此这般”诸语一言以蔽之，如要简单表达，一个省略号也差可表其意。如在川渝方言里，这些意思都可以说成“狗儿马搭”。

俗话说：“鸭棚子搬家都有三挑。”睡觉的棚子，做饭的炊具，吃饭的碗筷，赶鸭的长杆……狗儿马搭一大堆。

孙子满岁，王幺爷赶场购物，有鱼有肉，有菜有酒，有糖果有糕点，有香烟有水果……狗儿马搭一大挑。

张二嫂骂做作业不认真的儿子：“一会儿要屙屎，一会儿要屙尿，一会儿要喝水，一会儿要睡觉。骡子上坡，屎少屁多，狗儿马搭过场多。”

“狗儿”与“马”虽同属动物，却实在八竿子打不到一处。“狗”与“马”的混搭，突出组合元素之间的相异和芜杂，也暗含略说的内容相较前面列举出来的对象而言，要显得次要，就好比介绍台上就座的嘉宾一样，前排的一一介绍，坐后排的就以“以及相关……”一句带过。这一句带过的，都属于狗儿马搭之列。

人入世之初，大概都希望能出人头地，希望有显耀之职，有灼灼之名。在别人的口中都希望享有单独的名号，不要归入以及之列——这个以及，就是“狗儿马搭”了。不过“宁做鸡头不做凤尾”只是一句虚妄的豪言而已，有几人又有几时可以由得你“想是什么就是什么，喜欢谁就是谁”？“狗儿马搭”，毕竟或狗或马尚可以搭，想想芸芸众生，连搭的机会都得不到的该有几何？

当述及某个对象，因为其成分复杂，自然不可亦不必一一列举，只需要几个代表即可。一旦需要代表，所谓代表，就是站到圈子前面代替整个圈子的个体，那就不是谁都可以充当的。主席台上就座的自然是代表，前排就座的也可以代表，后边那些没有专门放置名牌的一望无际的狗儿马搭的位置，坐的是谁，那实在无关紧要了。

不过，要是没有后边众多狗儿马搭者，台上或者前排就座的，就必然显得孤单无聊。他们之所以显得如此突出，也实在少不得狗儿马搭们的陪衬。

我并不刻意追求平淡和平凡。人过知天命之年，早已明白青春是拿来冲锋的，青春之外的时光，也应该拿来看风景。我在桥上看风景，看风景的人在楼上看我，我们相看两不厌，如此甚好。

如果在这个世界上被人提及，被人描述，我即便只属于“狗儿马搭”之列，已很满足！

蜷脚

“蜷”字也写作“踡”，普通话读作 quán，而川渝方言里读作 juān。虽然根据字形就可以大致推测，“蜷”与昆虫幼虫的身体弯曲有关，“踡”与腿部的弯曲有关，两个字之间不过是异体字的关系，其实就是读音相同意思一样的一个字。方言里，“蜷脚”就是把伸直的腿弯曲，为别人让路或者让出地盘的意思，比喻为让步之意，川话也谓之“打让手”。

这世界，没人可以永远阔步前进，势不可当，没人可以永远吃干抹净，分毫不余。面对利益，必有纷争。争锋相对，寸土不让，最终不是同归于尽，就是各剩半条命。每当陷于这样的矛盾之时，要么一方做出主动的让步，要么双方都让步，此之谓“蜷脚”。

清朝康熙年间，文华殿大学士兼礼部尚书张英，其老家人与吴姓邻居因宅基地发生争执，老家人写信给张英，希望借“朝中有人”的优势压倒对方。谁知张英给老家人回了一首诗：“千里家书只为墙，让他三尺又何妨？万里长城今犹在，不见当年秦始皇。”老家人读了此诗，立即停止了争吵，主动退让三尺。这行动也感动了吴姓人家，吴姓人家也主动退让了三尺，这一退又一退，便退出了一个“六尺巷”的故事。这虽是一个老掉牙的故事，却也是一个很好的诠释“蜷脚”的故事。

蜷脚看起来是认输，所以敢蜷脚能蜷脚的人不多，很多时候需要旁人求情，方可不情愿而为之。蜷脚本质是一种主动让步的大度，是一种审时度势的智慧，无论是主动蜷脚还是被动让步，总是首先缓解矛盾的一方。看起来是先认输，其实很可能在道义上占先。与人方便，自己方便，这并不是一句空洞的劝人之语，实实在在是一句指导人生的金玉良言。多种花少种刺，多修路少挖沟。能伸能屈方为大丈夫，像炮仗一样一点就炸的都是黑旋风一样的二杆子。先知进退，方有胜算。忍得一时之气，可免百日之忧。

蜷脚，首先是自保。如一直僵持不下，或者双方互损，可能非但不能多得到什么，也许还会亏老本。蜷脚，其次是双赢。民间讲究“和气生财”，和气就是缓和矛盾，就是蜷脚。你敬我一尺，我敬你一丈，就能唤回善意。张英作为朝廷高官，要压倒对方本是小菜一碟，但张英是见过世面的人，懂得对于永恒的时间长河而言，人生的所有利益之争其实都不值一提。寸步不让，前路阻断；后退一步，海阔天空。蜷脚不仅平息了纷争，且显示了气度，更教育了别人，这世界便由阴云密布变得阳光灿烂，多好的事啊！

成都一辆私家车与一辆出租车在大街上发生了擦挂，两个男人因为赔偿价钱谈不拢，就划“石头剪子布”，愿赌服输。这两人没有变成“路怒男”，却变成了谦谦君子，在社会上一度传为美谈。与之相对的是，两个三轮车夫为了争一单生意，竟拔刀相向，横尸街边，令人不胜欷歔。遇到矛盾，蜷脚与不蜷脚的区别，竟如天壤。

人在屋檐下，不得不低头。人挡他人道，不得不蜷脚。虽然未必人人都喜欢吃亏，但人人都喜欢愿意吃亏的人。吃得亏，打得堆——老祖先早有这喻世明言。我们提倡该出手时就出手没错，提倡该蜷脚时就蜷脚也同样必要。

抻敨

“抻敨”这个词很多四川人常常挂在嘴上，但未必会写。抻敨虽不是川渝方言专用词，但在川渝方言中却有更丰富的用法。

抻敨读作 chēntǒu，用于对人的外表气质的描述，表示标致、匀称、干净、漂亮（或者帅气）、气质佳的意思。称赞一个人抻敨，至少是对这个人外表的充分肯定和赞赏。比如：

“张二妹子耍了个男朋友，西装革履配领带，头发上打摩丝，蚂蚁子爬上去都要拄拐棍，那个条杆儿（身材）好抻敨啊！”

“李老乱那个老操哥，别看他都五十出头了，还有恁多漂亮女人围着他转。除了他有钱，关键是人还那么抻敨，没得改！”

这个“抻敨”主要针对身材，略带一点对气质的评价的意思。仔细体会，可以感觉到：一个人如果身材很不好，就算气质不凡，也不会得到抻敨的评价；反之，则可以。不过如某人身材很好而气质太差，比如那种被称作“蔫笋子”一样的人，一般来说也很难得到抻敨这样的称赞。

“张老师这个人性格温和，人又很讲究，一年四季出门都穿得抻抻敨敨的。”这个抻敨主要形容穿着打扮的整洁和得体。

抻敨一词多用于男性，偶尔也用于女性，表达的意思与用于男性的接近。“别看他是个烟泡儿（精神萎靡的人），找个老婆倒长得伸伸敨敨的。”这里表达的就有漂亮、干练、清爽、身材好的意思。

用于描述人的外在特征的抻敨一词，总体都具有整洁而匀称的特征，这是一种在视觉上可以直接产生美感的特征。在这个意义上，进一步引申，就有了条理清楚、逻辑清晰、镇定大方等含义。比如：

“他虽然只是个高小毕业生，但站在台上大大方方，说起话来抻抻敨敨，天生就有当领导的素质。”

“这个题我想了半天都没有弄明白，我同桌只几句话就给我讲抻敨了。”

在逻辑清晰、条理清楚的形容词意义上，进一步引申，就有了清楚、明白等专用于警告语气的用法。比如：

“不要开黄腔哈，你搞抻敨今天是啥子场合没有?”“酒要喝明白，账要算抻敨。”

为了突出警告的意味，在这个用法下，抻敨两个字常常被有意无意加重语气予以强调。

抻敨还在前面意思的基础上引申出了顺利、平静的用法。

如："想起自己大半辈子都过去了，还没有过上两天抻敨日子，不甘心啊！"

抻敨还可以表达整齐、干净的意思，一般用于具体的对象。如："把被子理抻敨。""终于把屋子打扫抻敨了。"

还可以用于描述抽象的对象，有彻底、了结的意思。如："他拼命打工挣钱，终于把欠了一沟子的账还抻敨了。"

综合以上情形，我们可以看到方言词抻敨意义和用法的演变，其实和所有书面语词汇的变化规律是一样的，大体都是立足于本意，再运用引申和比喻等方式，产生出一系列新的意义和用法，由人到物，由点到面，由实到虚，竟形成了以一个方言词构成的丰富复杂的语言生态圈。正因为此，无论那些意义和用法有多么复杂，其实它们都有着紧密的内在逻辑的联系。

二跛跛

“二”（贰）这个在汉字中第二简单的字，实在是一个意味深长的字。即使是在古汉语中，如逆子贰臣、二三其德、国不堪贰等，虽都与其本意有所关联，却都早已超出了其作为基数词和序数词的词义范围。在川渝方言里，二也有着丰富而巧妙的含义，就算这几年二作为一个网络热词大行于世，表达“半呆不傻”之意，其实也大体没有超出其本意和方言词义的范围。

川渝方言里，“二”具有居中、各半的意思，暗含分量均等，并不是简单拼凑两样的意思。如，称没有完全燃烧的煤炭叫作“二炭”，称一种比大锤小比手锤大的锤子叫作“二锤”，称比孩子大比成人小的半大人叫作“二杆子”，称信奉洋教的中国人叫“二毛子”，称半肥半瘦的猪蹄膀叫作“二肥坨”，称一半粳米一半糯米磨粉做成的粑粑叫作“二米粑”。说人不稳重就说“二甩二甩”的，说东西没煮熟就说“二粑二粑”的，说倒通不通就说“二通二通”的，说头脑不够清醒就说“二昏二昏”的，说人水平有限技艺不精就说“二跛二跛”的。称那种水平有限技艺不精的人，就叫作“二跛跛”。

跛者，站姿歪斜，既不正也不倒；跛者，虽可行走，却不可疾行。总之都是处于中间状态，再加上二的以上信息，就更加强化了这层意思。二跛跛就是半罐水。俗语云“满罐水不响，半罐响叮当”，就是讽刺二跛跛既能力不足又骄傲张扬的德性。

王木匠做板凳，一坐就垮，因为王木匠学手艺没能出师，王木匠是个二跛跛木匠。杨金良补铁锅，把人家的一个小口子的铁锅补成了两大块，杨金良是个二跛跛补锅匠。张蒿子帮人杀年猪，猪儿竟带着刀子跑到坡上去了，张蒿子是个二跛跛杀猪匠。二跛跛做事爱逞能，却又大多成事不足败事有余。

有个姓覃的小学老师，在那个特殊年代，因为家是贫农，兄长是公社民兵营长，于是被推荐去读了中师。人笨基础差，中师毕业后，连小学都教不下来。先是控制不了课堂，接着是挨了一个莽小子的拳头，最后班上的学生大都辍学。大队干部去动员学生上学，学生家长说：“那个二跛跛老师，别把我娃儿教傻（哈）了!”这个覃老师教书教不好，最后被调到公社完小去做了食堂炊事员，据说他做饭的手艺还行。

人不一定分三六九等，但能力一定可分二五八级。能力有大小固不足奇，只要站在适合自己的位置上，每一个人就是最优秀的。如果说垃圾是放错了位置的财富，那么也大体可以说二跛跛也是站错了位置的人才。一个人要是站错了位置，无论是主动的还是被动的，就很可能成为一个二跛跛。古代有个喜欢卖肉的国君，卖肉是把好手，做国君就是个二跛跛；后唐主李煜，写婉约词是顶尖高手，当皇帝却笨死了，是一个二跛跛皇帝。

孔子引周任之言曰“陈力就列，不能者止”，其实是在提醒人贵有自知之明，干得了就认真干，干不了就下课。人，找准自己的位置很重要。

四

俗语民谚

巴蜀风

SUYU MINYAN BASHU FENG

打裸莲呵嗨

旧时女性缠足，在严重摧残女性的身心健康的同时，还形成了一种对女性的畸形审美观。传统说法称“三寸金莲，四寸银莲”，长于四寸的统称“铁莲”。但是川渝方言的说法是“三寸金莲，四寸银莲，五寸裸莲”。金莲、银莲虽有档次之分，到底还算赞美，金银贵重而铁相较而贱，已经看得出古人那种畸形标准了。五寸之脚，就算缠过，也近乎天足；而天足就是没用裹脚布缠过的脚，被称为裸莲——也明显有着世俗对大脚的嫌弃甚至羞辱的意味。

因为未曾缠足，或者缠过而效果不佳，才会导致五寸的大脚出现，这便成为女人懒惰的证据。裸莲作为一个名词，在川渝方言中就逐渐演变成一个形容词，这个形容词的词义，就是懒惰、疲沓、敷衍、邋遢等意思，还同时演变出“打裸莲呵嗨（呵欠）”“裸而莲之”的说法。

在升斗坡读初中时，我每天都要经过五里冲一个季姓人家的屋侧边。他家院坝外田边有一个大水缺，水缺长年累月都在叮咚着流水，流水冲刷着水缺下堆积着的一些脸盆大小的乱石头。那些石头上，我常常能看见有一些破破烂烂的衣物，那些衣物被石头压着，在水流里摇摆飘荡。过了几天水里的衣物不见了，我就看见院坝边的竹竿上有晾着的布片在风中飘飞。我把我的所见讲给母亲听，母亲哈哈大笑，说："十里八乡都晓得那一家人裸莲得要死，他们家的衣服都是交给水缺洗的!"母亲口中的裸莲就是懒惰、邋遢的意思。

在农村，就算是年龄不大的村童也往往要帮家里干一些农活。母亲叫我去挖土，我只挖了个猫盖屎，母亲就会吼我："老子晓得你在打裸莲呵嗨，今晚上宵夜你就站在后门喝风哈!"母亲让我去翻苕藤，我在地里蹲了半天只翻了半厢土，母亲就数落我："看你那个裸而莲之的样子，你二天啷个找婆娘哟?"这里就是懒散、敷衍、拖沓的意思。

大邑县安仁镇的建川博物馆里有一个民俗主题的展厅，陈列着很多弓鞋。那些鞋都是旧时裹脚女人穿的，一双双鞋都绣着精致的花纹，但是那匪夷所思的外形，联想到那些彻底扭曲变形的女子的脚，让人看了心中产生久久的别扭。我又想起了一个有着"三寸金莲"而又勤劳一生的人，她是我家隔壁的一个长辈，我们都叫她"大婆婆"。从我记事起一直到她去世前，她给我的印象就是每天左手提着一个装着几十斤重的猪潲的木桶，另一只手从她家门口开始就撑着墙壁，一小步一小步地经过我家的门口，就这样艰难地去到十多米远处的猪圈——她有着一双很小的尖尖脚。虽然我们小时候也朝着她顽皮地唱过

"老婆婆，尖尖脚，汽车来了麻不脱"，但是大婆婆一生的勤劳给我留下了永生难忘的记忆。我的外婆也是尖尖脚，我的姑婆也是尖尖脚，我敢断定我从未看见过的祖母也是尖尖脚，但是她们都不是懒惰的人。

虽说裸莲一词源自女性的缠足，裸莲跟懒惰有关，但是其含义和用法成为方言词之后，却不是专为羞辱女性而存在的。作为一个川渝方言词，裸莲带着深深的历史印记。打裸莲呵嗨，是一种不良的生活态度，理当受到批评和否定。

蚂蟥听不得水响

蚂蟥，学名水蛭，一种水生的环节动物，在农田沟渠里很常见。它最令人厌恶和害怕的特性，就是吸血。一旦附着在人畜的身上，不声不响，无痒无痛，当你发现的时候，它已吸得肠肥脑满，肉身滚滚，并隐隐地透出一种暗红色来，看着甚是恐怖。更恐怖的是，它吸附在皮肤上，还会将头部钻进皮肉，很不容易把它扯出来，就算将它扯了出来，那伤口立即就会血流不止，即使慢慢止住了血，伤口也会长时间淤青发痒流黄水。

我生物学知识欠缺，除了上述那些我知道的情形之外，对蚂蟥并无多少别的了解。听说蚂蟥还有分身术，你如果把它斩成两段，它就会变成两条蚂蟥；斩成三段，它就会变成三条蚂蟥，照这样的道理说下去，我要是将它碾为齑粉，它岂不是一瞬间就像孙悟空一样，拥有了花果山的满山猴子猴孙？看来，蚂蟥再坏再恐怖，我们还不能伤害它——蚂蟥成了惹不起的“坏人”！

川渝俗语有“蚂蟥听不得水响”一说。我并不知道蚂蟥是否有听觉，那囫囵的一条肉身，就算长有耳朵，我也不知道耳朵长在哪里。但蚂蟥的确有这样一种特性——一旦平静的水面有了晃动，它们就会飞奔而来，我疑心是它们的身体对水波的震动很敏感。看见它们从四方八面，将那草绿色的身子一伸一缩地飞奔过来的时候，你会突然想起“趋之若鹜”那个成语来，一定会陡然升起一种毛骨悚然的恐惧。

这句俗语当然不是在向人们传播科学常识，而是在讽刺某种人——喜欢凑热闹的人或逐利的人。这种人无论是视觉还是听觉，无论是嗅觉还是味觉触觉，都敏感于常人。只要哪里人多哪里热闹就往哪里拱，“身上拴根红腰带，十处打锣九处在”就是说的这种人。上湾有了麻将声，下湾有人心不宁。一个补锅匠周围就可以围得里三圈外三圈，只为看个热闹。如果只图好耍好看，凑热闹还可理解，还有一种人，有人跳楼也要驻足围观，夫妻打架也要趴窗起哄，这就暴露出人性的无聊邪恶本性了。

用蚂蟥比喻逐利者。只要有利益可图有便宜可占，它们反应比谁都快，蜂拥而至，无所停留无可阻挡。一旦吸上，就算丢命也绝不松口，而且它是不声不响而来，让你不知不觉献血。其欲望之强食量之大，超乎想象，因为它们为自己这惊人的欲望准备了一个具有巨大伸缩性的皮囊。

呜呼！这防又防不了，扯又扯不脱，打又打不死的饕餮，请老天给指引一个送瘟神的法子吧！

扁担与打杵

川渝俗语有这样的说法："只有担断的扁担，没得撑断的打杵。"仔细揣摩，这话真的很有哲理。

扁担不用解释，打杵需要简单说明一下。蜀地多山多丘陵，道路崎岖不平，物资运送多靠肩挑背扛，甚至途中歇气也往往难以找到一处适合搁稳背篓箩筐的平地。尤其是四人抬大石头这样的重活，半路上要换肩，又不能停下来，这是很麻烦的一个事情。于是蜀人发明了一种换肩歇气的简易工具，就是打杵。打杵，其实就是一根一米多长的竹竿或者木棍。挑担抬杠行进时，将打杵拿在手上，要歇气时，在扁担或抬杠上找一个合适的支点，用打杵顶着垂直撑在地上，这样只要稍稍用手扶着就可以换肩，或者停下来休息。背背架子在崎岖不平的山道上行走时也少不得打杵，支撑背架子的打杵就是一个"T"字形的棍子，需要歇气时，将打杵放在背架子的底部撑住就行。

的确是这样，扁担往往又宽又厚，有时还会断裂，而打杵通常只是一根径不盈寸的棍子，却少有被撑断的。扁担是横向支撑，打杵是纵向支撑。稍有力学常识的人，一说就懂；就算没有学过物理的人，虽不可言传，亦应可意会。

这句俗语，来源于日常劳动生活，却并不用于解释劳动生活本身，而用于对抽象生活的评价和感叹！

当有人对承担某事信心不足时，就有人用这话来鼓励。当有人对别人能否承担责任和义务表示怀疑时，就有人用这话来安慰。这两层意思，其实有一个共同点——鼓励人动脑筋，使巧劲。

记得读高中时，我有一段时间感觉学习比较吃力，有些灰心。平常从不过问我的学习的母亲，却突然问起了我在学校的学习情况。我说，我有个同学，每天晚上都不回寝室，就在老师的办公桌上睡觉。他这样勤奋，我做不到。母亲沉默了一会儿，说道："只有担断的扁担，没得撑断的打杵。"我明白了母亲的意思，她是希望我不一定要拼命去死学，但可以用自己的聪明劲儿去巧学。那年高考，我这根"打杵"的确比那根"扁担"要考得更好。

我们平常习惯于对勤奋的肯定和赞美，这句俗语其实也在告诉我们灵活的重要性。父亲在时，经常用他自创的一个词提醒我——做事情要有灵精巧变。这"灵精巧变"四个字，其实就是四个打杵。

打杵虽小却不易断，关键在于它用的是巧劲，而不是蛮劲。这句俗语就是在肯定和赞赏巧劲，在提倡做事灵活圆通。

并非做扁担不好，扁担自有扁担推不掉替不了的责任和作用。如果你只是一根小棍子，你就是想做一根扁担也没有机会，那么请你不要灰心丧气，请你不要自暴自弃，就好好做一根打杵吧，它同样可以支撑起一副重担来！

逼牯牛下儿

牯牛就是公牛。如果牯牛能下儿，公鸡也就可以下蛋，男人也就可以生孩子。逼牯牛下儿，就是逼别人做不可能做到的事情，表示要求过分，也表示完全不具有可能性。有对别人过分要求的怀疑、否定甚至谴责的意思。

小学时有一个同学，人并不顽劣，读书却永不开窍，每次考试语文可以得十几分，算术几乎回回都是零分。老师在赶场的路上碰到了那位同学的家长，说起了孩子的成绩。那家长说："张老师啊，你就不要费那个菩萨心了哈，他那个木脑壳，要他考及格，不是逼牯牛下儿吗？"张老师觉得很无趣，从此不再管他。那小子一直混到小学毕业，算术一科考试从没有超过十分，这头小牯牛的确没法下个儿。

在这里我忍不住要抓住教育问题多说两句。《孟子》记载了这样一个小故事：一个叫弈秋的围棋高手同时教了两个徒弟。一个徒弟很认真，"唯弈秋之为听"，棋艺很快大有长进。另一个徒弟却总是走神，"一心以为有鸿鹄将至"，还常常神经兮兮地做出弯弓射箭的动作。当然这一个徒弟棋艺就一直没什么长进。故事本来想说明的问题是学生学习的专注度与学习效果的关系问题，我却想到了“逼牯牛下儿”这个俗语。后一个学生的爱好甚至理想志向可能并不在围棋上，就算是弈秋这样的“通国之善弈者”，也照样无法让其成才。如果让他去学射箭打猎，估计很容易成为业中翘楚；如果一定要他成为围棋高手，这不是逼牯牛下儿又是什么？在我们的校园里，不知道有多少正被家长被老师逼着下儿的牯牛啊？

从教育的角度上说，逼牯牛下儿明显违背了孔老夫子因材施教的原则。孔子“弟子三千，七十二贤”，说明的问题不仅是成绩水平具有高下之分，还有职业分流的道理在里面。下儿是母牛的事，就让母牛去干吧，让牯牛去干牯牛该干的事。

传说某乡间一对青年男女正谈婚论嫁，女方家却要求男方必须给十万块钱的彩礼。男方家庭本来条件就差，被女方家一逼，年轻人当着未来老丈人的面就冒出一句：“你这不是逼个牯牛下个儿吗?”女子父亲一听，回了一句：“要是你这个牯牛下不了儿，就别想我家的母牛给你下儿!”一对好好的姻缘就这样散了，而这神回复竟在乡间遐迩流传。

正常情况下，牯牛当然不会下儿，这是生命遗传的规律。但是，如果沾上一个“逼”字，也许真有意外出现。有遗传就有变异，有变异，就“一切皆有可能”。有的被逼死，而有的因逼而重生。不怕做不到，就怕想不到，牛有多大胆，肚有多大产。只要真正激发了内在精神的能量，一切结果都不会意外。

想起了古人那惊世骇俗的誓言："上邪，我欲与君相知，长命无绝衰。山无陵，江水为竭。冬雷震震夏雨雪。天地合，乃敢与君绝。"（《上邪》）这为坚贞不渝的爱情发的毒誓，放到今天来看，这哪叫赌咒啊？冬天打雷，夏天下雪，早已不是什么稀奇事。修路架桥，要削平一座山头还不是小儿科吗？有多少曾经水量丰沛的河流早已断流？可能最厉害的是"天地合"，那么请问天地分开过吗？这样看来，其实天下本没有什么绝对不变的真理。

所以，不要逼人太甚，也不要怕被人逼——人生转圜之处原本是很开阔的。

帮你提草鞋

凡踏于脚下之物，因为蕴含被踩踏，与秽物直接接触的信息的缘故，都有被贬低的意味。这不仅是一种象征，也是正常人的一种普遍的心理反应，比如洗了脸的毛巾让你揩脚，你大概无所谓，但是反过来的话，你一定难以接受。帽子垫坐可以，鞋子放你头上绝对不行。

传说李太白混得最好的时候，是在长安供奉翰林，杨贵妃请他写赞美诗都得亲自为其磨墨。而与这个故事相关的太监高力士则被黑得最惨——他得亲自给李太白脱靴。杨贵妃磨墨，显太白之傲；高力士脱靴，贬太监之贱。这故事无论怎样编，都不可能把杨贵妃和高力士的工作互换，因为太监之贱只能与靴（鞋或者袜）产生关联。

基于以上的心理认知，四川方言中就有一个专门用给别人“提草鞋”打赌的话。帮人提鞋，可见其身份的卑贱，况且提的还是草鞋，便是贱上加贱了。以愿意帮人提草鞋来打赌，就是以自己甘处低贱作为条件来打赌，以此显示自己必胜的信心，这就颇有点“置之死地而后生”的悲壮感。话语模式通常是“你要是×××，我给你提草鞋”！虚拟语气，真有一股逼牯牛下儿的豪气。

“你要是能把这个机器修好，我给你提草鞋！”

“你要是能在这块地里种出西瓜来，我给你提草鞋！”

“你说的话都兑得了现，我给你提草鞋！”

对自己的判断有一种十足的把握，对对方的能力有一种强烈的怀疑与蔑视。

这话还有一种更冒险更壮烈的说法：“你要是能×××，我拿手板心煎蛋给你吃！”“你要是能×××，我把我的姓倒着写！”拿自残拿尊严来打赌，仅凭这气势都会把人吓退三分。比较而言，似乎提草鞋之说还要温和一些，那鞋底的秽物鞋里的脚气实在算不得什么了。

不过，但凡打赌，都有风险，就算有十分把握也难免阴沟翻船。打赌失败，不过两种结果——兑现和耍赖。记得十几年前，台湾地区有个叫王世坚的人，赌国民党和民进党在台北市选举的胜负，以跳海发誓。结果赌输了，被一些想看他难堪的记者逼着兑现“誓言”。被逼得没法，他也就真的跳海了——从船上跳到海里去（然后迅速爬上船，连呼“冷死我了”）——一个彻头彻尾的无赖！

提鞋有风险，发誓须谨慎。不然小孩子就会追着你唱：“赢得起，输不起，帽儿拿给狗戴起。”

捏到鼻子哄眼睛

说到“捏到鼻子哄眼睛”，让我想到了古代寓言《掩耳盗铃》的故事。还有一个与掩耳盗铃差不多的故事：

有一个楚国人，在读《淮南子》时，看到书上说，螳螂准备捕蝉时，就会找一片树叶挡住自己。他受到启发，就在树下观察，终于发现了一片螳螂借以遮挡自己捕蝉的树叶，就准备摘下那片树叶来隐身。谁知那一片树叶突然掉到了地上，与别的树叶混在了一起，让他无法分辨。他只好把地上的树叶全部扫起来带回家，一片一片地举着问他老婆看得见不，老婆都说看得见。后来他老婆厌烦了，于是糊弄他说看不见。楚人欣喜若狂，立即拿着这片树叶去到集市上，用这片树叶遮住自己的脸去窃取别人的财物。玩这自欺欺人的把戏，其结果自然是可想而知的。

掩耳盗铃与一叶隐身的寓言，都以对本来不存在逻辑关联的两个方面强加关联性，来夸张地讽刺自欺欺人的可笑。方言俗语捏到鼻子哄眼睛与此有异曲同工之妙。如说二者还有什么区别，大概就是前者是古代寓言故事，而后者是纯粹口语化的方言俗语，前者是书面语体，更多地出现于文化层次较高的社会群体，后者更接地气，流行于民间。

捏到鼻子哄眼睛的说法，并不需要故事来支撑，显得更加简洁有效。两种不同的感官，具有各自不同的功能，眼睛自然不知道鼻子的嗅觉，就像鼻子不会懂得眼睛的视觉一样。硬要把这两者联系起来，不过是既要让自己心安理得，也想借此骗过别人。既然可以捏到鼻子哄眼睛，自然也可以闭着眼睛哄鼻子。

我的母亲，以及所有乡下的人都不会说那两个寓言成语，但都会说捏到鼻子哄眼睛。

“让你把自己的衣服洗一洗，你就放在盆子里喂了一口水就了事？你真会捏到鼻子哄眼睛。”

“你看你挖的土，全是挖的猫盖屎。捏到鼻子哄眼睛，你哄得到我？”

仔细琢磨这个俗语的时候，就会体会到它实在有比掩耳盗铃、一叶隐身生动得多的意味在。铃也好叶也好，都是身外之物，怎比得鼻子与眼睛的关系？鼻子和眼睛看起来关系多么紧密，却又有天壤之别。因为关系紧密，所以便于用来行骗，这就叫杀熟；因为二者又有天壤之别，所以骗术难以成功。捏到鼻子哄眼睛，这样的欺骗手段是多么的荒唐，这样的欺骗手段，自欺也许可以，欺人绝无可能——生动地揭示了欺骗者的愚蠢可笑。

选取生活中最常见最易得的材料，表达一种众人所知的抽象道理，真正体现了民间俗语的智慧。

一根头发就遮脸

“一根头发就遮脸”这句话，看网上有一种说法是，一根头发都能够遮住的脸，说明脸很小，比喻“不要脸”。此说纯属望文生义的想象，至少这不属于川渝方言范围里的用法。“一根头发就遮脸”，并不是形容某人脸太小，也不是形容某人头发粗，而是用脸的宽度与头发的细小形成强烈反差，形容一个人心眼儿小，处理矛盾小题大做，唯我独尊的德性。

人与人相处，并不总是一团和气，心存芥蒂，偶有龃龉，甚至激烈冲突，都属正常。而任何矛盾的爆发，必有一个量的积累过程，就算发展到拳脚相向的地步，大概也不会让人觉得意外。但是，生活中有一种人，对人缺乏隐忍宽容之心，为一丁点小事就会立即翻脸，丝毫不给对方面子，让对方下不了台。人们称这样的处事态度就叫作“一根头发就遮脸”。

张大嫂张二嫂是两妯娌。虽然早已分家独过，但谁家有点好吃好喝的，都不忘给另一家送一点去。两妯娌相处如姐妹，这让很多旁人看来都很羡慕。两家各有一个女孩儿，活泼乖巧，天天都在一起玩耍，与同胞无异。可是有一天，两个孩子为争一个洋娃娃闹矛盾，张大嫂的女儿把张二嫂的女儿的脸抓破了。看到自己女儿脸上的血印，张二嫂心痛不已，直接抱着女儿怒气冲冲地撞开张大嫂的家门，要讨个说法。张大嫂性格比较温和，想到平时相互处得不错，于是一再低声下气地道歉。但是张二嫂还是不依不饶，最终惹毛了张大嫂，于是回敬道："我好话也说了，错也认了，也答应带孩子去看医生，你还是骂骂咧咧，不依不饶。平时大家都处得好好的，你现在一根头发就遮脸。杀人不过头点地，你犯得着这样吗?"

"一根头发就遮脸"通常是被欺负一方对欺负人的一方的指责和警告，包含有愤怒、谴责、质问、委屈等多种情绪。意思是用某种根本算不上理由的理由大做文章，激化矛盾，翻脸不认人。运用对比、夸张、比喻等修辞手法，达到强化语气，增强气势的效果。如换做"就这么点小事你就翻脸"这样的说法，两相比较，"一根头发就遮脸"显然更形象生动痛快淋漓。

"一根头发就遮脸"除了用来表达以上意思，也可以用来表达性格直爽，不徇私情，不讲情面的意思。这个用法显然属于褒义。如：

"你不要到张主任面前去求情，事情是你做错了的，你自己承担，张主任那人，一根头发就遮脸，到时恐怕让你更下不了台。"

从古至今，那些正直无私的清官循吏，因为坚持原则，所以绝不枉法，因为心怀国家，所以不徇私情，因为廉洁自守，所以绝不贪赃。要是有谁逼他改变这些他视若天规的人生信条，那就是等于逼他折腰，逼他下跪，逼他侮辱自己的灵魂，他当然是不会接受的，他当然会一根头发就遮脸。相反，有些当初还能自律，最后被熟人的糖衣炮弹被老婆枕头风拉下水的人，恐怕就是在面对熟人面对家人的时候，没能硬起心肠做到一根头发就遮脸的缘故，最终落得身陷囹圄身败名裂的结局，实在可恨可悲！

又费马达又费电

这句俗语显然并不古老，但是流传甚广。

网上看到一则新闻：一个文贼，四个月时间在网上剽窃了近二十篇文章去署名发表，先后赚取了近两千元稿费。谁知被原作者发现，群起揭发，在网上曝光了文贼。这还不是故事的重点，重点在文贼自己的一段坦白中——我本来是在企业做统计工作的，每月也有五六千收入，但还是嫌工作太辛苦，就辞掉了原来的工作，决定靠这个手段（剽窃）大干一场，发财致富。那四个月，我几乎天天都坐在电脑前搜文、编辑、投稿，熬了很多个通宵，人都瘦了二十多斤，胡子长得老长，面色灰暗。但是前前后后只收到近二十个用稿通知，有的稿子用了也没有通知我。四个月我得到了不到两千块钱稿费。我不但大失所望，而且一直担惊受怕，知道总有一天要被人发现。我准备放弃，想回到原来的单位去上班，谁知道老板理都不理我，叫人把我轰出来了。现在被人抓住，不但丢了工作，还丢了脸。唉，真是又费马达又费电啊！

网上还有一个新闻：山东某地两个男人，在玩电子游戏的时候，受到游戏币的启发，花了十八万买了一套设备准备造假币，结果只造出来十六万就被抓获。不但生意折本，而且身陷囹圄。要是让这两个男人谈感受，我估计用又费马达又费电来指称这种行为是再恰当不过的了。

马达就是电动机，由电驱动产生动力。如果耗了不少的电，电机又磨损严重，却提供不了足够的动力，岂不是又费马达又费电？凡是投入多，效益差，既费经济又费人力，既伤身体又伤感情的事情，都可以用这句话来形容。

人生自然需要精准计算，但是最好不要精于算计。王熙凤机关算尽，反误了卿卿性命。美国人深陷阿富汗二十年，花钱无数，死人无数，到头来还得灰溜溜地撤军。干这种“双费”的事，岂不活该！

“又费马达又费电”，说别人，是一种讥讽；说自己，是一种解嘲。有个哥们儿花了十多万包鱼塘养鱼，两年后只收回不足五万元，这就是又费马达又费电。有个同事追一个女子追了三年，不但花光了所有的积蓄还借了一屁股的债，最后那个女子还是跟了别人，这就是又费马达又费电。鸡飞蛋打，也属于又费马达又费电。都叫亏大了！

这人世间，有谁能够保证自己做事永远只赚不赔？即便如此，有些事也还是需要让一些步，认一些输。做生意讲究利益得失，自然要计较投入和损耗。在亲情友情爱情方面，恐怕不该如此计较。马达用废电耗完，吟成诗就是“春蚕到死丝方尽，蜡炬成灰泪始干”，这不就又帅又美又高大上了吗？

电是用来做功的，马达是用来转动的，该费还是得费。铁公鸡，谁喜欢呢？

拿只手提裤儿

“拿只手提裤儿”是一句极具挑衅意味打赌的话。

两人下六子棋，其中一个气壮如牛地说：“我拿只手提着裤儿都要赢你。”就这一句话，就会激发双方好斗的情绪。连战几个回合，要是挑衅者赢了，他就会昂首挺胸傲然离去；他要是输了，对方就会抓住机会，将挑衅者羞辱得无地自容。

“拿只手提裤儿”，表示只需要一只手就可以对付你，赢你的意思。不仅如此，另一只手还要提裤儿。那就说明，不仅只用一只手对付你，而且还要分出精力去应付别的事情。别说全力以赴，连拿一半的力量对付你都属于胜之不武，不但一心可以二用，而且双手各行其是，大有登泰山而小天下的豪气。这气势越壮，对对方挑衅力度羞辱力度就越强。其实，很多时候，做很多事情，本来就用不着两只手，比如前面的下棋。说这话，只是一种夸张的修辞，是一种态度，一种信心，一种战前的自我动员，一种欲不战而屈人之兵的战术。

小时候，夏天在乡村堰塘里跟小伙伴裸身玩水，也常常会说这样的话：我拿只手提着裤儿都比你游得快。说这话的时候，也没想想——裤儿在哪？话一说完，几个小小的浪里白条就会扑通一声跳下水去，奋力游向彼岸。放学回家的路上，同路的孩子总喜欢找一个稍平一点的地方斗鸡——一种提起一只脚，单脚跳动相斗的凶猛游戏。有人向我挑衅“我拿只手提着裤儿都要赢你”。我个子矮小，自知不是他的对手，当然不敢直接应战。但是我有小聪明，我说：你若真的拿一只手提着裤儿，我就不怕你。那家伙果然中计，用一只手提腿子，用另一只手提着裤腰。我看见他向我冲了过来，知道情况不妙，迅速单腿跳着往远处跑。那家伙在追我的途中，不经意间放开了提裤腰那只手。我一看，立即大喊“我赢了我赢了”，在大家的哄笑声中，那个牛高马大的同学极不情愿地认输了。所以，我那时就明白一个道理——不要轻易挑衅别人，更不能逞匹夫之勇，脑子很重要！

一群人喝酒，中途有两个家伙不知怎么就赌起来了。一个说：你那酒量，我拿只手提着裤儿都要赢你！另一个本来没有拼酒的信心，被这一激，立马应战。双方“小钢炮儿”（分酒器）盛满，只待裁判一声令下就举酒下肚。突然有个看热闹的说：别忙别忙，拿只手提着裤儿吧！那家伙愣了一下，果然拿只手提着裤腰，另一只手端起“小钢炮儿”一饮而尽。两个人接连拼了三个回合，都喝晕了，坐在那里摇摇晃晃。大家发现那个发起挑衅的家伙，提着裤腰那只手真的一直都没有放。有人让他放下来，他歪着身体卷着舌头说，他认输我就放下来，他不认输我就不放。回头一看，那一个已经扑在桌上睡着了。其实，酒场即战场，口号未必就是战斗力，所以在呼口号的时候请一定要记得同时举起拳头。

“拿只手提着裤儿都要……”这句话，通常只在日常随意的场合使用，正经的场合，这话就显得非常轻佻庸俗。但是，还是有人冒险使用。某学校校长平庸无能，副校长心里瞧不起他，有一次两人之间的矛盾终于公开爆发。争吵之中，副校长说：“别以为你是校长，我拿只手提着裤儿都比你干得好！”一句话把校长气得翻白眼。后来，校长调走了，副校长升正了。升正后的副校长果然干得很出色。在一次喝酒的时候，我开他玩笑：“你手酸不酸嘛？”他开始茫然视我，然后哗然而笑。

我说，你这是大俗即大雅。他说，那时年轻气盛，不懂事，不懂事，贻笑大方！

膀子客不怕注大

陪着别人下棋打牌，围着棋牌局看热闹，给下棋打牌的人鼓劲，帮下棋打牌的人出主意，就叫“抱膀子”。抱膀子的人，川话就称之为“膀子客”。

“观棋不语真君子”，观牌也是一样。这既是对膀子客的赞美，也是对膀子客的警告——因为有的膀子客往往只看热闹不过瘾，还会喳闹催促，甚至情不自禁地直接动手帮别人动棋牌。凡棋牌类的竞技，参与者终究是有限的，抢不到位置或者没本钱参与，又拒绝不了游戏的吸引者，就只好做个膀子客。

“注”即赌注，孤注一掷的注，是赌博时押上的本钱。赌博的输赢除了赌技，还要靠运气，所以赌客下注就总会患得患失特别谨慎。赌赢了固然欢喜，赌输了亦痛如割肉。这时坐在旁边的膀子客为了图刺激，就会鼓动赌客下大注，巴不得挑起赌桌上最激烈的战火——因为不管谁输谁赢，膀子客终归是个看客，他腰包里的钱不会因桌上的输赢而受损。这种“文钱不舍，光图闹热”的德性，有时还真的可以左右场上赌客的下注。赌客最后的结果，自然或输或赢，心情或悲或喜。而膀子客的心情只有一种——爽歪歪！

“膀子客不怕注大”这句话，适用于生活中的任何与此类似的情形。总有很多人置身事中而犹豫不决，也总有很多人置身事外却分外热心。这热心，有真有假，有善有恶——不管是出于真假善恶，这些旁观者总是看不得当事人的犹豫，巴不得事情搞大好看热闹，其结果无论是牛打死马还是马打死牛都不关他的事。

两个男人挽起袖子要打锤却未动手，旁边的人倒焦躁起来，喊道：“看他那瘦壳叮当的样子，怕他个球，要是我的话早动手了，打，打呀！”有人要跳楼寻短见，围观者中就有高声催促“快跳啊，别耽误了我的时间”的看客。冷血的言行，其实只想寻求隔岸观火的刺激，谁输谁赢谁死谁生与他有什么关系？

看客，在鲁迅先生的笔下早已被批得体无完肤，那是一种社会的悲哀，也是妨碍社会进步的毒瘤。一般的看客还仅止于看，比如鲁迅笔下那一群看日本人杀中国人的中国人。而膀子客不但看，而且还要怂恿，还要挑拨，生怕眼前正发生着的热闹事情突然平息。膀子客的本质特征是无聊，如果膀子客还无知，甚至还无耻，其结局就可想而知。膀子客所追求的，不过就是一点心理的满足，但是这点心理满足却需要别人付出代价，甚至是沉重的代价。如此看来，膀子客实在是可恶。

其实我们生活中的每个人，都有可能充当当事人和膀子客的角色。如果我们都能够设身处地换位思考，作为当事人若能够安心接受别人的建议，作为旁观者也能够真心为别人提供善意的建议，这个世界就会增加很多的安宁。那种朝着楼顶上站立了很久而没有行动的寻短见者叫喊“快跳”的膀子客，应是世上最邪恶的鬼。

牛儿与索索

四川话里有一句言子儿（谚语）——牛儿都跑了还心痛那根索索！

川话中绳子又叫作“索子”或者“索索”。牵牛的绳子就叫“牛索子”或者“牛索索”。较之一头牛而言，一根用竹片编成的牵牛的索索，就显得既渺小也不值钱。那句言子儿的意思就是“吃了大亏（或者做了大笔支出）却又心痛小损失”，用来责备甚至讥讽那种分不清利害轻重或者斤斤计较于细小得失的人。

某人体检，查出有癌症嫌疑，吓得饮食不安坐卧不宁。家人劝其去大医院复查，他又坚决不去。一开始家人还以为他怕万一确定了病情情感上受不了，后来才明白他的逻辑是——如果真的是癌症，就是确定了也治不好；如果不是癌症，检查与不检查也没区别。何必费那一笔钱呢？原来那看似合理的逻辑推理之下，隐藏着一个“钱”字，然而他并不是一个缺钱的人。这人最后还是去医院做了复查，消除了恐惧，亲人劝动他最有效的那一句话就是“牛儿都不在了你还心痛那根索索？”

的确，留得青山在，何愁没柴烧？只要牛儿没跑，一根索索还重要吗？

如果以上故事还显示当事人“舍己利家”的精神，虽不值得提倡，倒也有着感人的温情。还有一种人，却是拿着利益得失的计算器，以满足冷酷残忍的私心为目的。一位老人生病住院，儿媳妇却一直不情愿拿钱。后来老人医治无效最终还是离开了人世，那儿媳妇逢人便诉说心中的怨屈——他都那么大年纪了，身体本来就不好，谁能保证花了钱能医得好他的病？看嘛，钱花了，人又没医好，到头来落得人财两空。这时候自然会有看不下去的人去多个嘴，说道“牛儿都跑了何必还心痛那根索索”，这话当然不是安慰，然而也起不到教训的作用，道理很明白：在那个儿媳妇看来，生病的老人哪是值钱的牛，不过是一把毫无价值的老骨头，可能真的还没得一根索索值钱了。

人要生存，就不能不计算利害得失，此乃人之常情，但并不是生活处处都需要算计都可以算计。何况事情已过，结局已定的情况下，过分的算计其实不过是为了寻求一种心理平衡。就算为了寻求心理平衡，果能如愿也不是坏事。而相信人生不如意者八九的道理谁都懂得，却又未必谁都能坦然接受。一旦需要利益付出就如逼其放血，一旦有利益受损则心痛如割其肉。俗话说“人无算计一世穷”，但是不恰当的算计，可能不但防不了物质上的穷，更可能会导致精神人格上的残。

取舍是一种智慧。在牛儿与索索之间，价值近乎天壤，本不存在取舍的麻烦。只不过，不同的人，在不同的时间，不同的地点，会有不同的取舍标准。对于一个坠崖需要救助的人而言，可能一根索索的确比一头牛更有价值。如果真是这样，我想没人会用这句“牛儿都跑了还心痛那根索索”的话来劝导他。如果坦然接受这句话劝慰的人，大概不是脑子蠢，就是心无窍。

所有物质层面的算计，终究不过是一种心理权衡。这种心理权衡，既需要符合科学性，也需要遵守道德律。

火石落脚背

不当家不知盐米贵。

人不成长，不知世事艰难。清贫之家，也出顽劣之子；富贵之门，不乏少成之人。人之一生，若无重担加肩，极易轻浮一世。一旦责任降临，无论是自愿还是不自愿，那种随之而来的从肉体到内心的压力甚至痛苦，会让一个轻松自由惯了的灵魂，倍感煎熬，此之谓“火石落到脚背上”。

火石，最早是指民间用来敲击取火的石头，后来方言泛指烧红的木炭或者煤炭小颗粒。比如“夹一颗火石来点烟”“冷烘笼里一颗火石都没有了”，这里的火石，其实就是小火星（注意：不是太阳系那个火星哈）。

火石落脚背，才晓得疼痛；责任加肩上，才晓得沉重。

父母承担了生活全部的重担，子女竟以为日子都是阳光灿烂，懒散懒惰都还是小毛病，更有甚者啃老无度还觉得理所当然。直到某一天，父母再也无法依靠时，方知火石落到脚背上的感觉。

记得十多年前北方某省有一个二十几岁的女子，痴迷于追港星，不谈恋爱不成家，多次南下赴港，希望能与心中的偶像见上一面，最好是能够得到偶像的一个拥抱。小学教师退休的老父，面对沉迷不醒的独女，无计可施，只好次次负债相随，甚至被逼得打算卖肾。最后老父实在无路可走，竟投水自杀。连明星本人听说此事，也表态批评，称不赞成女子这样的行为。十多年过去了，又有好事者将这个女子再次置于公众的视线——已人到中年的女子，言及当年行径，自感无限悔恨。现在父母不在，现实终于将自己逼回了相对正常的人生轨道，才明白原来人生并不是在父母的荫蔽之下那么轻松自在，当生活的种种压在了自己肩上的时候，才意识到当初父母的艰难——这一番痛彻心扉的话语，虽其情也真，而其时也晚！火石落到脚背上，才晓得烫——早知如此，何必当初！

把话说宽一点，一个团体，甚至一个社会何尝不是如此？一个普通人，几时在设身处地为上级管理者着想？要么托天混日得过且过，要么牢骚满腹怨天尤人。责任能推就推能躲就躲，有时还任性地与领导唱一唱对台戏。这种人，如果依靠着单位做一辈子普通角色，他就永远感受不到火石落脚背的滋味。只有所依靠的团体衰落垮杆，他才会立即感觉疼痛。还有一种可能，就是他被推上了某个责任岗位，角色发生了转换，肩上有了重担，他也会有火石落脚背的感受。

有一句俗话："只看见贼娃子吃肉，没见过贼娃子挨打。"如果现在你变成了挨打的贼娃子，你就会感受到挨打的滋味，这滋味正是火石落脚背的滋味。

火石落脚背，是我们的长辈用来警告和规劝人们要早懂事敢担责的通俗比喻。成长都有一个过程，怕的是在过程中“不长”。“不长”的人生，一旦火石落了脚背，别看火星很小，烧死你也未可知！

茄子不开空花

春华秋实，只是一种愿望，而非一种必然。天下植物万千，有的只开花不结果，有的开很多花结少量果。也许这是花本身的能力有限，但人们却认为这是花的不诚实。而茄子，作为一种常见的蔬果，它却具有开花必结果的秉性，于是“茄子不开空花”便成为民间的一句满含哲理和道德评判标准的俗语。

“茄子不开空花”也说成“茄子不开虚花”，常用来表达不撒谎，讲信用，说一是一，说二是二，言必信，行必果的意思。茄子不开空花，孩子不说假话——这既是对孩子的教化，也是对别人的夸赞。茄子不开空花，真人不说假话——也可以用来做自己诚信的保证。

这世界，虽然未必人人都自觉追求诚信，却人人都喜欢诚信的行为，人人都喜欢诚实的人。口若悬河，夸夸其谈，天花乱坠，喷珠溅玉，结果却口惠而实不至，就好比艳花盈枝，一阵风过，落英缤纷，或随水而逝，或零落成泥，枝头却难见几粒果实。更有甚者，口蜜腹剑，犹如罂粟、曼陀罗，致死致幻，虽然结出果实，却是害人之物。归纳起来，不还都是一个诚信的问题吗？所以，话不在多，唯信为大。

周幽王烽火戏诸侯，最终落得自刎的下场；《伊索寓言》里撒谎的孩子最终落得羊被狼吃的结局；《木偶奇遇记》中的匹诺曹撒一次谎鼻子就长长一截，这都是从反面揭示不诚信的危险。

秦国商鞅变法，为了向国人立信，下令在城南门外立一根三丈长的木头。发出号令，谁能将此木头扛到北门，就赏金十两。国人不信，没人扛木。赏金升至五十两，终有了心动之人，将木头扛至北门，商鞅立即兑现赏金。这一举动，使秦国政权在百姓中树立了诚信的形象。这就是历史上有名的“立木为信”的故事。曾子老婆要去赶场，儿子要跟着赶路，曾子老婆就说你就在家里，等我赶场回来就杀猪猡猡给你吃。曾子老婆赶场回来，曾子立即准备杀猪。曾子老婆很生气地说，这不过是说了耍的，你干嘛当真？曾子说：“婴儿非与戏耳。婴儿非有知也，待父母而学者也，听父母之教。今子欺之，是教子欺也。母欺子，子而不信其母，非所以成教也。”意思就是说：大人是不可以跟小孩子开这种说话不算数的玩笑的，这是在教他们不诚信。曾子果真就把猪儿杀了。这就是有名的“杀豕守诺”的故事。这些传递的都是正能量。

在这里我必须讲一个人的故事，因为我认识他。成都郫都区有一位名叫董贵生的军人，曾参加对越边境自卫反击作战。

老山战役打响后，他和战友约定，如果谁活了下来，谁就要一辈子照顾阵亡战友的父母，替牺牲的战友尽孝。那虽然只是一个临时的口头约定，但他牢记在心。战争结束后，他负责送达84位战友的遗物和阵亡通知，并对牺牲战友的父母说："从今以后我就是你们的儿子，我会为你们养老送终。"复员后，他和妻子在乡间开了一家名叫"听涛园"的农家乐，依靠微薄的收入，以及一些社会赞助，从那时至今，他每年都会在春节、清明节、中秋节等节假日，分批次组织老人们去云南扫墓，或者给老人们寄衣服鞋子；谁家父母病重他一定会去看望，谁家父母老去他会前去尽儿子之孝……他这样一直坚持下来，从未间断。一言既出，驷马难追；一花既放，必得其果。一个普通人，却践行了千金之诺，其精神道德光辉耀眼，堪称楷模！

《论语》有言："人而无信，不知其可。"做人不轻易许诺，一诺千金。人言为信，出口必行。做人如此，一个部门一个国家也应如此。只开花不结果，不但浪费了春天的大好时光，还辜负了无数期盼的眼睛。由此不是更能看出"茄子不开空花"的可敬和可贵吗？

吹了灯恨两眼

眼睛会说话。爱恨情仇，不一定得用嘴，一双眼睛（甚至一只眼睛，甚至闭上眼睛）就足够传情达意。古代文人的作青白眼，男女之间的眉目传情，恋人之间的望穿秋水——看看，何须嘴上吐一词半字，传达的信息已足够完整丰富。但是这得有一个前提——眼神传递的空间要足够的清澈透明。

“吹了灯恨两眼”，即在黑暗中用眼睛传递恨意。有黑暗的阻隔，再多的恨意都只能湮灭在黑暗中。这句川话俗语，用来比喻背着某人表达对某人的愤怒和仇恨的意思，含有无可奈何和懦弱之意，比起那句“搬起石头砸天”更形象更生动，比那句“敢怒而不敢言”更通俗接地气。

有一个二流子曾横行乡间，偷鸡摸狗无恶不作，且有极强的报复之心。谁家被他糟害了，都只有忍气吞声，要是声张出去，等来的一定是那二流子加倍的报复。大家都恨他，却又不敢当面得罪他，老实的乡人为此说得最多的一句话就是“吹了灯恨两眼”。

有个同事因一件小事招致了单位领导的厌恨，那领导就经常给这位同事穿小鞋，打夹夹，搞得同事非常恼火。在一次酒桌上，同事趁着酒意尽情抒发对那位领导的不满情绪。同桌一个伙计听不下去，把酒杯一顿，训斥道："平时屁都不敢放半个，喝了酒就壮了怂人胆。你还不是只能吹了灯恨两眼！"我以为这一顿训斥会激起他的斗志，结果他已经趴在桌沿边睡着了。

"敢爱敢恨""快意恩仇"，这些都是浪漫主义的笔法。现实生活，不是武侠小说的情节，即使你心有所向，命运也未必给你如此豪迈的机会。正如有些爱永远无法说出来一样，也必定会有很多恨永远只能湮灭在自己的心底。恨得咬牙切齿，那是自己的牙齿；恨死他一堂血，那死血是想象的幻觉——这些恨，不都是吹了灯的恨？世间既有单相思，自然也就会有单相恨。

世间总有不平之事，人心总有爱憎之情。有些情绪是可以当面锣对面鼓地发泄的，有些却是不敢不愿或者不能。有求于人，受制于人，可以用自己的退让换取某种想要的结果；心有不甘，无奈势不如人，力有不逮，便有万千恨意，也是枉自。一句话，身在屋檐下，不得不低头。这时，最安全的发泄方式，就是"吹了灯恨两眼"。阿Q挨了假洋鬼子的"文明棍"之后，眼见着假洋鬼子走远了，便咬牙切齿地对着假洋鬼子的背影骂一句"儿子打老子"，竟然可以立即心平气和甚至心满意足，可见"吹了灯恨两眼"也未必没有一点正面实用的价值。"精神胜利法"，谁的身上没有一点呢？

歪竹子长正笋子

歪竹子长正笋子，这本没有什么稀奇。因为所有的竹子长高以后，由于自身的重压，或多或少都会弯腰，而初长的竹笋由于有足够的生长空间，加上竹林的庇护，又没有自己身躯的重压，大多会直直向上生长。只不过竹子都是笋子长大的，笋子终将会长成竹子；今天的正笋子，就是明天的歪竹子。把这种关系移植到生活当中来，便可以见出一番人生的感叹。

歪竹子长正笋子，四川方言里的这个俗语，并不是在感叹生命轮回的宿命，而是只把重点放在那“歪”字与“正”字的一次性比较上，用于感叹两代人之间的良性突变。而且，在歪与正之间，此话语强调的重心又要视语境而定，或者强调歪，或者强调正。

有一农家，男人嗜酒好赌，女人脑子不够用，日子就过得有些黯淡。生一男孩，七岁发蒙，背起一个破书包在村小学读书。夫妻二人从来不管孩子读书的事，其实就是想管也不会管，因为他们自己都大字不识一箩筐。奇怪的是，那孩子从小学一年级开始，成绩就非常出色，并且从小学到初中，从初中到高中，成绩竟然都名列前茅，最后以全县文科状元的身份考上了人民大学——这在我们老家人们口中的说法是“一根笋儿就读上去了”。这事曾在全县引起轰动，轰动的原因主要还不是那孩子考得好，而是孩子的父母那让人不敢恭维的素质。都知道有什么样的父母就有什么样的孩子，可谁知这意外的反差更容易产生震撼性的戏剧效果。遗传的说法站不住脚了，唯一的解释就是老坟山埋得好！最后总少不了那一句感叹——格老子，歪竹子长正笋子！感叹中，有几分嫉妒，有几分赞赏，还有几分无奈。

我们并不知道他们家的老坟山风水如何，我所知道的是那男人虽然嗜酒好赌，却从未亏尅过儿子的生活，那女人虽然脑子不够用，却给了孩子全部的母爱。有这些已经足够了，孩子长成了一根正笋子，其实是顺理成章的事情。人们只把眼睛盯在歪竹子的歪上，而这两棵歪竹子与别的歪竹子还有不同的地方，这是人们很难看到的。

曾有一位先生，业务素质很不错，但也嗜赌如命，而老婆却是河东狮。这位先生曾因在外欠赌债被老婆暴打，还为了防备老婆的搜查在办公室的鞋壳里藏钱。这些事情，常常被很多无聊的同事拿来取笑。逐渐地，这位先生就在大家的心目中形成了懦弱而猥琐的形象。那一年，这位先生的女儿高中毕业，考上了一所好大学。别的同事不管是出于何种心理，都在赞叹他的女儿出息，有嘴碎的竟直接问这位先生：“你一天都在麻将桌上，你女儿是怎么读出来的啊?”问话者本来想借此机会又取笑他一番，谁知那位先生将头一扬，朗声回道：“老子是歪竹子长正笋子，咋啦?”这一回答堵住了别人的嘴巴，也成了单位上流传多年的谈资。

歪竹子长正笋子并非必然，这个需要合适的水分，合适的养分，合适的温度，合适的湿度，合适的光照……家庭教育，子女培养，与此同理。

山猪吃不来细糠

山猪就是野猪。这野山之兽，凭通身野性，横冲直撞，人人见而惧之。看起来虽毛长牙尖，面目狰狞，其实日常也不过寻点野果草根之类的东西果腹，偶尔窜入农家田地，运气好猛嗨一顿红苕苞谷，运气不好还会被猎狗火药枪撵得魂飞魄散。一句话，山猪一辈子就没吃到过什么好东西，没玩过什么格。

家猪就不同了。它们虽然长肥了就要被杀来吃嘎嘎，却正因为如此，可以享受到主人提供的吃了睡睡了吃的生活福利。农家养猪，青饲料是主食，米糠就是营养的精华。米糠是稻谷剥离的外壳，分粗糠和细糠。粗糠粗糙，主要成分就是谷壳；细糠细腻，是磨细的谷壳与大米表皮的混合。细糠不仅营养价值比粗糠高出许多，其味道肯定也比粗糠要好得多。再挑食的猪儿，只要往猪槽里撒上一把细糠，就是一桶清水都可以被它呲溜呲溜吸干净。粗糠与细糠之喻，就是粗食与精食，就是一切粗鄙简陋与高雅精致。

饲料之于猪儿，如一切享受之于人。猪分家猪野猪，人有三六九等（你可以不同意）。不同的人有不同的生活条件，养成不同的生活习惯。虽然总体来说，穷人向往富人的生活，倘若让二者换个位置，且不说富人受不了，可能穷人也未必全受得了。所谓富有富的福分，贱有贱的天性。富贵者发出“何不食肉糜”的奇论，自是缘于他们对贫贱的不屑；而阿 Q 在梦中做了向往已久的无所不能的革命者时，他所能想到的，也不过是“把秀才娘子的宁式床搬到土谷祠里去”。这真应了那句网红名言——贫穷限制了想象。

山猪吃不来细糠，就是土包子玩不惯洋把戏的意思。请你喝洋酒，你说味道如同猪潲水；请你吃西餐，你说像拿着手术刀上手术台；请你吃煎牛排，你说血淋淋的就吃又不是野兽！——其实这个时候，你在家猪、洋猪们的眼中，早就成了上不得台面的山猪了！

山猪吃不来细糠，既可以居高临下表达对卑者的不屑和嘲笑，也可以作为卑者自我解嘲的武器。倘若有人用“山猪吃不来细糠”羞辱你，你不妨借过来自我解嘲。山猪也许享受不了细糠的精致美味，而家猪也享受不了山猪的狂野和自由。当家猪被当做牲醴宰杀的时候，山猪们还在山野草丛里晒着自由的太阳呢。

人要上进，这是常理，但是一个人无论上进到哪个层次都仍有高下之分。人与人之间不可不比，但事事比时时比也未必可取，人比人比死人。做人，既要有敢于攀登的勇气，也要有望峰息心的明智。只要懂得这道理，“山猪吃不来细糠”这句俗语就不会对我们产生杀伤力。人若被虚荣心挟持，就算你天天吃细糠，你永远都还是山猪。超越心为物役的境界，你的世界就开阔了，这时就算你是一头山猪，也是一头快乐自由的山猪，吃不吃细糠又有什么要紧呢？

玩格与丧德

川话有个俗语："玩不够的格，丧不完的德。"

先说"玩格"。玩当然就是享受的意思了，还暗含有显摆的意味。格就是格调，就是资格，就是排场，就是一切值得显摆让人羡慕的身份和生活方式。人有了身份，就要享受与自己身份相属的特权，人有了金钱，就要享受与自己的财富相称的生活——这种玩格，虽不一定让人认可，倒也没多少人说闲话，人们说这是一个人的福分。有一种人，因偶然的机会，获得了某种超出了自己的能力和权限的享受，必定有刘姥姥进大观园一样的新奇和狂喜，不尽情享受简直是浪费机会，不高调显摆简直是不合天理。这种玩格，总逃不了最终丧德的下场。

传说刘文彩每天要喝人奶，不知是否真有其事。而那个一直被称作水牢的地窖，却的的确确是他储藏大烟的冷库。从成都专门修了一条公路到大邑安仁镇，供他那辆福特小轿车行驶。在那个时代，这样的享受有几人能够拥有？这就叫玩格。还曾传说某某人用牛奶洗澡，某某人吃鲤鱼专吃嘴角边的胡须，某某人用金链子做裤腰带……假如真有其事，这些都是玩格。

样板戏《红灯记》里的日本鬼子鸠山先生说："喝喝美酒，听听收音机，简直是神仙过的日子！"这在那个时代的确是玩格，如放到现在，至少听听收音机早已落后到都不好意思说了。由此可见，玩格也是与时俱进的。记得二十多年前，我有一个同事，他老婆做香烟生意，很有钱，家里安装了一部摇柄式的黑色电话机，他的口头禅就是"该玩的格就要玩"。现在回头来看，竟有点沧海桑田的感觉了。非洲有一个部落，部落中的贵族女人每个人的脚踝上都套着一坨十多斤重的石头，沉重的石头让她们走起路来缓慢吃力。而这种看起来痛苦不堪的事情，在她们看来竟是一种玩格——她们认为，只有穷人才会匆忙地追赶生活，贵族是不需要匆忙的。这样的格，你想玩吗？所以，是不是真正的玩格，还要视具体情况而定。

再说"丧德"。川话里丧德一词，在重庆一带变音为葬德。丧德本来是缺德、失德、残忍的意思，比如看到那些心狠手辣残忍无度的家伙，有人就会感叹："那人太丧德了，剐了五百个青蛙！"丧德一词后来逐渐演变出丢脸的意思，诅咒别人，一旦说出"丧了你家祖宗八代的德"，这骂语就极具杀伤力了，骂一声"何必那么葬德"便是鄙夷至极的意思。在重庆地区，丧德还具有可怜、悲惨等满含悲悯同情的含义。如看不得别人苦戏的人，就会眼泪汪汪地说："那个人好丧德哟！"口语中，后两种用法相对更普遍。

“玩不够的格，丧不完的德”，这俗语中的丧德，是丢脸或者可怜的意思。有人一辈子都在玩格，有人一辈子都在丧德。客观地讲，这是物质条件决定；主观地讲，这就是命运。而这句俗语要针对的，是既玩过格又丧过德的人。先丧德后玩格，这是先苦后甜，叫作进取；先玩格后丧德，这是先甜后苦，叫作堕落。这种具有剧烈起伏强烈反差的人生格局，最具有戏剧效果。表面光鲜，却不知道其背后的凄凉无奈。眼前的路边落魄鬼，也许昨天还是富贵堂上客。贼娃子吃好东西就是玩格，贼娃子挨打就是丧德。

玩格与丧德，大多时候是交替着或者并排着在伺候你的人生。有个曾经在一个企业里干采购的人，拿着企业的钱走南闯北，吃香喝辣，见了无数的风景，玩了无数的排场。后来厂子垮了，他就失业了。手上无权兜里无钱，啥事不会干，结果后半生落得老婆出走，吃了上顿没下顿的结局。我有一个亲戚长辈，年轻时风流潇洒，穿洋皮鞋戴罗马表，长期在外做生意操社会，极少回家，到处花天酒地，惹草留种。晚年病重体衰，困苦无依，只好回到家来。由于其大半生在外浪荡，未尽丈夫和父亲之责，家人甚怨。看在亲情的份上，两个女儿将他安顿在一处空房里，每天送饭递药。半年后他在那空房里凄然离世。如果我们要给他写个墓志铭，“玩不够的格，丧不完的德”是最恰当不过的了。

死牛不丢草

有一句俗语说："人是铁，饭是钢，一顿不吃饿得慌。"这虽说的是人，动物何尝不是如此！

还有一句俗语说："人为财死，鸟为食亡。"说的是人和鸟，不也同样适用于牛吗？

人吃饭还要分个顿头，牛不分。牛是食草动物，体大胃大，只要嘴边有草，它随时都在吃，先囫囵咽下去，储藏在大胃里，等有空了时再来反刍（倒嚼），再进入小胃消化。牛，无论病到何种程度，都不会轻易放弃嘴边那一口草料。死牛不丢草，这也许是一种求生的本能。牛，辛苦一辈子，"吃的是草，挤出来的是奶和血"，实在让人崇敬，我们本来就没有资格拿牛来开玩笑的。

川话俗语"死牛不丢草"这句话，真的不是在取笑牛，是用来说人的。

这句话可以用在普通话题中，表达一种轻微的责备，或者嫌厌情绪。记得家父在世时，喜欢抽叶子烟，经常斜靠在床上抽。他又经常生病，病到饭都吃不下了的时候，他也要抽烟，抽得连声咳嗽，气喘不停。这时，母亲总会送他一句“死牛不丢草”的责备之语。

死牛不丢草，如从正面来说，就是执着，就是永不言弃。但是在方言里这个说法基本上都是用作贬义，常用来表达对贪婪之恶的讽刺。美色、地位、名声和财富，只要正当追求，无人敢说不该。如一切追求至死不渝，不合情不合理不合法不合生命逻辑，直至身败名裂，甚至丢掉性命也不放弃，就可以送他一句“死牛不丢草”批语。

读过巴尔扎克《欧也妮·葛朗台》的，一定记得那个老箍桶匠——吝啬鬼葛朗台。他不仅想方设法骗取了亲生女儿的财产继承权，而且在咽气之前，给女儿的临终遗言竟然是“把一切收拾得好好的，到那边来向我交账”。牧师给他做临终弥撒的时候，他竟然用尽生命的最后一点力气，伸手去抓在他眼前晃动的银质法器。如此视财如命，死而不已，用这句“死牛不丢草”来形容，形象至极。

还有一个传说的故事：永州多江河，当地人素习水性。有一外出经商的人回家，与一群乡人同乘一小船渡江。船至江心，突然刮起一阵风浪，掀翻了小船。落水的人凭着良好的水性，很快就游上了岸，回头一看，发现那个商人还在江心扑腾。人们在岸上大喊：“你不是水性很好吗，怎么还游不上来?”商人在水里挣扎着说：“我跳船的时候，把褡裢里的一千枚大钱取出来缠在了我的腰上，特别沉，所以游不动了。”大家都劝他快把钱串解开丢掉保命，可他觉得这是他离乡背井千辛万苦赚来的钱，怎么可以丢掉呢？最后，岸上的人只能眼睁睁看着那个商人沉入了水中。

再看看有些贪官，明明已经听到警笛声声，还是忍不住往家里搬银子。要钱不要命，死牛不丢草——贪极必蠢。命都丢了，钱有何用？仔细再读读《红楼梦》里的《好了歌》吧，也许会明白“命”与“草”的关系。

说话不栽根

做事不认真，说话不栽根。这句批评人的话，是并列关系而非因果关系。

川渝民间有一句歇后语：“神仙跟人改（解）木头——天一锯（句）地一锯（句）。”某人说话天一句地一句，就是典型的不栽根。说话不栽根，就是信口开河，信口雌黄，就是打胡乱说，没有依据，不讲逻辑，也就是不靠谱。一棵树苗要能够成长，首先需要栽——即种到地里。栽后需要成活，就必须要长根。树苗长了根，才会吸收水分和营养，才会紧紧抓住大地向上生长而不倒伏。一个稳重的人，就犹如一棵根子深扎泥土的树。栽根一词，偶尔可以用于对稳重人品的评价，如“那个人很栽根的，你拜托他的事大可放心”。更多的时候，栽根用于评价一个人说话。说话不栽根的人，总显得轻浮浅薄，轻则让人笑话，重则会失去信誉，遭人排斥和蔑视。

有个乡下姑娘，大大咧咧不拘细节，说话脑子总是少一根弦。有一次她患了感冒，接连打了几个喷嚏，于是抓住身边同行的另一个姑娘叫道：“糟了，我遭你遗传了！”听了这话，身边的姑娘直接蒙了。她向她爹要钱买新衣服，她爹逗她："你连喊我三声老汉儿，我就给你。"她一听，不高兴了，头一昂说道："你连喊我三声老汉儿，我给你钱嘛！"她老汉儿一听，抓起手边的扫把就追，吓得那个傻女子逃到坡上去立起不敢回屋。

有一对父子，家里再无别的亲人。那年两爷子吃年饭喝酒，父亲说："我们还是喊拳热闹一下嘛？"儿子立即响应："请起走啊，弟兄好啊……"后面的指头还没比划出来，他爹的筷子头就落到头顶了。有人给儿子做媒，怎奈家徒四壁，做父亲的竟毫无信心。两个年轻人见了面，女方居然不嫌弃。小伙子去女方家上门，倒也勤快知趣，立即扛着锄头跟未来的老丈人上坡挖土。老丈人挖土卖力，一会儿就额头冒汗，头顶冒烟。小伙子一看，就殷勤地说道："爸，你歇会儿吧，看你头上的毛都滴水了！"这样说话，还要得个铲铲。一场姻缘，立即洗白。

某人跟部门几个同事吃饭。部门领导刚从泰国旅游回来，还沉浸在兴奋的回忆中，便翻出手机里的照片让大家欣赏。其中有一张领导跟一个浓妆艳抹的女人的合影，领导把着女人的腰笑得一脸灿烂。某人突然说："那是个人妖吧？好吓人啊！"领导把手机一收，说："是我老婆！"饭局突然一片死寂。

很多时候，说话不栽根，并非是智力不够，仅仅是说话不过脑子而已。普通人说话不栽根，似乎还勉强可以原谅。有些名人，也有同样的毛病，而且还有过之而无不及，伤人至深，还洋洋自得，殊不知，已露出了自己浅薄的尾巴。

如果说话不栽根仅仅是不过脑子，那也只是可笑而已。倘若是运用插科打诨，只为占人便宜吃人欺头，那就是可恶！因此，一个人是否“栽根”，显示着这个人的修养程度。

门多对子多

早在秦汉以前，我国就有在门上挂桃符的习俗，在桃木板上写上神荼和郁垒，用于驱鬼辟邪。到了五代时期，人们便把联语题到桃木板上，挂于门楣，挂联习俗趋盛。唐宋时期，也有贴左门神秦叔宝，右门神胡将军（尉迟恭）的木刻人像的习俗。后蜀主孟昶于除夕题挂“新年纳余庆，佳节号长春”对联，开启中国民间贴春联的习俗。“千门万户曈曈日，总把新桃换旧符”，王安石《元日》诗中所写的正是这一习俗。随着这种习俗的进一步发展，对联出现了节令联、行业联、名胜联、题赠联、贺联、挽联等很多类型，成为中华文化中最具民族特色，最有广泛性的一种文学样式。

对联，又叫楹联，又叫门联，俗称对子，绝大多数都是贴在门楣上。在民间，老百姓贴对联并不局限于大门，而是猪圈门、牛圈门、羊圈门、柴屋门、厕所门、前门、后门，见门就贴。敬神祭祖，驱鬼辟邪，造喜庆，求平安，似乎都想借这几张纸一并解决。一副对联由上下联和横批构成，一个门一副对联，所以说——门多对子多。

“你今天怎么又迟到了？我自行车坏了。”

“你可以让家长送你啊？我家长出差了。”

“你可以赶公交嘛？公交车不顺道。”

“那你为什么不早点出门？我出门才发现自行车坏了。”

“你怎么总是这一套理由？因为你总是问这些问题啊！”

以上是一个班主任老师跟一个迟到学生的对话。无可奈何的班主任最后骂了一句：“你不但骡子上坡屎少屁多，而且还门多对子多！”

有些人有找借口的习惯，也有人是遇上了令其不满之人，都容易出现门多对子多的消极对抗现象。后者还稍可理解，前者一定是一种性格缺陷。凡事不自己主动想办法，遇事就找理由躲避，找借口推责。无人可以说服他，他却可以对付任何人。他宁愿把自己的所有精力和智慧用于找借口，也不愿意用于认真主动做好一件事。你有一个门框，我就有一副对子。你有一个理由，我就有一个借口。

门多对子多，用于指责那种总喜欢为自己找各种借口推脱责任的德行，具有比较强烈的厌恶感。

找借口推责任，这本是人之通病。有人染上这种病很快痊愈，而有人染上则成为终生痼疾。普通人养成这种门多对子多的习惯，顶多有些令人厌恶而已。连“力拔山兮气盖世”的项羽，在生命的最后时刻，也仰天长叹“天之亡我”，这借口找得实在难以反驳，比前面那个常常迟到的学生厉害多了。如果纵观项羽的一生，你就会发现，每一次的失败他都有借口的。

现实生活中，一旦某个单位出现违规违法事件引起了社会关注，第一时间得到的信息，大多是“临时工所为”，这些部门单位又何曾真正反省过自己的过失？一个人，甚至一个社会，如果没勇气接受自己的缺点，承认自己的过错，当面对现实的责难时，通常就会上演门多对子多的把戏。

门多对子多，是一种自负与怯懦混合而成的杂症。不好治，但是得治！

你算哪把夜壶?

夜壶本是一种早前用于夜间撒尿的罐状容器，为了便于在被窝里使用，便设计为提梁靠上，壶口侧倾的模样，从其结构来说，当然符合人体力学原理。

川渝民间有曾经客栈打更者的吆喝流传："要屙屎，有罐子，莫在床上摆摊子；要屙尿，有夜壶，莫在床上画地图。"可见夜壶使用的广泛性。虽然少数博物馆有夜壶收藏，它也最多只能做个配件，而绝无成为镇馆之宝的可能。马未都先生曾称赞夜壶这名字取得文雅，但毕竟其功用与秽物密切相关，因此无论其由何种材质打造，无论其造型何等精致美观，无论它的名字多么文雅，它终归是上不得台面的俗物。

基于以上原因，四川方言便赋予夜壶第一种寓意：贱而脏。

最能代表这个寓意的话语便是"你算哪把夜壶"，用于对对方的极度蔑视和讥讽。

"你地皮子都还没有踩熟就开始指手画脚，你算哪把夜壶?"将对方比作夜壶就赋予了对方低贱和肮脏的属性，意为

“就算你可以排上座次，你也只是一把冒着尿骚气的夜壶”，已经暗含着尿都不尿你的意思。这样的话语极具攻击性和羞辱性，有种一句话就要震住对方打哑对方的力量。这句话还有一层意思，就是“你就是一大堆夜壶中最贱最脏的那一把”。夜壶都已被贬得一文不值，何况其中最贱最脏那一把？

与“你算哪把夜壶”意思相近的还有一个说法“你算老几”。从前闯江湖占山头，是一定要排座次的，比如一百零八个梁山好汉，比如威虎山三爷和老九。位次有前有后，地位有高有低，权势就有大有小。“你算老几？”这确乎是一个需要搞清楚的问题，不然你就不知道自己有几斤几两，别人也不知道你有多大来头。如果你自己不知道或者假装不知道，当别人提醒你“你算老几”时，你已经被别人排斥甚至敌视了。不过，你算老几相较你算哪把夜壶而言，恶意要弱很多。

话又说回来，夜壶虽是供撒尿所用的器具，却因为谁也躲不过吃喝拉撒的凡俗之事，也就自然避不开夜壶这个凡俗之物。夜壶常置于床头隐蔽之处，人一旦内急，夜壶就被请出，甚至揽入温暖的被窝。一旦内急解除，夜壶立即就被置于远离枕席之处。夜壶这种有用时就被亲近，用过了就被嫌弃的命运，与生活中人与人之间的某种关系何其相似乃尔！

由于以上原因，夜壶这个器物的名字，四川方言又赋予了它第二种寓意：有用则取无用则弃的人。

生活中有一种世俗功利之人，当有求于人的时候低三下四恨不得把对方供在自家香火上，一旦对方失去利用价值立即弃之如敝屣。被抛弃者就会用“你把老子当夜壶”的话来谴责对方。这话与四川方言中“要人就要人，不要人屙尿淋”表达的是同一个意思。在这意义上，夜壶是自比，用于谴责别人的势利无情和表达自己的愤怒。

把脸抹下来

“把脸抹下来”，有时还说成“把脸抹下来装在荷包（衣兜）里”，这句川渝流行的俗语，有几层意思：

第一，表示羞愧自责。“今天的事情太丢人了，我真恨不得把脸抹下来装在荷包头！”这比起“恨不得地上有条缝钻进去”或者成语“无地自容”来说，生动贴切，通俗形象多了。

第二，表示愤怒谴责。“没想到你这样下作，你二天走路最好把脸抹下来装在荷包里！”这与“没脸见人”或者“羞死你屋头的先人”相比，更具讽刺性，更具杀伤力。这个意思，还有个说法是“把脸抹下来夹在裤裆里”，这个羞辱的力度更大。

第三，表示不讲情面。“那个人一根肠子通到底，做事情不讲情面，把脸一抹下来，天王老子都不认！”

为什么不是把眼睛抹下来，把鼻子抹下来，把耳朵抹下来？因为这些东西只是脸的组成部分，并不是脸的全部。一旦说“把脸抹下来”，其实就是说把五官全部抹下来。中国是一个人情社会，人情就是一张脸，所以中国也是一个刷脸的社会。由五官组成的脸，在古代称为颜，“无颜见江东父老”的颜，就是现在所说的面子、脸面。

面子之于国人，有时简直近乎生命。有人被伤了面子会以夺取别人生命作为报复；有人被伤了面子会以放弃自己的生命作为抗争。“三张纸画个人脑壳——你好大的面子”，虽是一个讽刺，也可见出面子无疑是个让人欣赏的东西。有里子没面子等于什么也没有，有面子无里子至少可以暂得虚荣。因为讲人情，所以打不开情面常常成为人际交往中顺利行事的障碍。亲人、熟人，以及一切有关系的人，相互之间至少需要保持最低程度的尊重。如果不讲原则，一味地讲尊重，就是放不下面子。

“把脸抹下来”，就是放下面子，成语纡（屈）尊降贵也是这意思。“把脸抹下来”，从这角度上讲，那种情绪的转变，含有犹豫、勉强、羞愧等复杂成分。力拔山兮气盖世的楚霸王，因为“无颜见江东父老”而乌江自刎，要是他“把脸抹下来装在荷包里”甚至“塞到裤裆里”，还真是“卷土重来未可知”!

放下面子，既可以理解为放下自尊，也可以用于表示抛弃人情，坚持原则。一个“抹”字，化抽象为形象，将那种特定的情绪变化表现得淋漓尽致，分明含有不顾情面毫不犹豫的决然，如果还装在荷包里，那就是更加坚决的不顾情面。抹得下脸，就是放过自己，事过之后，脸面还会找回来。抹不下脸，可能就放过了别人，而自己却要承受丢脸的后果。

“脸”，对于任何一个正常人来说都同等重要。竭尽全力护住自己的面子，不顾一切扯下别人的面子，其心理构成本质是一样的。面子固然重要，但抹不下来，死要面子活受罪的感觉也一定是不好受的。凡事不可走极端。

砍了皂角树，免得老哇叫

老哇就是老鸹，也就是乌鸦。大概出于一种自我保护的本能，老哇喜欢在皂角树上筑巢，因为皂角树不仅树形高大枝繁叶茂，而且枝干上长满了成簇的尖刺，这些都是天然的保护屏障。老哇喜欢鸣叫，发出哇哇的叫声很难听，很吵人，常常让人厌恶。于是产生了一句方言俗语——砍了皂角树，免得老哇叫。

以前农村贫困，农家为了对付大半年的人来客往，开年后挂在高高灶屋顶的那几块腊肉总是舍不得吃。当腊肉只剩下最后一小块的时候，大概就剩下看的作用了。青黄不接的三四月间一过，人们肚子里早已没剩一滴油水，于是那一小块挂在高处的专供看的腊肉就自然会引起人们强烈的欲望。大人再馋还可以控制，小孩子就不行，成天吵着要吃嘎嘎。被吵烦了的家长，只好骂一句“砍了皂角树，免得老哇叫”，就拿起竹竿取下腊肉来。当最后一小块腊肉被吃掉之后，就算很久不沾油荤，也听不到馋嘴小孩子的吵闹了——老哇真的不叫了，因为晓得叫了也是白叫。

有一年，某校得到了上级分配的一个高级职称指标，然而这一年申报高级职称的人竟有七八个，而且个个都觉得自己符合条件，这个机会非自己莫属，于是相互之间明争暗斗，手段尽出，争夺得血流股裆。面对如此激烈的竞争，这个名额给谁不给谁，校长很为难——谁也不想得罪，谁也得罪不起，怎么办？校长想了两天，去了一趟教育局，回来召集全校教职工开会宣布——我已向教育局申请放弃这个高级职称指标，你们都别再争了。下面一个看热闹不怕多事的家伙长叹一声："砍了皂角树，免得老哇叫!"会场开始一片静默，接着突然爆发出一片杂乱的笑声。

是人都有欲望，区别只是欲望有大有小以及欲望的正当与否。皂角树是老哇栖息之所，自然是老哇欲望的寄托。砍掉皂角树，老哇只好另觅别枝，树下的人便可耳根清净。

有了矛盾就要解决矛盾，但是解决矛盾不能停留在表面，甚至胡乱使出釜底抽薪的手段。正如吃掉了最后一块腊肉，并不能永久消除嘴馋；退掉了职称指标，并不会消除竞争者的愿望。更可怕可恶的是"火锅盆里吐口痰——大家都别想吃"。前些年，某单位评年终奖，有人觉得自己被不公平对待，多次去领导办公室吵闹无果，便向上级部门举报本单位私设小金库。单位私设小金库肯定是违规违纪行为，上级立即调查并收缴了相应资金，结果单位年终奖全体泡汤。不过这个举报人的动机也实在无法恭维——我得少了，你们也别想多得，大不了大家都打空手回家过年。往深处去思考这些现象，就会突然想起我们的古人所说的“不患寡而患不均”的话，因为一旦不均，就会出现不安的结局。然而如果用砍皂角树的方法来避免不均，恐怕不安也接踵而至。砍掉这些皂角树，虽可以让耳根暂得清净，但这样的清净只是一时，也许更大的老哇叫还在后面。

须知——现实生活中只会砍皂角树的人，多是无能之人，而那些爱叫的老哇也大多不是什么好鸟。

屋檐水点点滴

古诗文里，风声雨滴，梧桐芭蕉，西窗屋檐这些意象，往往构建的是一种略带忧郁和寂寞的古典意境。雨打芭蕉，梧桐夜雨，“一叶叶，一声声，空阶滴到明”，就算有些凄凉，也非常唯美。

川渝方言里有一句“屋檐水点点滴”的话，我也觉得，这是川渝方言中少有的一个满含诗意的俗语。

除了夏天的瓢泼大雨，一般情况下，雨下在屋顶，雨水顺着草顶或者瓦沟流向屋檐，然后以不连贯的水滴的形式垂落到地面。这景象，具有长时性、连续性、重复性的特点，极像生活中的某种情形。像生活中的什么情形？父母与子女之间家教的传承和养育与报恩的情形。

就一生而言，父母与子女之间存在的这种关系是平静自然，持续不断的一个交流过程。父母有样，子女学样。好的家风，可以让子女耳濡目染，在灵魂里播下和谐美好的种子；好的家教，会把子女锻打成正直善良、勤奋坚韧、言行有度的人。一滴屋檐水落下，另一滴屋檐水也会以相同的形状、相同的速度，落在相同的位置——这和父母与子女之间的关系何其相似！夸一个孩子成器，就总会想到其父母的优点；对一个少年寄予希望，是因为在这个少年父母的身上看得到成功的榜样。这个时候，“屋檐水点点滴”就具有不折不扣的褒义。

只看一滴水，看不出雨势的大小；只看一件事，看不出父母与子女感情的深浅。人生是一个漫长的过程，需要一段一段看下去；就像需要一直观察屋檐水一点一滴的变化，才能看出天上雨势的变化。然而这看起来是一句很美的满含哲理的话，在川渝方言中，它所要表达的意思却并不一定都美好，它有时还是一句满含警告甚至诅咒意味的话，常用在人与人之间吵架的场合。

两个女人因为孩子各逆（闹矛盾）而争吵，其中一个骂道：“不要以为你生了个长雀雀的就幺不到台，老子见得多了，你想养儿得福吗？你就等着他收你的命吧。这辈子老子有的是时间来看，屋檐水点点滴！”意思就是，她这辈子还有足够的时间，慢慢地来见证对方儿子如何不争气，如何败家，如何将父母折磨致死——这话最有杀伤力的地方，就是慢慢见证那点意味。

这句话，一般来说只限于用在对对方一家人之间的关系上的警告和奚落，偶尔也用于对某一个人命运的警告。比如：“不怕你现在狐朋狗友成群，出门就幺五幺六的，屋檐水点点滴，我看得到你裹稿帘子睡土沟的时候！”

看看，精美的意象，唯美的意境，温馨的寓意，当将它还原到油盐柴米的日常的时候，原来也是如此苍白甚至面目狰狞。

扭倒闹，不扯票

四川方言中，“扭”是个常用词。“扭到闹，不扯票”是句口头禅。但是，方言里的“扭”与词典上的“扭”并不是一回事。

词典中“扭”的含义，是指转动、拧断、拧伤、扭捏、揪住等，都指具体的肢体动作。而方言中的“扭”是从这个意义上延伸出来的一种比喻义。意思倒不复杂，就是纠缠（扭到闹、扭到费、打扭扯）。词典意义的扭，无论哪个义项，都包含着抓住不放和转动两个元素——如果不好理解，就想象鳄鱼的死亡翻滚吧。

方言抽象的扭，其严重程度并不亚于实际的扭。扭有两种情形，一种是指双方相互扭。就是指那种绞在一起的，“穿一条裤子”的人，就是厮混的意思，方言叫作“打丝绞”。另一种是指一方主动一方被动的扭，就是被纠缠的意思。人一旦被扭上，躲无可躲，逃无可逃，对抗无力，避之乏术，那实在是一种很要命的感觉。你在前面走，他在后面跟；你上班他候门，你下班他回家。那种不屈不挠，坚忍不拔的精神会让你闻风丧胆，这种扭又叫“打扭扯”。

因为人多，所以拥挤。因为拥挤，所以纠缠。早前乡村场镇，一到赶场天，人山人海，窄窄的街道被挤得水泄不通。挑担子的人就会边挤边吼：扭起扭起，扁担戳背！如果扁担真的戳了谁的背，不是吵架就是打架。这不就是扭惹的祸？

有为了权而扭的，有为了财而扭的，有为了爱而扭的，当然也有因为无聊而扭的。天下难事，唯扭可破。所谓“猪怕吼，人怕扭”的俗语，真是说出了扭技的厉害之处。被扭之人，即使你心坚如磐石，遇见会扭之人，也会难以招架。扭在一起，就难免生事。“扭到闹，不扯票”，就是“扭是要扭的，责任是不得负的”意思——这不就有点无赖相了吗？

当然，扭也不全是贬义。为了一切不正当的目的去扭，谓之“死缠烂打”，这是作恶。反之，则是一种值得赞赏的优良品格。刘皇叔三扭诸葛亮就是流传千古的佳话，程门立雪这个成语也是个扭的正面例子。酒肉朋友扭在一起吃吃喝喝当然不好，阴险小人扭在一起接耳密谋是朋比为奸。正直之人扭在一起工作学习，那就叫作团结上进；小两口脚跟脚扭在一起，那叫相亲相爱。

扭或者不扭，如何扭，的确都是个问题。

麻得脱，马脑壳

小时候我所记得的童谣并不多，但这一首倒记得很熟，只有三句话：老婆婆，尖尖脚（jió），汽车来了麻不脱。不过这首童谣所表达的内容，所传递的情感，按照一般的标准来看，简直一点也不阳光，一点也不厚道，充满了不尊敬老人的幸灾乐祸的野蛮情绪，似乎不太适合儿童传唱。不过没办法，乡村僻远，教化未逮。在这样的地方，“礼失而求诸野”似乎行不通的。

既然主题不太健康，我们就只讨论歌词中“麻不脱”这个词吧。

“麻不脱”，我想应该是抹（音麻）不脱的意思，也就是抹不掉、消不去的意思，引申一下，表达逃不掉、跑不脱之意，就是方言歇后语“猫抓糍粑——脱不了爪爪”的意思。

汽车速度很快，尖尖脚的老婆婆“麻不脱”很正常，虽然说起有点于心不忍，但这个词儿用在别的对象上就没得问题。民间有俗语“跑得脱，马脑壳”，这是个假设表达，含有对难以逃脱者的蔑视和警告，分明含有几分快意，这就明显别有所指了。这句话里马脑壳什么意思呢？也许就是为了顺个口压个韵，也许就是代表一切让人蔑视的否定的东西，有点接近铲铲的意思。

对一切危险的规避，是人之本能，通常自动远离。明知山有虎，偏向虎山行，不但不逃，反而逆行，可能是英雄。如明知山有权势之虎，利益之虎，淫邪之虎，还偏向虎山行，围观者能够奉送你的忠告大概就只有“麻不脱”三个字了。

“麻不脱”三个字，似乎天然就含有震慑的力量。小时候，我站在别人家的桃子树下什么也没有做，只要听到背后飞来一句“麻不脱”，就突然感觉自己似乎已经偷摘了桃子，便会条件反射般飞叉叉地逃走。有一次我是打定主意要偷果园的西瓜的时候，守园人那句“麻不脱”直接叫我魂飞魄散。所以，只要心中有鬼，“麻不脱”就是收鬼的咒语。

世间事，有所为有所不为，法律和道德就是界限。不可为之事，却为所欲为，迟早麻不脱。从网上看到一则消息：湖南怀化某中学的运动场下挖出了一具失踪了十六年的老师的遗骸，原来十六年前该老师负责运动场建设，举报承包商偷工减料，质量不过关，然后就失踪了。承包商是校长的亲戚，十六年后因涉黑被抓，才供出这骇人听闻的秘密……我在感叹“正义也许迟到，但是从不缺席”这句话的同时，也想到了麻不脱这个词儿。

其实，所有作恶之人都怀有侥幸之心。挖空心思，绞尽脑汁，人算用尽，最终还是不如天算——原来人间从无侥幸一词。无论是偷天换日窃国篡位，还是顺手牵羊窃钩夺财，就算你换无数套戏装上台，苍天有眼，谁能躲过？麻不脱就是麻不脱！迷信说的报应，也未可完全不信。“不是不报，时候未到；时候一到，一切报销。”说的就是麻不脱的道理。

邪恶虽然善跑善躲，而正义的耐力和耐性永远超过邪恶。只要你有邪恶之为，追你追到天涯海角，等你等到海枯石烂，邪恶最终麻不脱，这就是正义的力量。

天网恢恢，疏而不漏。麻得脱，马脑壳！

五

横看纵观
巴蜀景

HENGKAN ZONGGUAN BASHU JING

胡说百道

砍脑壳，打砂罐，塞桥墩及其他

天下父母爱其子女者占多；即便不甚爱之，诅咒其死者，恐怕也是少之又少，因为死是一种大忌讳。然而，在我童年时的乡下，这却是司空见惯的事情。

小孩子如果犯了错，让父母生气，那所生之气无论是大还是小，大人们冲口而出的咒骂，大概就是以下这些词语——“砍脑壳的!”“打砂罐的!”“塞桥墩儿的!”“埋短板板儿的!”“打嫩巅儿的!”……

这些骂法虽各不相同，其实本质一样——死！而且死得很惨!

砍脑壳、打（敲）砂罐是旧时砍头，用枪爆头的通俗说法。

塞桥墩儿，想想吧，把一个人压到桥墩下，岂止是死，还可能是被水淹死，被桥墩压死，还死得永世不得翻身。

埋短板板，板板就是木质薄棺材，板板既短，当然死者不高，咒人早夭之语。

打嫩巅儿，巅者，尖也，比如豌豆巅儿就是豌豆尖儿，指植物细嫩的尖梢。打嫩巅儿，就是将细嫩的尖梢掐断。看看，不还是要未成年人的小命吗？

类似的还有塞炮眼儿的、挨枪子的、填耗子洞的、短阳寿的、（死）翘杆儿，等等。

说起这些骂语来，虽看起来有向游人展示刑具的恐惧，但其实我是平静的。因为我们乡下绝大部分孩子都是从这样的“刑具”下走过来的，大有视死如归的坦然了。

乡下人文化少，话语粗，说话不知轻重很正常。有些话听起来恐怖，一旦形成习惯，就不过成了一种普通的话语，最多作为稍稍生气时的一种责骂之语而已，骂人者和被骂者都不会将这个词语的内容当真。

用这样疯狂而恶毒的话骂人，大多是女性，尤其是性格比较急躁的女人，比如我的母亲。这样的骂语一般不敢用来骂别人家的孩子，那样容易惹事，通常是家庭内部使用。

有些骂法，比如砍脑壳的、短命的、背时的，在日常口语中还变出了毫无贬义甚至略带褒义的用法。有母亲看到孩子期末考试拿回家的通知书上全是满分，就会兴奋地喊道：“这个砍脑壳的，哪个考得恁个好嘛？”我有个很早就熟识的同族大哥，每次相隔很久之后的见面，他就会高兴地拍着你的肩膀说：“个短命的，好久都没有看到过你了啊！”亲热巴巴的，哪里还有一点点恶毒的意味？

汤锅儿，瘟丧

汤锅儿和瘟丧都是骂畜生的话。

凡家养的畜生，都可以给人带来一定经济甚至情感利益。因此，农村人对家里的养牲都非常爱惜。既然爱惜，又何以用这样深含恶意的名字来称呼呢?

家禽家畜是一个家庭重要的经济来源。称母鸡为“鸡屁股银行”，是因为母鸡可以生蛋换钱，供日常油盐柴米之给。而牛羊猪马这类大型牲畜，更是农家的重要家产，被农人视如宝贝。这些畜生一旦病死或者丢失，自然会给贫穷的农家带来无法想象的损失。为此农村人生出很多讳饰说法，典型的就是称呼猪为“大财”。因为猪谐“诛”之音，有杀（死）的意思，一头猪要是还没养大养壮就死（诛）了，自然是一个家庭不愿见到的惨重损失。看见别人牵着一头笼子猪，你要问“你这大财买成多少钱?”如果你问“你这猪买成多少钱?”买家要么不理你，要么跟你毛起。

但是，也有家养畜生把主人惹毛的时候，这时主人骂这些动物，通常就是汤锅儿、死汤锅儿、瘟汤锅儿、老汤锅儿、瘟丧、死瘟丧、灾瘟这些恶语。说到“瘟”字，就是指牲畜的流行病。凡有过农村生活经历的人莫不知道，有时一年一轮甚至几轮的瘟疫袭来，几乎可以让猪啊鸡啊这些动物死绝，那是农民最绝望的事情。猪儿在圈里发犷，呜喧喧地号叫，或者翻墙越圈，主人提起棍子责打的时候，就骂这个词儿。鸡鸭钻进菜园偷吃菜苗，主人拿石头投掷的时候也骂这些词儿。当然，更多的时候，这些词儿是为别人家的畜生准备的。

汤锅儿，顾名思义，就是将蔬菜肉类等用汤煮的一种烹饪方式。其肉既可食，则其命已丧——不过诅咒其死而已。这里用的是超前夸张的修辞手法。瘟丧就更好理解了，患瘟病而死，其恶意溢于言表，“丧”也可能是“殇”。瘟汤锅儿一词，显示农人不忍丢弃患瘟病而死去的牲畜而食之的事实，也可以窥见当时农村物资匮乏的生活状况。

这些词儿，虽然是为畜生准备的，如果有人如畜生，甚至畜生不如，人们也会把它奉送给这样的人。想想也是，这世界可以被骂为汤锅儿、瘟丧的东西实在太多！

洗粑棒、洗二筒

要说清楚这两个方言词，还得让我远远地从头说起。

有一种植物叫楼梯竹。楼梯竹其实不是竹，是一种大型芦苇，大概就是“枫叶荻花秋瑟瑟”中的荻，学名“芦竹”。农村人也喜欢把楼梯竹称之为笼包竹。楼梯竹春夏疯长，秋天花红似火，然而本身几无作用。如果它还有点点儿作用，大概就是在每年中秋节的时候，被人们砍下来，剥掉它外面的叶鞘，用那翠绿光滑的竿子来打糍粑，被称之为“粑棒”。

糍粑具有很强的黏性，糍粑打好了还会有些捣融的糯米饭粘在棍子上，这时大人往往会叫馋嘴的孩子舔吃棍子上的糍粑，这个动作就叫作“舔粑棒”。

打糍粑的时候，多由两个人各持一根粑棒在碓窝或者缸钵里你戳一下我戳一下地进行，这也许是为了提高效率，也许纯粹就是为了人多图热闹（当然也有三人组合甚至四人组合的）。两根楼梯竹粑棒就是两个竹筒，所以舔粑棒又叫洗二筒。

舔粑棒，也就是洗二筒，就是通过舔（洗）这样的动作获得美食，川渝方言以此比喻“以告密或者巴结别人的方式希望获取好处”的意思。舔粑棒比较直接，容易激怒对方，有时就换成洗二筒，稍微委婉一点，但是意思完全一样。舔粑棒精彩在一个“舔”字，重贪婪意味，洗二筒精彩在一个“洗”字，重巴结意味。

有人家喜欢找生产队里的富裕人家打干亲家，就有人在一边说闲话：“还不是为了洗别人的二筒！”有些人喜欢有事无事进领导办公室，有些人喜欢各种场合替某人做义务宣传——可见舔粑棒、洗二筒有直接和间接两种技法。

粑棒有人舔，二筒有人洗。这世间从古自今，权与钱这两根粑棒（二筒），都让很多人，舔了又舔，洗了又洗，欲罢不能。

须知粑棒是不能白舔的，二筒是不能白洗的。再想想：说别人舔粑棒、洗二筒的人，有多少是出于义愤，又有多少是出于妒忌？这还真是个说不清的问题。

嗨，落教，黄，哥老儿与臊皮

袍哥文化为川渝方言留下了大量的语言财富，试举几例。

一、嗨

川渝方言“嗨”（hāi）是由“嗨皮”紧缩而来。先说清楚，这个嗨皮绝不是由 happy 变过来那个“快乐、满足、幸福”的意思，而是“享受”之意。

嗨皮是清代至民国时期川渝地区袍哥的切口，意为“加入袍哥”，也叫作“嗨袍哥”。由此看来，无论是“嗨皮”还是“嗨”，都应是个动词。“嗨”有加入之意，加入袍哥组织，自然更有机会吃香的喝辣的，所以由此引申出享受之意；皮指好处，利益。如“吃皮”，即获得好处。

李大老者从茶馆门口走过，看到张二老者坐在那里喝茶，于是打招呼：“吔，你格老子还嗨得安逸呢！”

张二老者要到城里儿子家度晚年，李大老者就说：“你六十岁不到就到城里去，歌厅舞厅，茶馆酒馆，够得你嗨！”

张二老者的儿子考上了大学，后来做了领导，张二老者就说：“你娃娃有了本事，这辈子够你嗨了！你现在在局长位置上嗨起，还是不要忘了本哈！”

长期的生活感受可以用嗨，短暂的生活体验也可以用嗨。比如：“买这么大一只鸡回去，今天晌午够得你两口子嗨了！”

“嗨”是一种动作，这个动作带来的是舒适感，所以也发展出了形容词的属性。“日子过得嗨”即有此意。有一种人，不远虑，无近忧，得过且过，托天混日，叫作“活活嗨”，这种人当然觉得日子过得舒服呢。

嗨由前面的那些意思，还衍生出了吃的意思。如：“嗨莽莽”“嗨九大碗儿”。这里特指那种很满足很享受的吃法。几年前，某个镇的某机关长期在小镇上的一家餐馆儿赊账吃喝，赊了将近三年，一共嗨了二十多万元，白条都是厚厚一沓。最后因为还不起了想赖账，引起了餐馆老板的愤怒。记者采访那个餐馆老板，老板很气愤地说：“隔三差五就来这里嗨，比吃自家的还随便，天下哪有白嗨的道理？”

英语之“嗨”与方言之“嗨”虽风马牛不相及，却在中国开放的时代相遇，这一相遇，发现二者竟有着如此惊人的相同基因。天下袍哥是一家，天下嗨皮是一道。世界大同，连语言都有感应呢！

嗨吧！有人觉得有钱不嗨要后悔，有人觉得有权不嗨要作废。有多少人正嗨得忘乎所以？有多少人把自己嗨进了鸡圈儿？试问天下之嗨人，谁还记得当年袍哥的江湖？

二、落教

落教是一个曾经广泛使用，现在使用不多的一个词。它的含义很广，包括仗义、厚道、豪爽、大方、通情达理、不使人难堪等，但凡某人人品中有能让人佩服称道认可的属性，皆可称作“落教”。

比如，张屠夫主动退还多收的肉钱，人们就可以说张屠夫这人比较落教，因为不贪不义之财。某人大方，打酒平伙爱抢先开酒钱，酒肉朋友之间就会赞某人落教。那些打抱不平的人，无私助人的人，做事依规依矩的人，尊重别人的人，讲理讲法的人，都可以被赞为落教。

落教一词，源有二说。一说为“落轿”，指将轿子平稳地放到地上，引申出稳妥、稳当、妥当之意，借指一种端正的人品。因川渝地势多为丘陵山地，旧时滑竿（一种简易轿子）盛行，故此说有生活基础，似有一定道理。

而我更愿接受袍哥暗语之说。加入袍哥，就必须遵守道上规矩，入伙守规矩即为落教。教即规则，遵守规则，在江湖上就可以赢得好名声。落教一词逐渐演化为民间通用方言后，就用来评价一切民间公认的好品格了。

落教一词有时又被人们故意用谐音双关来曲解，产生一种独特的民间幽默。比如：

甲说：“哥老官，我们都是一个当（地方）的，落教点噻!”

乙回答："落教？落啥子教？蜂子落了教（指蜜蜂身上的螯刺）都要死！"

还有一个与落教一词相关的方言词叫"依教"。依教即接受、认可的意思。但此词多用于否定句"不（得）依教"，用于表达一种威胁语气，如："你崽儿再这样闹下去，老子今天不得依你的教哈！"也常用于表达无理纠缠的意味，如："张三老婆婆跟别人吵架，别人就碰了她一下，她就倒在地上不依教了，一副捡不起来的样子。"

如果一个人做人落教，别人就会依教。

三、黄

方言里这个"黄"字，如果追根溯源，还真的可能与我们的祖先轩辕氏黄帝有关。如果要查字典，大概与事情失败或计划不能实现的用法有点关系，但又远不止这点意思。川渝方言中的"黄"字，竟然基本没有与色情相关的意思，倒有点出乎意料。

"说一千道一万，这件事怪哪个都怪不上，就是张莽子一个人搞黄了的。"

"前前后后塞了那么多坨子（贿赂），调动的事还是黄了。"

上面这是写入词典的意思，从这个意义上说，黄是个动词。

川渝方言里的黄还有个重要的用法，就是外行的意思。黄棒、黄手、黄腔都是对外行人的称呼，而黄总处在修饰成分的位置上，是个形容词。由此还衍生出了黄脚棒、黄司机、黄瓜壳儿这样一些称呼来，含义与前者一样。形容外行人的手忙脚乱叫作“黄脚黄手”。

麻将桌上常有高手输钱的时候，而这时赢家却大多是不会算计的新手，于是“黄棒手硬”便成了输家自我安慰的口头禅。这里的“硬”一定要读作 ngèng（去声）才显示得出来对外行赌手难以战胜的无奈之感。

下黄手，就是指出手不知轻重、胡搞乱整的意思。下黄手易做错事，无知者无畏，反正戳漏了天不用自己补。

以上意思，我怀疑可能是“荒”的变音，比如荒腔走板也可说成黄腔走板，黄是唱调不准的意思。歇后语有“吃了苞谷粑——开黄腔”，谐音双关，讽刺开口乱说，不懂装懂，言不靠谱的人。这歇后语一旦出口，往往具有很强的杀伤力，开黄腔者十之八九要跳起来。不过生活中，无论台下的还是台上的人，总免不了有吃了苞谷粑的时候，只是别人心里说的那下半句你听不到而已。

黄脚棒做事乱劈柴；黄司机开车掉下崖；黄瓜壳儿是外行，做事还不如偷懒梭边边，免得犯错误！

黄作为一个袍哥用语，还有责任、信义、脸面等意思。如：“我自己整出的事情，我认黄认教。”就是遵守规矩，承担自己该承担的一切责任，坚持自己该坚持的道德信义。又如：“你要再乱来，小心老子不认黄了哈！”这里就是不顾及对方面子的意思，带有强烈的警告意味。

四、哥老儿

哥老会是近代中国活跃于长江流域，声势和影响都很大的一个秘密结社组织，与青帮、洪帮（天地会）称为中国近代三大帮会。哥老会在四川被称为“袍哥”。据说袍哥起源于反清复明的社会组织，传说由郑成功创立，开始称为“汉留”。加入袍哥组织，就叫作“嗨袍哥”。凡入袍哥组织者，互称“哥老”，这个江湖专用语，后来逐渐演变成了川渝地区通用的方言称呼语。

记得小时候在农村，时常听到“某某某是我的哥老儿”“张二娃的哥老儿很落教”这样的话。这时候的哥老儿基本上已经演变成了亲兄长的意思，最多可以扩展到堂兄弟之间，也就是说基本不用于称呼同胞同族之外的世交。

“哥老”之称一定有儿化音，这是川渝方言的主要特征。不仅如此，“哥老儿”的读音还有所变异，“老”字的发音，藏了一个过渡音“u”，成为 luǎo，哥老儿就是 gēluǎor，说出这样词语的时候，能明显感觉到舌头打卷儿。

哥老儿还有一个延伸变异的词语哥老官。哥老官既包含哥老儿的本意，还可以用于一切社会上的交往，凡称对方为哥老官者，都有抬高对方，尊敬对方之意，具有明显的江湖特征。“哥老官，你这大财（猪）卖啥子价？”对方会很客气地跟你讨价还价；“哥老官，借过！”对方会客气地给你让路。有道是礼多人不怪，一声哥老官拉近了与陌生人之间的距离，是不是跟孔老夫子说的“四海之内皆兄弟”一个意思？“袍哥人家，绝不拉稀摆带”，这就是江湖上哥老官之间的义气，因为大家都是嗨了的。

前不久回老家县城参加侄儿的婚礼，遇到了我哥老儿的一个同学。因为很久没有见过面，他白发苍苍地站在我面前的时候，我竟很久没有认出他来。他最后实在忍不住了，拍了我一下，说：“嘿，兄弟，认不到了嗦？我是你哥老儿的同学哎！”我这才一下子认出他来，而且我之所以认出了他来，主要是对他那一声哥老儿，我有深刻的记忆。

五、臊皮

臊皮是川渝方言里的常用语，缘于袍哥黑话。臊有羞惭之意，如害臊，皮指脸皮，即脸面，如“皮薄胆小”“嘴尖皮厚”。“臊皮”就是使人脸面受损，轻则使人难堪，重则损人尊严。

其实臊皮一词，使用时间很悠久，使用范围也远不只限于川渝之内，只不过川渝之内使用频率更高，且意思更加丰富。

《红楼梦》第九回：“我在这里和姨太太想你林妹妹，你来怄个笑儿还罢了，怎么臊起皮来了。”李劼人《死水微澜》第五部：“第一，是任你官家小姐，平日架子再大，一旦被痞子臊起皮来，依然没办法，只好受欺负。”以上两例，前者语义较轻，后者语义较重。

《汉语大词典》解释“臊皮”有两项含义：“丢脸、失面子”“轻薄、占便宜”。这两项含义也是方言里最常见的用法。

当一个人做了有失尊严，伤己人格，或者尴尬的事情，就会有无地自容之感；当受到别人奚落、笑话的时候，就会觉得自己很臊皮。一同事走路，突然听到身边一个年轻女子似乎在叫他的名字，于是亲热地凑上去搭飞白，那女子白了他一眼说：“你谁呀？神经病!”然后扭一扭地走了。同事红了脸说：“好臊皮啊！恨不得地上裂个缝钻进去。”这里义同尴尬，属于形容词，虽是贬义，但是贬义程度明显较弱。

“轻薄，占便宜”，属于动词，这样的臊皮一般就非好人所为。古代那些纨绔子弟，油头粉面，前呼后拥，吆五喝六，调戏民女，就是臊皮。现在地铁高铁公交上，某些心术不正之徒对异性的非礼之举，就是臊皮。小时候在镇上看坝坝电影，看见一群无聊男子把一个姑娘的裙子都挤掉了，就是典型的臊皮。

臊皮除了以上意思，在方言里还独有“故意作对，制造麻烦”的含义。一条街上有一家火锅店开张，遭同行生嫉。幕后者指使十多个二杆子，早早来到火锅店，一人占据一张桌子，每人只点一份豆芽菜，一根一根地烫着吃，一直吃到晚上十二点。店家知道遭人臊皮，敢怒而不敢言，生意刚开张就黄了。我曾经工作的单位有个领导，他老婆跟他关系不好，而且为人刁钻刻薄。每次开职工大会，领导坐台上讲话，他老婆就在台下抵黄。领导说“上半年我们取得了不错的成绩”，领导老婆就说，“铲铲成绩”；领导说，“希望我们一起努力，争取下半年取得更大的成绩”，领导老婆就说“球大爷跟你一起努力”；领导说，“疯子”！领导老婆说，“就是你命不好”。这种“台上唱戏，台下放屁”的臊皮会，倒也让那些无聊至极的会议多了一些生动的意味，不过也让那位领导还不到五十岁就抑郁而死了。

生活中，自己臊自己的皮，脸一红就过了，要是总去臊别人的皮，那一定就是心术不正，是邪恶之举，就不是正经人的做派了。臊别人的皮，可能会让别人下不了台过不了坎，也可能最终让自己承担所有邪恶的代价。

卖肥，舔肥

肥者，多肉也。肥肉谓之膏。膏腴，就是油水多——土地油水多就是肥沃，人油水多就是富裕。在乡村，说某家很富有就说那一家很肥，土匪绑架有钱人勒索钱财就叫绑肥猪。

虽然民间有财不露白的告诫，却并不是所有的人都能做到或者愿做到。连楚霸王项羽都免不了这个俗，一句“富贵不还乡如锦衣夜行”，成了所有人炫耀身份和财富的基本心理前提。

川话中，炫耀财富，就叫“卖肥”。

《世说新语》里记载，魏晋时期，有个叫石崇的人，他家厕所的排场非同一般。茅坑边准备着香水香膏供更衣之人涂抹避秽，门口还站着十几个华冠丽服的女仆伺候。这样的阵仗，自然让所有宾客羡慕无比。

不仅臣子炫富，帝王也要卖肥，隋炀帝就是例子。《资治通鉴》记载，藩国使臣来访，隋炀帝为了显示王朝气度，“丁丑，于端门街盛陈百戏，戏场周围五千步，执丝竹者万八千人，声闻数十里，自昏达旦，灯火光烛天地；终月而罢，所费巨万。自是岁以为常”。

还有富人之间比着卖肥的，还是说前面那个石崇吧。晋武帝的舅父王恺，在自家门前跑马道的两边，编了四十里的紫荆栅栏，而且王恺家涮洗锅碗的水都是饴糖水。石崇一听，不服。命令家中做饭，全部用蜡烛当柴烧。王恺一听，也不服。请求晋武帝赐予一两尺多高的珊瑚树，并拿到石崇面前去炫耀。石崇竟然用手中的铁如意，一下将珊瑚树打碎，而且还跩兮兮地说一句："不足多恨，今还卿。"说完，让手下人给王恺抬来了几株更大的珊瑚树。有钱人，炫耀一下宝物多钱财多粮食多丝绸多也就罢了，谁没有一点虚荣心呢？那石崇甚至还有"劝酒斩美人"的卖肥之法——宴客时派美人从旁劝酒，如客人不喝，就随手杀掉美人，以此在客人面前显示自己的权势和富有。卖肥卖到这个地步，那就叫没有人性了。

"宁说千声有，不说一声无"，这不是在鼓励卖肥，而是在强调做人的硬气和自信。而卖肥的人，总喜欢在别人面前显示自己的富有，其实是希望从别人羡慕的眼光里获得满足感，本质上说，还是一种不自信。

有人卖肥，就有人巴结。巴结有钱人，就叫作"舔肥"。

俗话说："穷在闹市无人问，富在深山有远亲。"这是嫌贫爱富的普遍心理的形象表达。虽然嫌贫不可取，而爱富却无可厚非。不过，羡慕别人富有，甚至垂涎三尺，无论是出于何种目的，都会让旁人不爽——鄙视或者嫉妒。尤其一个舔字，简直神来之笔，意味无穷。

舔肥，语言上夸赞，行为上趋附，心理上迎合，不管是自愿还是违心，都是劳神费力的事情。现在网络上还有一个“跪舔”的说法，这显然是在舔肥的基础上更上一层楼了。天下没有无缘无故的卖，天下也没有无缘无故的舔。鲁迅在《坟·论“他妈的！”》一文中说有人暴发之后，“身分也高了，家谱也修了，还要寻一个始祖，不是名儒便是名臣”。拉大旗作虎皮，其实就是一种舔肥。

当然，人生是很奇妙的。也许今天在舔肥的人，明天就有资格卖肥。也许昨天还在卖肥的人，今天就成了舔肥的角色。卖肥都是为舔肥的人准备的，有买主才会有卖主。不过，人是需要骨气的，“富贵不能淫，贫贱不能移，威武不能屈，此之谓大丈夫”。卖肥者，自让他卖好了；舔肥者，就算舔到一点残羹冷炙，又有何用？自己的生活，好赖都是自己过，何必两眼总是盯到别人？

架墨，幺台

俗话说：“七十二行，行行出状元。”其实，这世间的行当岂止七十二行？

无论有多少行，各行各业都有自己的祖师爷应该是肯定的。比如教书的祖师爷是孔子，酿酒的祖师爷是杜康，医生的祖师爷是华佗（一说张仲景），制茶的祖师爷是陆羽……而木匠的祖师爷是鲁班。

据说鲁班一生发明了许多木工工具，比如锯子、刨子、凿子、钻子……嚯，简直就是中国春秋时期的爱迪生！当然，他还发明了斧子，不然怎会有“班门弄斧”这个成语流传呢？当然，他还发明了墨斗，不然川渝方言怎会有“架墨”这个词语流行呢？

墨斗是木匠的手边工具。要开料拉直线，就离不开墨斗；要画圆画弧线，就离不开墨斗。木匠师傅将墨斗尾部的锥子拉出来，往木头上一钉，一只手的拇指将篾片墨笔按在墨盒里，端着墨斗直奔要画线的终点，用端墨斗的那只手的拇指将墨线摁在终点上，另一只手的拇指与食指将拈起来的墨线一放，一条可以指挥斧头和锯子的墨迹就显示在了木头上。

因为画线开料是木匠的开工环节，所以这一步就叫作“架墨”。后来，架墨被借用来表示做任何事情的开始。

“伙计们，太阳越来越大了，不要都站在阴凉坝歇凉，该架墨了。”队长站在稻田边招呼打谷的社员。

“你坐在那里看娃娃书都看了半天了，做作业好久才架墨呢？”小时候母亲会这样呵斥沉溺于娃娃书的我。

张蒿子家的茅草房垮了，找亲戚朋友四处借钱，半年了都凑不齐，于是感叹：“球钱没得，架不起墨！”

小时的冬晨，天未见亮，就会隐隐听到鸟的叫声。母亲就会在黑暗里悠悠地说道：“你听，地坝边千丈树上的水鸦雀都在架墨唱歌了！”

俗话说：“捡狗屎也要走前头。”凡事要赶早，就是架墨要早。张爱玲说“出名要趁早”，换成四川话就是“要想出名，一定要早点架墨”。

川渝方言中，墨不读 mò 而读 mé（舌面音）。随着社会的变迁，架墨一词现在越来越小众化了，估计还残存于偏远的乡村。要是鲁班在天有灵，他一定会在山东感激这天遥地远的川渝人的。

如果架墨是开始，那么幺台就是结束、收场的意思，就是川渝方言里杀果（杀割）的意思。这个意思刚好是与架墨对应着说的。

川戏是流行于西南地区尤其是川渝地区的传统地方戏曲，一台戏曲的结束就叫“幺台”，也叫“幺场子”。

幺在民间口语中就是“一”，如幺鸡就是麻将牌的一条。一是数字中最小者，幺又引申出小的意思，如幺叔就是最小的叔叔，幺儿，即最小的儿子。几十年前四川电视台有个广告节目，里面有句台词“幺娃子去相亲”，我至今记忆犹新。李劼人先生小说《死水微澜》中的主人公邓幺姑的称呼就是这个意思。一台戏演到即将结束的时候，就意味着剩下的内容不多了，剩下的时间很少了，这正好与最小之意吻合，而最小又刚好与结束之意吻合，故谓之“幺台”。

父母骂不争气的子女：“你们不出去找活路做，天天就在床上挺尸，你们只有把我们两个老的逼死幺台！”这里幺台指生命的结束。

感叹自己命运：“我本来成绩还不错，要是再复习一年，肯定考得上大学的。只是家里太穷了，只好出来打工幺台！”这里幺台指读书生涯的结束。

摆地摊者说：“我刚把东西摆在路边城管就过来了，只好收起口袋逃跑幺台。”这里幺台指经商行为的终止。

感叹人生：“不知不觉就年过半百了，年轻时的人生理想一个都没实现，这辈子就要幺台了！”这里幺台指人生之路的终结。

感叹人际关系：“本想打伙求财，结果折本幺台！”

感叹工作不如意："一个单位几百人，发牢骚的发牢骚，离职的离职，哪个得幺台哟?"

以上这些幺台，大都含有愤怒、遗憾的情绪，从这个意义上看，它比结束一词含义更丰富。

幺台一词还常常以"幺不到台"这个否定形式出现，指收不了场的意思，表示对别人的警告。

劝人制怒："你就少说两句嘛，再这样吵下去，恐怕幺不到台哟!"

"幺不到台"还有个意思，用于讽刺，属于反语修辞。表面上说对方能干，就像票友在高呼"再来一个再来一个"，让受热捧的演员下不了场一样，但其实说的是反话，是赶快滚下去的意思。比如：

"看那一副得意洋洋的样子，有啥子幺不到台嘛?"

"以为他爸是李刚就幺不到台，结果咋样?"

人生就是大舞台，人人都从台上来。无论台上唱多久，没有哪个不幺台。

发胀，麻脱

发胀和麻脱的说法在川东及重庆一带广泛使用，是一种狠话。

发胀一词一旦出口，必欲达到震慑对方，不战而屈人之兵的效果。仔细揣摩，大致有不惜公开激化矛盾，抛开情面开撕，决心大干一场的意思。

当某人觉得对方行为或者言论超出了自己的忍受限度，就会说："小心老子跟你发胀!"发胀两个字，一定是咬牙切齿说出来的，而且重心一定落在那个"发"字上。这是一句开战前的警告信号，胆怯者息事者，得到这样的信号，通常会采取回避或软化的态度，自我收敛，暂避锋芒。要是对方对这样的警告信号置之不理，那结果多半是立即开启一场烟子杠杠的恶战。

在方言语境里，发胀一词的丰富含义，几乎无法用别的词语替代，即便用了诸如"对你不起"之类的话语，其语义也不过似是而非，与本义有相当的距离。而处于此语境里的人，自然是心领神会。对方的警告语气达到什么程度，自己该如何随机应对，这都是几乎同步揣摩可知。

“对你不起”过于文绉绉，那是隔靴搔痒的书生腔，难以起到威慑作用。细想发胀一词，发有打开、扩张的意思，胀有膨胀的意思，两个意思叠加在一起，发胀的威力可想而知。小的比如发面，大的比如原子弹爆炸，喻之于一种情绪力量的爆发，其威力自然是巨大的。不怕力气大，就怕火炮炸，说的就是这个道理。

在方言里还有一个说法与此相近，就是麻（má）脱，如：“你别欺人太甚，小心老子跟你麻脱！”麻脱其实就是抹脱的意思。“发胀”主要强调对立的程度，就是告诉对方“我不怕与你全面对抗”，而“麻脱”主要强调对立的结果，表达的意思是“一举战胜你灭掉你”。其相同点都是强烈的警告语气。

二十世纪七八十年代的乡村，经常可以看到这样的爆发冲突的场面：一大群人因为某事发生了矛盾，在争吵不休。突然有个人或者把桌子一拍，或者把手中的什么东西一摔，站起来，薅开人群挤过去，大声叫到：“有你妈泡粪！要爪子？要爪子？嗯？未必今天这个场合就让你几爷子哈（抓，掌控的意思）了吗？今天你几爷子要是不一碗水端平，看老子不跟你麻脱！”说这话的人，其声音无论是尖细还是浑厚，一定都是拿出了全部的音量在吼，每一字每一句吼出来，都要像子弹甚至像炸弹，尤其是某些关键词简直要像原子弹，必欲追求一举震慑对方，速战速决的效果。

这样的场面，会让你真切地感受到，语言就是战斗力。

下烂药，打破锣

看过《铁齿铜牙纪晓岚》的，恐怕对那个和珅的印象都特别深，不管现实中此人如何，电视里实实在在是一个专下烂药的角色。

自身八面玲珑，深得主子欢心，在皇帝面前有说话的机会。一个纪晓岚，碍其贪枉之性，自然成为他的眼中钉肉中刺。就算纪晓岚聪明绝顶，也常常被和珅下的烂药弄得措手不及狼狈不堪。只不过电视剧那戏说的风格，淡化了小人的恶行，那下烂药的和珅看起来似乎还有点好玩儿。而现实生活中，如果遭人下烂药，那是一点都不好玩儿的。

药，既可治你病，也可要你命。加上一个烂字，这包药就一定具有杀伤力，具有破坏性。“下烂药”，就是指一种背地使坏，落井下石的卑劣手段。比如轻则背后说人坏话，打小报告，重则出坏主意，使绊子，栽赃嫁祸等。总之，下烂药一切所为都是以置别人于困境于死地为目的。而且一个“下”字，包含着策划、盘算、权衡、比较等心机，把使坏者处心积虑，阴险恶毒的心性表现得淋漓尽致。

小到日常交往，大到国家兴亡，下烂药者可以说无处不在。蒙恬、岳飞、史可法……纵观整个历史，这样的例子举不胜举，请看哪一个蒙冤者的身后没有躲着一个甚至一堆下烂药的奸佞？诸葛亮《出师表》说："亲贤臣，远小人，此先汉所以兴隆也；亲小人，远贤臣，此后汉所以倾颓也。"指出了是否有小人下烂药，直接关系到国运的道理。《出师表》一文中先后罗列了好几个人的名字，就是在告诉刘禅，这些人不会下烂药。要是刘禅足够聪明的话，就应该明白军师隐藏着的另一个意思：对那些未提及名字的人，恐怕得多点防范之心，其中可能就有喜欢下烂药的角色。

俗话说："宁可得罪君子，不要得罪小人。"小人最大的本事就是下烂药。凡小人，即便你没有得罪他，下烂药也是他的常态，更何况得罪了他。下烂药伤害别人，自己可以获利，小人自然有"积极性"；下烂药，即使损人不利己，小人们也会乐此不疲，这是小人自私与邪恶的天性所致。下烂药要成功，不外这样三种可能：一是小人奸诈，二是主子眼瞎，三是受害者太过单纯。

下烂药与放麻药有区别。放麻药，指通过某种手段或者言语欺骗蒙蔽对方，使对方行为偏离正途，从而达到削弱对方伤害对方的目的；放麻药，通常是直接面对受害者。下烂药，虽然跳过了欺骗与蒙蔽的过程，追求的是直接击倒对方的效果，但是下烂药者一般是躲在背后行事。

明枪易躲，暗箭难防。如此说来，那句“害人之心不可有，防人之心不可无”的古训，还真应该记在心头才对。

再说说“打破锣”。

子曰：“君子成人之美，不成人之恶。小人反是。”小人之举，就是打破锣。

铜锣本来声音嘹亮悦耳，但如果铜锣破损，其声音必定是嘶哑破响的噪音，这与从中使坏的某种人的腔调行为何其相似。锣还与落川话同音，暗示从中使坏造成的不良后果。凡带着不良意图，明里暗里干扰别人行事，以追求破坏性效果为目的的行为，都称之为“打破锣”。

正常人都有向善之心，一旦人有所请，帮不上人忙帮钱忙，帮不上钱忙帮情忙。方便时搭把手，不便时帮个口。自己并不付出多少，却能够成全别人；就算不能成全别人，至少也不会给别人制造麻烦——这是做人最起码的原则。但生活中就有一种人，无论是为了一己私利，还是怀着“我得不到你也别想好”的阴暗心理，凡事都喜欢打破锣，这实在是一种不可原谅之恶。

东西两家本是世代邻居，却因一些鸡毛蒜皮的小事弄得关系不睦。两家各有一子，都已成年，虽无良才，倒也不傻。都有媒人登门，却次次不成，两个青年男人竟一晃晃成了中年单身汉。每当东家有人来做媒，西家一定会想方设法出来打破锣，不是说那家孩子呆傻就是说那家母亲嘴杂。当西家有了媒人来，东家也一定会打破锣，散布西家孩子人品不佳或者西家父亲借账不还的言论。这样一来二去的互黑，让远远近近的人都知道了这两家人的为人不敢恭维。

中国华为的5G技术世界领先，引起了美国的嫉妒，于是美国人出来打破锣。美国人使用欺骗、引诱、恐吓，甚至强迫的手段，阻止他那帮兄弟伙接受华为5G。一个堂堂超级大国，竟玩起小人伎俩，不惜凭空造谣污蔑，其手段之卑劣可笑让人大跌眼镜。聪明一点的兄弟伙看穿了美国人的把戏，便及早脱身，免受其害；少数贴心的跟班，为示忠心，不仅言听计从，甚至主动献邪恶之计，结果损失巨大沦为笑柄。

打破锣虽是一种下作之举，却也是很讲究技巧的。或者赤膊上阵直接诋毁，或者隐藏自身暗中使坏，或者阴阳怪气误导别人判断，或者假装好人包藏祸心。只要能达到破坏对方打击对方的目的，这些伎俩既可单项使用，也可组合出击。能不暴露自己最好不暴露，日后还有可能在对方面前继续装一个好人；万一暴露了也不怕，厚脸皮黑心肠是早已准备好了的，随时可用。

一方打破锣，自然会伤害另一方；双方对打破锣，其结果必是同毁。打破锣者本为害人，心术不正，人所共恨，其结果亦必害己。

宁成一家婚，不拆一家亲。劝和不劝散。与人为善，惠必自返。打破锣，既损人，也未必利己——何苦而为之？

我儿豁及其他赌咒语

生活中赌咒发誓是常见的事，但拿什么来做赌注可能就千差万别了。有拿财产来赌的，有拿老婆儿女来赌的，甚至有拿性命来赌的。川渝人赌咒发誓，最常见的一句话就是“我儿豁”。

我儿豁其实是我儿哄的变音，表达的意思就是“我如果哄（骗）了你，我就是你儿子”。天下人都知道，占别人便宜最简单直接的办法就是做别人的老子，让别人做儿子。这其中能够让占便宜者感到愉悦的内在逻辑不言自明，连阿Q这样的人也知道说“儿子打老子”这样的话。用甘做别人儿子这样的赌注以换取别人的相信，这赌注下得实在是有些大。

不过川渝人口中的“我儿豁”，虽有赌的意味，双方却并不一定当真；就算一方说了我儿豁，别人也许根本没有跟你打赌，大多数情况下不过一句口头禅而已。如：“今天我煮的鱼味道不摆了，我儿豁。”“今天太阳真好，我儿豁！”

此外，川渝人还喜欢拿另外两样做赌注，一是家人性命，二是母亲姊妹。比如：

“我豁了你，我全家死绝!”

“哪个全家死绝人毛的才不敢去!”

这就是典型的赌命，而且是用全家人的性命。发这样的毒誓，不知道的人还以为他们在赌几千万几个亿的财富呢，其实也许只是在争论一件毫无价值的小事而已。生命诚可贵，财富亦可贵；财富再可贵，生命更可贵。敢拿身家性命来赌一句空了吹的龙门阵，谁愿意？但爱冲壳子的川渝人随时都敢。

拿自己的母亲姊妹来作赌注就更常见了。有些人开口闭口就是龟儿老子妈，在这样的语言环境里，本地人大概如入鲍鱼之肆，久而不闻其臭了，即便是耳边那种邪恶的毒誓终日萦绕，也基本无感。

“你要是今天走了，以后我儿才会张识（理睬）你!”这是拿自己给对方做儿子为赌注，希望对方不要走，其实也是把母亲赌上去了。

“今天弟兄伙打伙求财，哪个舅子才要起二心!”拿自己给对方做舅子为赌注，其实就是把自己的姊妹赌上去了。

更粗俗恐怖的还有“他妈偷八个老公的才拿了你的东西”这类毒誓，这要是让外地人初闻，定会吓出一身冷汗来。

其实啊，不管川渝人也好，天下人也好，好赌无妨，至少可见其豪气。不过既有豪气，理应为母亲姊妹做遮风挡雨的高墙，何以忍心时时处处将天下最爱你的人拿来做赌注呢？

嫚儿，嫚嫚，嫚姑婆

俗话说："皇帝爱长子，百姓爱幺儿。"皇帝的长子要立为太子，将来要接皇帝老子的班做天下的主人。老百姓没有皇帝胸怀天下的烦恼，幺儿年龄最小，相比年龄更大的儿女，幺儿最为娇弱，自然更愿意把慈爱的雨露尽量洒在幺儿的身上。

现在我们来说说嫚。

普通话中，嫚有 mān 和 màn 两个读音。在川话中有一项用法来自 mān，但是读音变成了 mǎn。"嫚"有多个义项，其中"女孩"和"温柔美貌"可以看出与方言的直接关联。至于这个女孩到底美还是不美并不重要，重要的是在父母眼中，自家的女儿就是最美的。所以，在四川方言中父母对女儿最动情的称呼就是嫚儿。父母对自己儿女的爱，就体现在那一声声幺儿（yāo ér）嫚儿（mǎnr）的称呼里。

后来，幺儿和嫚儿在日常口语中并没有明确的性别指向，也不限定于排行最小，只要是出于对孩子的喜爱，对其称呼都可以叫作幺儿或者嫚儿。记得我们弟兄姊妹都十几岁的时候，我那偶尔温柔起来的母亲也会用嫚儿称呼我们。我那慈爱得近乎观音一般的姑妈，嫚儿是她对我们最常用的称呼。家族或者亲戚间的长辈（尤其是女性），很多都喜欢用嫚儿称呼年幼的晚辈。甚至乡间还流传着“嫚儿啊嫚儿，舔锅铲儿；幺啊幺，舔薄刀”的儿歌，由此也可以见出嫚儿和幺儿不仅关系紧密，而且都是表达父母长辈对子女晚辈的一种颤动在心尖尖儿上的爱怜之意。

嫚既有女孩之意，起初又含有幺女的因素，于是又扩展出“嫚嫚”一词。嫚嫚是对最小的姑姑（或姨妈）的昵称，一般称为嫚孃。如果字辈再高一辈，对最小的姑（姨）祖母的称呼就是嫚姑婆。比起嫚儿，这虽然在辈份上高了一辈甚至两辈，但排行最小、亲昵和爱意的成分却完全保留在其中。

之前常常看见有人将这个意义下的两个词写作满孃、满姑婆。虽然满字带有满足、圆满从而隐含最小的意思，却完全失去了感情的因素，况且并没有满叔这样的称呼来对应着称呼男性，说明了满孃、满姑婆的满未必恰当。如写为“嫚”字，便音义两全了。

图书在版编目（CIP）数据

川渝方言随笔 / 胡华强著. 一成都：四川人民出版社，2022.11

ISBN 978-7-220-12184-5

Ⅰ. ①川… Ⅱ. ①胡… Ⅲ. ①西南官话—方言研究—四川—文集 Ⅳ. ①H172.3-53

中国版本图书馆 CIP 数据核字（2022）第 086187 号

CHUANYU FANGYAN SUIBI

川渝方言随笔

胡华强 著

出版人	黄立新
责任编辑	李淑云
版式设计	戴雨虹
封面设计	李其飞
责任校对	雷 棚
责任印制	周 奇
出版发行	四川人民出版社（成都三色路 238 号）
网 址	http://www.scpph.com
E-mail	scrmcbs@sina.com
新浪微博	@四川人民出版社
微信公众号	四川人民出版社
发行部业务电话	（028） 86361653 86361656
防盗版举报电话	（028） 86361653
照 排	四川胜翔数码印务设计有限公司
印 刷	四川五洲彩印有限责任公司
成品尺寸	145mm×210mm
印 张	13
字 数	227 千
版 次	2022 年 11 月第 1 版
印 次	2022 年 11 月第 1 次印刷
书 号	ISBN 978-7-220-12184-5
定 价	49.80 元